财政部规划教材

全国高等院校财经类专业规划教材

大数据保险概论

李　文　杨凌霄　苏立峰　编著

中国财经出版传媒集团
中国财政经济出版社
·北京·

图书在版编目（CIP）数据

大数据保险概论／李文，杨凌霄，苏立峰编著．—北京：中国财政经济出版社，2024.8.——（财政部规划教材）（全国高等院校财经类专业规划教材）．

ISBN 978－7－5223－3233－8

Ⅰ.F840.4－39

中国国家版本馆 CIP 数据核字第 2024YT2537 号

责任编辑：苏小珺　　　　责任校对：胡永立

封面设计：北京兰卡绘世　　　　责任印制：党　辉

大数据保险概论

DASHUJU BAOXIAN GAILUN

中国财政经济出版社 出版

URL：http：//www.cfeph.cn

E－mail：cfeph@cfeph.cn

社址：北京市海淀区阜成路甲 28 号　邮政编码：100142

营销中心电话：010－88191522

天猫网店：中国财政经济出版社旗舰店

网址：https：//zgczjjcbs.tmall.com

北京密兴印刷有限公司印刷　各地新华书店经销

成品尺寸：185mm×260mm　16 开　17.5 印张　339 000 字

2024 年 8 月第 1 版　2024 年 8 月北京第 1 次印刷

定价：68.00 元

ISBN 978－7－5223－3233－8

（图书出现印装问题，本社负责调换，电话：010－88190548）

本社质量投诉电话：010－88190744

打击盗版举报热线：010－88191661　QQ：2242791300

前　言

根据2023年《中国数据中心产业发展白皮书》，中国在数据资源和全球数据中心等各方面指标已经跃居世界前列。从2018年的7.6ZB/年到预计的2025年的48.6ZB/年（ZB，Zettabyte，即10^{21}字节），新生产的数据量呈现出显著增长。2021年，中国数据中心市场规模达到近1800亿元，同比增长24.0%；2022年，市场规模超2200亿元，仍然保持较高增速。中国互联网络信息中心近日在北京发布了第52次《中国互联网络发展状况统计报告》。该报告显示，截至2023年6月，中国网民规模已达10.79亿人，相较于2022年12月增长了1109万人，互联网普及率提升至76.4%。

数字基础设施建设的步伐正在加快，资源应用不断丰富。截至2023年6月，我国域名总数已达到3024万个，IPv6活跃用户数达7.67亿，互联网宽带接入端口数量增至11.1亿个，光缆线路总长度达到6196万公里。移动互联网应用也呈现出蓬勃发展的态势，国内市场上监测到的活跃APP数量已达到260万款，进一步满足了网民在日常学习、工作、生活中的多样化需求。

2023年上半年，我国各类互联网应用持续发展，多类应用用户规模均实现了一定程度的增长。截至2023年6月，即时通信、网络视频、短视频的用户规模稳居前三，分别达到了10.47亿人、10.44亿人和10.26亿人，对应的用户使用率分别为97.1%、96.8%和95.2%。

此外，《中国数字经济发展研究报告（2023年）》指出，2022年我国数字经济规模达到了50.2万亿元，同比名义增长了10.3%，这已经是连续11年显著高于同期GDP名义增速。数字经济在GDP中的比重已经相当于第二产业在国民经济中的比重，达到了41.5%，显示出我国数字经济正在快速发展和壮大。2017—2022年我国数字经济发展情况如图1所示。

2019年，中国首次在中央层面确立了数据作为生产要素的地位。为深化数据要素市场的发展，中共中央、国务院于2020年3月30日发布了《中共中央 国务院关于构建更加完善的要素市场化配置体制机制的意见》，并于同年5月11日发布了《中共中央 国务院关于新时代加快完善社会主义市场经济体制的意见》。这两份文件均着重强调了加速培育和

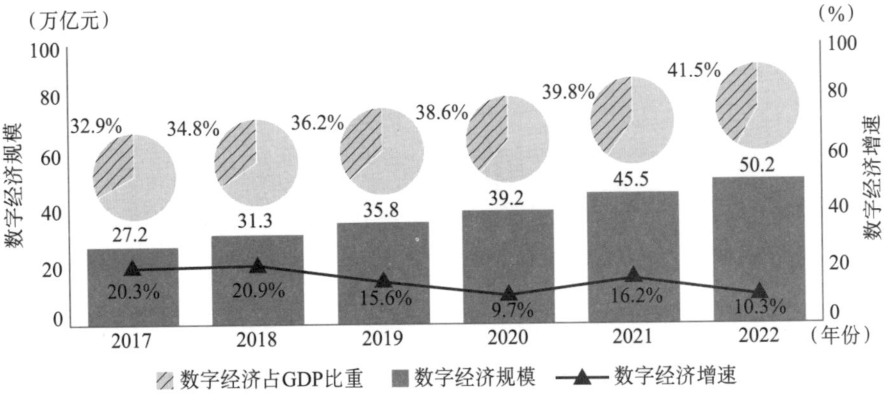

图 1　2017—2022 年中国数字经济发展情况

发展数据要素市场的重要性。2022 年年底，中共中央、国务院又印发了《中共中央 国务院关于构建数据基础制度更好发挥数据要素作用的意见》（简称数据二十条），并于 2023 年 2 月发布了《数字中国建设整体布局规划》，其中详细阐释了探索数据资产入表新模式，以及逐步完善数据资源会计处理和收益分配制度的相关内容，标志着数据要素资产化、价值化进程迈向更高、更深层次。此外，2023 年中央经济工作会议也明确指出，要加快建设现代化产业体系并大力发展数字经济。

加快数据要素市场的建设不仅是我国推进经济社会高质量发展的重要基石，同时为数字经济、智能制造、生命健康、新材料等战略性新兴产业的发展提供了有力支撑。目前，我国数字经济在政府引导、市场主体、政企互动的积极环境下蓬勃发展，有效推动了经济社会的数字化转型升级。

上述新兴产业的发展与保险业的数字化进程密切相关。保险业作为金融业的核心部分，其数字化转型对于增强行业竞争力、提升服务效率及质量具有深远影响。与此同时，随着新兴产业的发展，保险业亦需不断适应和跟进新的市场需求及技术趋势，以实现持续、稳健的增长。

数字经济波及诸多产业，对保险行业而言，其数字化具有天然优势。保险业立足于大数法则，通过样本推测规律进行预测。在大数据时代，我们有望获取全量数据。相应地，规律性研究也将发生本质变化。基于大数据的算法将对现有定价和风险控制理论等进行拓展。随着行业不断发展，此类应用正迅速迭代和演变。

我国保险行业虽起步较晚，但发展势头迅猛，当前正处于快速增长的轨道上。展望未来，行业将面临巨大的需求增长潜力，同时伴随着前所未有的机遇与挑战。在宏观层面，2020 年 1 月 23 日，《中国银保监会 发展改革委 教育部 民政部 司法部 财政部 人力资源社会保障部 自然资源部 住房城乡建设部 商务部 卫生健康委 税务总局 医保局关于促进社会服务领域商业保险发展的意见》发布，为保险行业的发展注入了强大动力，并设定了清晰的发展目标：即到2025年，健康险市场规模应达到2万亿元。然而，随着行业规模的快速扩张，竞争亦日趋激烈。当前，保险公司普遍将风险控制、细分市场挖掘及运营效率提升作为发展的关键方向，以应对日益复杂的市场环境。

鉴于我国人口年龄结构的变化以及医疗、养老成本预期增长，商业保险在保持我国经济稳定发展方面具有重要的补充作用。以社会医疗保障体系为例，商业健康险将成为大医疗健康产业的核心支付方。据《财经》杂志提供的数据，当前我国健康险赔付支出占医疗费用总额的比重约为3%，相较于成熟市场，仍有较大的提升空间。在全球商业健康险发展较为成熟的发达国家，如以商业健康保险为医疗保障体系主体的美国，这一比重约为40%，而在以社会医疗保险或政府保障为主的欧洲发达国家，健康险赔付支出通常占医疗费用总额的10%左右。因此，无论以哪种保障体系为主体，我国商业健康险的发展均仍有漫长的道路需逐步推进。

2018年12月26日，国家卫健委健康保险工作委员会正式成立。会议指出，商业健康保险的发展对于构建具有中国特色的多层次医疗保障体系、推动健康中国建设具有深远意义。基于对我国医疗保障体系与欧洲、美国差异的综合分析，可以预测，我国商业健康保险在未来5—10年内将保持约25%的保费增长速度。进入稳定期后，赔付支出预计将占我国医疗卫生总费用的15%—20%，显示出巨大的市场潜力和发展空间。

从疾病负担的角度来看，随着人口老龄化的加剧，老年病和慢性病的发病率不断上升，医疗费用和生活护理费用也在快速增长。根据中国卫生统计年鉴的数据，国内患有心血管病、恶性肿瘤、糖尿病等慢性病的患者已近3亿，且每年新增患者数量达到1000万，显示中国正面临慢性病高发的严峻形势。对于普通居民而言，若不通过保险方式分担医疗和护理负担，将对其未来的生活质量和稳定性构成严重威胁。

从需求和居民购买力的角度来看，随着经济的快速发展，国内中产阶级规模已超过4亿（根据国家统计局数据）。新中产阶级对医疗健康需求的提升和消费能力的增强将成为推动健康保险发展的重要动力。

以上信息表明，我国保险行业正面临着一个极好的发展机遇和前景。然而，这也意味着保险公司必须不断提升自身的专业能力，特别是在数字经济时代，数字信息技术的应用对于解决问题具有创造性。例如，客户画像可以为客户提供更精准的描述，其背后的机制是通过搜集并计算客户日常的生活消费数据来获得对客户特性的描述。此外，产品创新需要对潜在风险进行精准描述。风险描述越准确，保险公司就能给出越精准的定价，向更匹配的客户进行推荐，同时提升风险控制能力。在数据搜集和大数据应用技术日益成熟的今天，这些创新取得了质的飞跃。

在此过程中，保险科技等以大数据科学为基础的技术手段在保险行业的发展中贡献显著。保险领域的大数据信息正以几何级数速度增长，涵盖承保、理赔、财务数据、网络销售、电话销售、电商平台和社交平台等第三方数据。保险公司正致力于探索风控、承保、核保等环节应用大数据科学为基础的技术，以提升运营效率。随着全社会大数据的生产、增长及交互式应用，越来越多的信息将被挖掘，不仅对传统保险产业链产生影响，甚至颠覆行业格局。

关于大数据和保险科技在保险行业中的应用发展得如火如荼，已经有越来越多的产品、实践和研究结果涌现。对于金融专业的学生来说，一方面，他们受到了传统的金融专业知识训练；另一方面，又能够看到金融科技对传统金融行业的冲击。即使金融专业的学生有意识地去加强计算机技术方面的知识积累，也经常感到无从下手，并对金融与技术的结合充满疑问。与此同时，单纯技术人才对于保险产品的开发应用，以及在理财规划中的使用又缺乏金融相关的知识，而这一知识的匮乏也会降低他们在产品特征描述的敏感性。所以，行业目前面临技术、专业两个层次内容不能融合的矛盾。

本书针对经济金融专业本科生，以产业链发展为背景，探讨并概括基于大数据科学的保险科技如何重塑保险产业链等相关研究内容，为经济金融学专业学生在保险行业的发展提供指导。在产业链重构的视角下，引导学生以开放和发展的视角看待保险行业的创新与发展，并能在产业发展理论框架下解释和预测保险行业在基于大数据科学的保险科技影响下的发展方向。此外，本书还有助于学生确立专业定位，明确个人兴趣方向，进一步构建知识体系，以便在保险行业发展中实现创新和设计。

本书共 14 章，全书由李文统稿，杨凌霄负责第 1、3、4、11 章，苏立峰负责第 12、13、14 章，其余部分由李文负责。

作　者
2024 年 5 月

目录
Contents

第 1 章　大数据技术的发展概述

本章重点

1. 大数据概念的历史沿革。
2. 大数据概念的内涵与外延。
3. 大数据应用的主要技术和目前的发展状况。

众所周知，信息以各种类型的数据为载体。随着信息技术的发展，人们能够获得数据的种类和数量均呈现出超乎想象的发展速度。大数据概念的产生与应用伴随着这一过程逐步演进。因此，金融科技和本书中主要提及的保险科技，从技术层面来看，是应用信息技术与相关行业相结合，产生新的应用和利润增长点。本质上，这是人们在利用更多信息、更有效的信息分析模型的基础上，将这些应用渗透到各个行业。在应用过程中，信息质量和数量的改变可能使理论创新变为现实，甚至由于量变，可能会促进行业产业链产生质变，进而对整个产业链进行重构。

因此，信息这一核心因素将贯穿大数据技术应用的始终。在大数据技术应用的过程中，我们需要考虑本章和本书的其余章节，分析大数据技术将带来哪些新增信息，这些信息将提高哪部分效率，以及它将促进何种创新并带来价值增值和效用改进。

本章主要介绍了大数据的概念、特征和应用中的一些问题，并从信息的角度解读了大数据应用于各行业可能引发的一些变化。

1.1 大数据的发展与概念

1.1.1 大数据的发展趋势

现代经济社会中，信息的重要性越来越凸显。有效信息的增加可以降低市场摩擦、提高市场效率、降低信用风险、增加新的价值。大数据技术的意义在于从海量数据中挖掘出有价值的信息，并将这些信息加以应用，增加效用和效率。

1.1.1.1 中国大数据产业的发展

中国为支持大数据产业的发展，从 2014 年至今已经出台了一系列相关政策。2014 年，大数据被国务院《政府工作报告》列为重点战略，该年可以被称为大数据发展元年。2015 年，国务院发布了发展大数据的战略性指导文件，体现出国家层面对大数据发展的顶层设计和统筹布局，大数据迈入起步阶段。大数据正式上升至国家战略层面，是党的十九大报告提出要推动大数据与实体经济的深度融合。接下来，《中华人民共和国国民经济和社会发展第十三个五年规划纲要》和《大数据产业发展规划（2016—2020 年）》的提出加快了大数据落地；2017 年 10 月至今，大数据发展进入深化阶段，在国家战略的指引下发展大数据与实体经济深度融合，国内大数据产业迎来全面良好的发展态势。中国大数据产业政策的演变如图 1－1 所示。

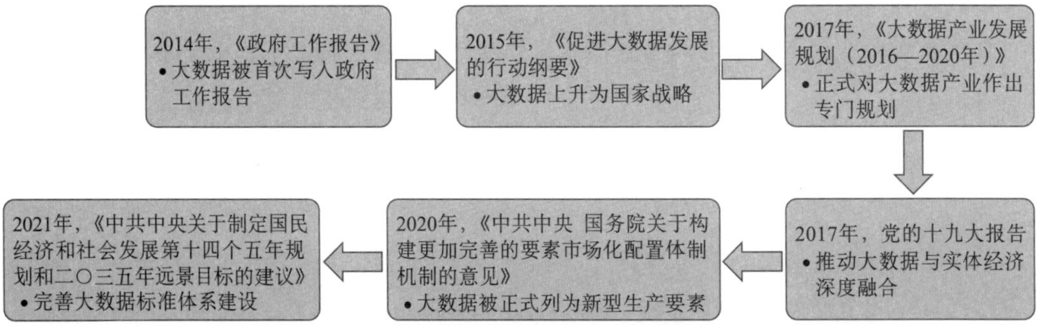

图 1－1 中国大数据产业政策的演变

资料来源：前瞻产业研究院。

2021 年至 2022 年 3 月，中国大数据产业政策如表 1－1 所示。

表 1－1　　2021 年至 2022 年 3 月，中国大数据产业政策

发布时间	发布部门	政策名称	重点内容解读	政策性质
2022 年 3 月	国务院	《政府工作报告》	提出促进数字经济发展，加强数字中国建设整体布局。建设数字信息基础设施，逐步构建全国一体化大数据中心体系，推进 5G 规模化应用，促进产业数字化转型，发展智慧城市、数字乡村	指导类
2021 年 10 月	全国人民代表大会常务委员会	《中华人民共和国反垄断法（修正草案）》	增加规定经营者不得滥用数据和算法、技术、资本优势以及平台规则等排除、限制竞争（第三条）；明确规定具有市场支配地位的经营者利用数据和算法、技术以及平台规则等设置障碍，对其他经营者进行不合理限制的，属于滥用市场支配地位的行为（第九条）	规范类
2021 年 10 月	国家互联网信息办公室	《数据出境安全评估办法（征求意见稿）》	规定了数据出境安全评估的范围、条件和程序，为数据出境安全评估工作提供了具体指引	规范类
2021 年 9 月	中国人民银行	《征信业务管理办法》	征信机构经营个人征信业务，应当制定采集个人信用信息的方案，并就采集的数据项、信息来源、采集方式、信息主体合法权益保护制度等事项及其变化向中国人民银行报告	规范类
2021 年 9 月	工业和信息化部	《工业和信息化领域数据安全管理办法（试行）》（征求意见稿）	贯彻落实《数据安全法》等法律法规，加快推动工业和信息化领域数据安全管理工作制度化、规范化，提升工业、电信行业数据安全保护能力，防范数据安全风险	规范类
2021 年 8 月	国家互联网信息办公室	《互联网信息服务算法推荐管理规定（征求意见稿）》	规范互联网信息服务算法推荐活动，维护国家安全和社会公共利益，保护公民、法人和其他组织的合法权益，促进互联网信息服务健康发展	规范类
2021 年 8 月	国务院	《关键信息基础设施安全保护条例》	在网络安全等级保护的基础上，采取技术保护措施和其他必要措施，应对网络安全事件，防范网络攻击和违法犯罪活动，保障关键信息基础设施安全稳定运行，维护数据的完整性、保密性和可用性	规范类

续表

发布时间	发布部门	政策名称	重点内容解读	政策性质
2021年7月	最高人民法院	《最高人民法院关于审理使用人脸识别技术处理个人信息相关民事案件适用法律若干问题的规定》	为正确审理使用人脸识别、技术处理个人信息相关民事案件，保护当事人合法权益，促进数字经济健康发展	规范类
2021年7月	工业和信息化部	《工业和信息化部关于加强智能网联汽车生产企业及产品准入管理的意见》	加强汽车数据安全、网络安全、软件升级、功能安全和预期功能安全管理，保证产品质量和生产一致性，推动智能网联汽车产业高质量发展。企业应当建立健全汽车数据安全管理制度，依法履行数据安全保护义务；建立数据资产管理台账，实施数据分类分级管理，加强个人信息与重要数据保护。建设数据安全保护技术措施，确保数据持续处于有效保护和合法利用的状态，依法依规落实数据安全风险评估、数据安全事件报告等要求	指导类
2021年7月	国家互联网信息办公室等五部门	《汽车数据安全管理若干规定（试行）》	规范汽车数据处理活动，保护个人、组织的合法权益，维护国家安全和社会公共利益，促进汽车数据合理开发利用	规范类
2021年5月	国家发展改革委	《全国一体化大数据中心协同创新体系算力枢纽实施方案》	以加强统筹、绿色集约、自主创新、安全可靠为基本原则，统筹围绕国家重大区域发展战略，根据能源结构、产业布局、市场发展、气候环境等，在京津冀、长三角、粤港澳大湾区、成渝，以及贵州、内蒙古、甘肃、宁夏等地布局建设全国一体化算力网络国家枢纽节点，发展数据中心集群，引导数据中心集约化、规模化、绿色化发展	指导类
2021年3月	工业和信息化部	《工业数据分类分级指南（试行）》	指导企业提升工业数据管理能力，促进工业数据的使用、流动与共享，释放数据潜在价值，赋能制造业高质量发展	指导类

资料来源：前瞻产业研究院。

大数据的产业规模发展十分迅速。根据中国信通院发布的《大数据白皮书》，2021年，中国大数据产业规模达1.3万亿元，同比增长31.0%；2022年，中国大数据产业规模达1.6万亿元左右，同比增长20.8%，成为推动数字经济发展的重要力量（见

图 1 - 2）。IDC 数据显示，2018 年中国数据量为 7.6ZB，此后每年将保持 30% 的高速增长，预计 2025 年中国数据量将达到 48.6ZB（见图 1 - 3）。

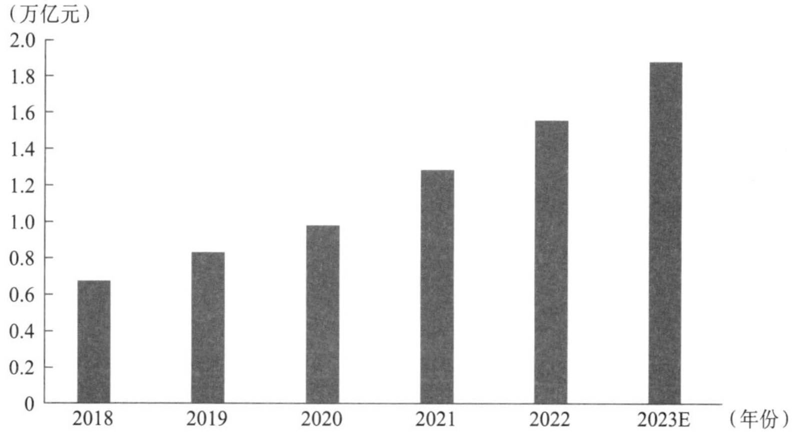

图 1 - 2 2018—2023 年中国大数据产业规模

资料来源：中国信息协会大数据分会。

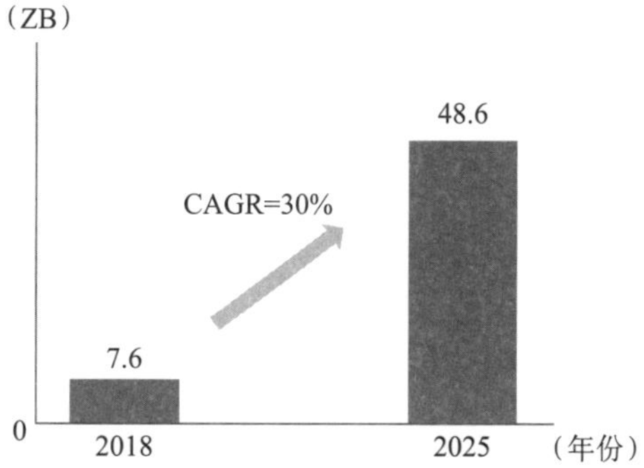

图 1 - 3 2018—2025 年中国数据量规模

数据来源：根据国际数据公司 IDC 数据整理①。

1.1.1.2 全球大数据产业的发展

近年来，随着云计算、大数据、物联网等高新技术产业的迅猛发展，数据流量呈现出急剧增长的态势，数据中心所承受的压力也随之攀升。据 IDC 发布的白皮书《数字化世界——从边缘到核心》预测：2025 年，全球数据总量将增至 175ZB，金融服务、制造业、医疗保健和媒体娱乐等行业将迎来数据增长模式重新定义的新篇章。随着信息技术的飞速发展，数据与各产业融合，数据量呈井喷式增长，规模已达 EB 级，访问频率达到亿级每

① 国际数据公司 IDC 咨询：《IDCFutureScape：2020 年全球金融行业十大预测——中国启示》，2020.

秒。意大利 PXR 研究机构数据统计，全球范围内创建、捕获、复制和消费的数据（信息）量从 2010 年的 2ZB 增长到 2020 年的 64.2ZB。预计到 2025 年，全球数据总量将超过 181ZB（见图 1 -4）。数据增长量大幅提升的根本原因之一是新冠疫情的影响。受疫情限制，越来越多的人需要远程办公、远程学习，甚至远程娱乐，这也意味着人工智能和物联网将分析并产生更多数据以应对人们对远程 + 的生活需求。

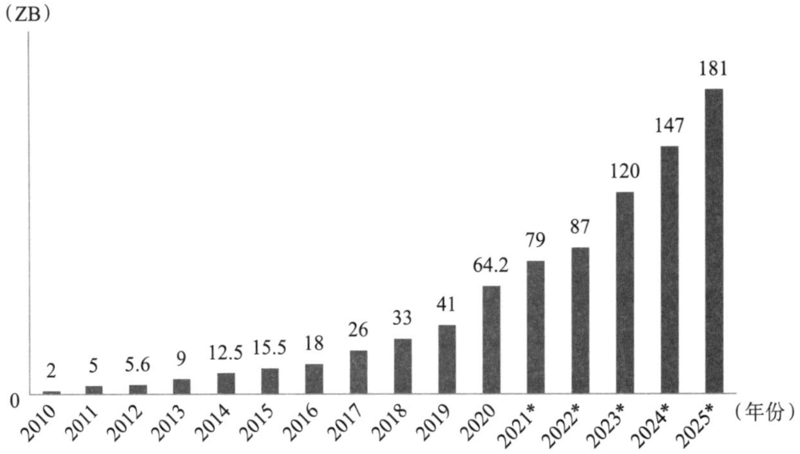

图 1 -4　2010—2025 年全球数据总量

资料来源：RXR Italy Report。

根据 Onaudience 报告，全球市场对数据的需求正在不断增加。企业需要高质量的用户匿名信息来创建和传递个性化服务。过去五年内，数据市场呈现出快速增长的趋势。2020 年，全球数据市场的价值超过 410 亿美元。2021 年，由于新冠疫情影响，增长速度已经放缓，同比增长近 20%。IDC 数据显示，2020—2024 年，在全球范围内，大数据市场复合增长率将达到 10.4。随着互联网和人工智能技术发展，以及国家对数字经济重视程度的提高，未来几年我国大数据业务有望迎来爆发式增长。市场预测，2024 年世界大数据市场将达 2983 亿美元。随着互联网和人工智能等技术发展，未来几年，在大数据领域将会出现大量新产品、新形态和新商业模式，大数据产业也会进入一个全新阶段。而在 2026 年前，世界大数据市场将在 2020 年前以 1959 亿美元的速度增长至 3600 亿美元。

美国作为世界上最大的数据市场，其市场份额在 2020 年达到 247 亿美元；2021 年，美国以 306 亿美元（同比增长 24.1%）的估值保持第一的位置。2020 年，欧洲数据市场规模为 63 亿美元；欧洲数据市场规模正在快速增长，2021 年达到 76 亿美元（同比增长 22.1%）。中国以 32.3% 的增长率，成为世界第三大数据市场，规模达到 54 亿美元；2021 年，中国数据市场价值超过 73 亿美元。

1.1.1.3　大数据成为生产要素

大数据作为信息化技术的自然延伸，其海量数据的实时产生、交互和普及性已成为现代社会的显著特征。同时，这些数据的分析、计算和反馈也在实时进行中，为企业和行业的决策提供了有力支持。根据迈特卡夫定律，网络价值与网络使用者数量的平方成正比，这为大数据市场的蓬勃发展提供了理论基础。大数据技术的应用正在推动企业经营决策模式的转变，引领行业变革，并为企业带来新的商业机会和发展空间。

数据作为五大生产要素之一，正与行业应用深度融合，成为推动产业和企业数字化转型升级的关键力量。工业和信息化部发布的《“十四五”大数据产业发展规划》明确指出，大数据产业是以数据生成、采集、存储、加工、分析、服务为核心的战略性新兴产业，对于激活数据要素潜能，提升经济社会发展质量、效率和动力具有重要意义。因此，大数据的发展将在未来继续发挥重要作用，为行业的变革和发展提供强大支撑。

1.1.2　大数据的定义和特点

传统意义上，大数据具有广泛流传的 4V 特征。麦肯锡全球研究对大数据的定义是：一种规模大到在获取、存储、管理、分析方面都远超传统数据库软件工具能力范围的数据集合，具有海量的数据规模、快速的数据流转、多样的数据类型和价值密度低四大特征。大数据主要具有 4V，即 volume（量级巨大）、variety（多样性）、velocity（高速处理）、value（低价值密度），以及其他一些特征。

从大数据的发展和数据量的增长可以看到，常规的单机处理方式已经不能处理目前量级的数据了。根据大数据的特点和发展，人们逐步总结出了大数据的定义和特点。学术界和工业界的侧重点略有不同。

大数据通常包括规模超过常用软件工具在可容忍的时间内抓取、研究、管理和处理数据能力的数据集。大数据的形式包括非结构化、半结构化和结构化数据，重点是非结构化数据。大数据的规模是一个不断变化的概念，大数据需要一套技术整合，才能从多样化、复杂化、大规模的数据集中揭示出规律。

大数据是需要并行计算工具来处理的数据。大数据利用数学分析、优化、归纳统计和非线性系统识别的概念，从信息密度较低的大数据集中推断出规律（回归、非线性关系和因果效应），揭示关系和依赖性，或对结果和行为进行预测。

1.1.2.1　理论研究层面

从学术的角度来说，在维克托·迈尔－舍恩伯格和肯尼斯·库克耶编写的《大数据时代》中，大数据指不用随机分析法（抽样调查）这样的捷径，而采用所有数据进行分析处理的分析方法；研究机构 Gartner 给出了这样的定义：大数据是需要新处理模式才能具有更强的决策力、洞察发现力和流程优化能力的海量、高增长率和多样化的信息资产；根据维基百科的定义，大数据是指无法在可承受的时间范围内用常规软件工具进行捕捉、管理和处理的数据集合。

湖畔大学曾鸣教授曾指出，大数据与传统数据的核心区别在于其在线、实时与全面的特点。

首先，大数据必须始终保持在线，并且具备热备份功能，而非冷备份或存储在磁带中的数据。只有在线的数据才能随时被调用和计算。其次，大数据的反应必须具备实时性。例如，当我们在淘宝搜索一个商品时，后台应瞬间从十亿件商品中完成匹配呈现。这种瞬间完成匹配的能力，是大数据的关键特征。最后，大数据不再局限于样本思维，而是采用全面思维。相较于传统的抽样数据，大数据追求的是全部可能的数据，以实现对整体的全貌把握。因此，称之为全数据或许更为恰当。

1.1.2.2　应用层面

从企业的角度来说，大数据的定义还取决于用户及其工具的能力，而不断扩大的能力使大数据成为一个移动的目标概念。对于一些企业来说，第一次面对数百 GB（千兆字节）的数据，可能会引发企业重新考虑数据管理方案。而对于另一些组织来说，可能要等到几十 MB（兆）或几百 TB（百万兆字节）的数据规模才会成为重要的考虑因素。

企业在处理大数据时，其核心特点可能不是采样，而是简单地观察和跟踪发生的事情。大数据往往包括了在可接受的时间和价值范围内超过传统软件处理能力的数据。目前，对大数据这个词的使用，往往是指使用预测分析、用户行为分析或某些其他高级数据分析方法，从数据中提取价值，而很少指特定规模的数据集。毫无疑问，现在的数据量确实很大，但这并不是这个新的数据生态系统最相关的特征。同样，我们在本书中去理解大数据的意义和作用时，也不能用简单的规模去衡量，而是应该以信息和效率去判断大数据可以给产业链带来的改变。

数据集的迅速增长，在很大程度上源于它们被诸如移动设备、遥感航拍、软件日志、摄像头、麦克风、射频识别（RFID）读卡器和无线传感网络等众多且价廉的信息传感物联网设备所收集。大数据的应用催生了软硬件的共同发展。传统的关系型数据库管理系统、桌面统计和数据可视化软件在处理大数据方面往往力不从心。此类任务可能需借助能在数十、数百乃至数千台服务器上运行的大规模并行软件系统来完成。

通过对数据集进行分析，可挖掘出新的关联性，从而发现商业趋势、预防疾病、打击犯罪等。科学家、企业高管、医学从业者、广告业者和政府等领域在处理大数据集时均面临挑战，其中包括互联网搜索、金融科技、城市信息学、商业信息学等。在电子科学领域，科学家所面临的限制包括气象学、基因组学、连接组学、复杂物理模拟、生物学和环境研究等。

1.1.3　大数据的价值根源

随着科技的飞速发展，数据已经从原本的幕后角色走向了台前，成为一种全新的生产资料。这种生产资料具有极高的价值，因为它能够被应用于各个领域，推动创新、提高效率，甚至改变商业模式。大数据作为一种海量、高增长率和多样化的信息资产，其重要性日益凸显。然而，要想充分利用大数据的价值，我们需要采用新的处理模式和软硬件系统来捕捉、管理和处理这些数据，从而为决策者提供有力的支持，带来新的洞察，并优化业务流程。

在大数据时代，数据成为最为关键的生产要素。如果说将大数据比作一种产业，那么这个产业实现盈利的关键在于提高对数据的加工能力。通过加工，我们可以实现数据的增值，从而为企业和社会创造更大的价值。大数据的价值并不在于我们所拥有的数据量，而在于我们对这些数据的处理和应用。整理、分析、预测和控制，这四个环节构成了大数据核心价值。

在实际应用中，无论是哪个行业的大数据分析和应用场景，都无法离开以人为中心所产生的各种用户行为数据。这些数据包括用户业务活动、交易记录和社交数据等，它们共同构成了一个完整的大数据生态环境。在这个生态环境中，企业可以通过对用户数据的挖掘和分析，深入了解消费者的需求和行为，从而制定出更加精准的营销策略，提升产品和服务质量。同时，这些数据可以为企业内部的决策提供有力支持，帮助企业优化资源配置、提高运营效率。

大数据作为一种全新的生产资料，已经深刻地改变了我们的生产、生活和思维方式。要充分发挥大数据的价值，关键在于提高数据的加工能力，通过对数据的整理、分析、预测和控制，实现数据的增值。在这个过程中，以人为中心所产生的用户行为数据发挥着至关重要的作用。只有深入挖掘这些数据，企业才能在竞争激烈的市场中脱颖而出，实现可持续发展。在这个大数据时代，掌握数据就掌握了未来的钥匙。

大数据的作用主要可以从以下 5 个方面进行阐述：

（1）助力企业洞察用户需求。大数据通过深入挖掘和分析用户的行为数据，将客户、产品和服务进行精准匹配，进一步定位用户的偏好和需求。在此基础上，企业能够提供更精确、更有针对性的产品和服务，从而提升销售业绩。以电子商务领域为例，大型电商平台如淘宝积累了大量的用户购买数据，这些数据在过去被视为负担，存储成本高昂。然而，如今这些数据却成为企业宝贵的财富，通过相关性分析，为企业带来巨大的商业价值。此外，大数据在能源、影视、证券、金融、农业、工业、交通运输、公共事业等领域同样具有广泛的应用前景。

（2）辅助企业自我优化。大数据技术不仅有助于企业了解用户，还可以为企业自身提供宝贵的信息。通过分析和锁定企业资源的具体情况，如储量分布和需求趋势，企业能够更直观地了解其运营状态，迅速发现并解决问题，及时调整运营策略，降低经营风险。总之，大数据为企业决策提供了强有力的支持。

（3）创新产业链价值。大数据技术在原有产业链基础上，对信息进行深度挖掘，创造出新的利益增长点和业务模式，实现对产业链价值附加形式的重构。例如，数据采集环节已逐渐成为一个庞大的市场，涉及物联网传感设备、医疗穿戴设备、气象信息设备等多个领域。这些领域技术含量高，对企业的洞察力和创新能力提出较高要求。而通过大数据分析所获得的新的信息，将有助于企业在原有产业链上创新产品，实现价值链的升级。

（4）推动产业协同发展。大数据技术为企业间的合作提供了新的契机。企业可以利用大数据分析，发现合作伙伴的优势和互补性，实现资源整合，促进产业协同发展。这种合作模式有助于提高产业整体竞争力，实现共赢发展。

（5）提升企业的创新能力。大数据技术的应用，使企业能够在产品研发、生产、销售等各个环节实现数据驱动的创新。通过对用户数据的深入挖掘，企业可以发现用户的潜在需求，为产品创新提供源源不断的灵感。同时，大数据能够助力企业在业务模式、服务流程等方面实现创新，推动企业的转型升级。

大数据技术在企业和社会发展的各个方面都发挥着重要的作用。随着技术的不断进步和应用场景的不断拓展，大数据将为企业和社会带来更多的机遇和挑战。

1.2 大数据的相关技术与发展

1.2.1 大数据的相关技术

大数据与传统数据分析资源相比，其工具与方法随之变革。若仅关注大数据而不探讨其研究方法，则难以对相关产业有更深入的认识。大数据之关键并非仅在于拥有海量数据，而在于对这些数据的专业化处理。若将大数据应用视为一种产业，盈利的关键在于提升数据加工能力，通过加工实现数据增值。

大数据通常源于场景创造的大量非结构化数据及半结构化数据，下载至关系型数据库分析耗时耗力。利用云计算进行大数据分析时，通常会分配给数十、数百乃至数千台电脑。因此，云计算的成熟发展推动了大数据技术应用的深度与广度。

此外，适用于大数据的技术还包括大规模并行处理（MPP）数据库、数据挖掘、分布式文件系统、分布式数据库、云计算平台、互联网及可扩展存储系统等。这些技术发展决定了大数据预测与挖掘的精度，某种程度上，大数据应用程度并非仅由大数据本身研究决定，而取决于相关软硬件的发展。

当前，大数据技术体系复杂多样，主要包括数据分析挖掘技术（如机器学习、数据分析、BI数据仓库等）、数据可视化技术、数据分析环境编程语言（如Linux、Java、Python、Scala等）、大数据生态框架（如Kafka、Hadoop、Spark、Elasticsearch、Storm等）。大数据应用领域广泛，各层面技术差异较大。

大多数投身于大数据产业的公司，事实上都只是参与了其中某个环节。完整的大数据产业链包括数据源、大数据硬件支撑层、大数据技术层、大数据交易层、大数据应用层、大数据衍生层，汇聚在一起形成大数据产业的完整循环链条，每个层面又都无限向外延伸，形成了大数据产业的内聚和外延。大数据全生命周期可以划分为数据产生—数据采集—数据传输—数据存储—数据处理—数据分析—数据发布、展示和应用—产生新数据等阶段。大数据的挑战包括数据的捕获、数据存储、数据分析、搜索、共享、传输、可视化、查询、更新、信息隐私和数据来源等。

下面通过最常见的大数据业务流程过程简单介绍大数据工程的4个步骤。

（1）数据采集。数据采集分为线上和线下两种方式，线上主要通过爬虫技术，如自动爬虫（可使用Python或Node.js编写）、ETL工具，或自定义的抽取转换引擎，从文件、数据库、网页等来源专项爬取数据。若采用自动化系统，可以方便地管理原始数据，并对数据进行标签采集，从而规范开发人员的工作，同时便于目标数据源的管理。数据采集的挑战在于处理多数据源，如MySQL、PostgreSQL、SQLServer、MongoDB、SQLite等，以及本地文件、Excel统计文档，甚至Doc文件等。将这些数据整合并有序地纳入大数据流程，是不可或缺的环节。

大数据采集技术对现有企业的硬件要求较高。采集过程涉及多个数据库接收客户端数据，如外部APP或传感器等，用户可通过这些数据库进行简单查询和处理。因此，主要挑战在于并发数较高，例如，可能有成千上万的用户同时访问和操作，需部署大量数据库才能支撑。负载均衡和分片设计在这些数据库之间，是需深入思考和解决的问题，分布式技术成为大数据采集的重点突破方向。

（2）数据汇聚。数据汇聚是大数据流程的核心环节，在此步骤可实现数据标准化、清洗、合并，以及存档。将可用数据经过监控流程整理归类，形成公司数据资产。数据汇聚的难点在于如何实现数据标准化，如表名、标签分类、用途、数据量、增量及可用性等。需要在业务方面下足功夫，必要时引入智能化处理，如自动打标签、分配表名和字段名等。

（3）数据转化与映射。数据汇聚后的资产如何提供给具体使用方？在此步骤，主要考虑数据应用方式，将两个或三个数据表转换为一张服务数据表，并定期更新增量。此步骤难点较少，与数据清洗、标准化类似，如将两个字段的值转换为一个字段，或根据多个可用表统计出一张图表数据等。

（4）数据应用。数据应用方式多样，包括内外部应用。若拥有大量数据资产，可通过RESTfulAPI、流式引擎KAFKA等方式提供给用户或应用消费，或直接组成专题数据供自身应用查询。对数据资产要求较高，前期工作若完成得当，后续应用将更加得心应手。

1.2.2　大数据产业发展的内涵与外延

庞大复杂的大数据产业拥有强烈的内聚效应与广泛的外延特性。一方面，大数据技术能够汇聚大量弱相关数据，形成紧密的聚合体。在硬件和软件的支持下，根据金融、医疗、农业、工业、能源、交通、物流、零售等多个领域的实际需求，设计出贴合市场需求的实用应用场景，以满足市场需求。另一方面，大数据通过租赁、基金、信托、期货、托管等多种形式，实现了在更广泛领域的流通。在此基础上，数据源服务商进一步拓展了大数据的增值服务，包括培训、咨询、数据处理外包等多方面业务。

大数据产业的外延性体现在多个层面。在数据源和技术支撑层的基础上，大数据不仅促进了数据交易和应用，还超越了产业本身的界限，实现了更多衍生的价值。以数据源为例，政府、行业和企业数据通过大数据硬件和技术的支持，实现了数据的有效汇聚和处理，进而被应用于各个行业，衍生出大数据金融、互联网理财、O2O、电子商务、人工智能、机器学习等多种形态。

大数据的应用层一直是产业链上不可或缺的部分，目前大数据已与医疗、金融、通信、能源、交通、农业等30余个行业相结合，为传统产业带来了新的解决方案。例如，精准扶贫大数据提高了扶贫的精准度，交通大数据缓解了交通拥堵问题，网格化大数据推动了社会治理的网格化，食药监大数据则使食品药品监察变得更加即时和有效。

此外，在硬件支撑层、技术层、交易层、应用层和衍生层等各个层面，大数据产业的外延性仍然显著。硬件支撑层涵盖了大数据采集、传输、存储等各个环节的设备，如无人机、机器人、GPS 等已成为重要的数据采集工具。传输设备方面，无线传输、光传输、互联网设备、移动通信网、遥感卫星等技术也被广泛应用于大数据的传输和处理。

关于大数据产业的内涵，从产业概念的角度审视，大数据产业应被视为涵盖所有与支持大数据组织管理和价值发掘相关的企业经济活动的总体，这一定义符合产业界对产业的通用理解，即产业是具有某种同类属性的企业经济活动的聚合。进一步从产业内涵的角度解读，构成一个产业的企业经济活动必须具备相同的属性。在大数据产业中，这类共同属性表现为支持大数据组织管理和价值发掘。

关于大数据产业的外延，从产业外延的角度理解，一个产业的企业经济活动必须具有可具体化的特征。大数据产业的相关企业经济活动涵盖支持大数据存储、检索、处理、分析、展示的相关 IT 硬件与软件的生产、销售和租赁，以及相关的信息服务。这些活动可以分为以下 3 个方面：（1）用于构建大数据平台，实现大数据组织与管理，分析与发掘的相关 IT 硬件与软件的生产、销售和租赁活动；（2）大数据平台的运维与管理服务，包括系统集成、数据安全、云存储等解决方案及相关咨询服务；（3）与大数据应用相关的数据租赁业务、分析预测服务、决策支持服务、数据分享平台、数据分析平台等。

1.2.3　大数据的应用领域简介

目前，已经产生了搜索、精准广告、智能推荐等一批成熟的大数据应用及产业培育模式。从当前看，大数据产业不仅已经形成，而且企业数量惊人。从长远看，大数据产业处于不断变化的过程中。因此，要对大数据产业做一个准确的描述是不易的，可以从场景的横向和行业的纵向两种方式来进行划分。

从场景来划分，数据应用场景都有共同的体系，该体系一共分为 7 层，代表了企业不同层面的数据价值应用场景。

（1）数据基础平台层。这一层的技术目标是实现数据的有效存储、计算和质量管理；业务目标是把企业的所有用户（客户）数据串起来，包括用户（客户）的画像（如性别、年龄等）、行为和兴趣爱好等，以达到全面了解用户（客户）的目的。

（2）业务运营监控层。这一层首要的是搭建业务运营的关键数据体系，在此基础上通过智能化模型开发出来的数据产品，监控关键数据的异动，通过各种分析模型等可以快速定位数据异动的原因，辅助运营决策。

（3）用户（客户）体验优化层。这一层主要是通过数据来监控和优化用户（客户）

的体验问题。这里面既运用结构化的数据来监控，也运用非结构化的数据（如文本）来监控。前者更多的是应用各种用户（客户）体验监测的模型或者工具来实现，后者更多的是通过监测微博、论坛和企业内部的客户反馈系统的文本来发现负面的口碑，以及时优化产品或服务。

（4）精细化运营和营销层。这一层主要通过数据驱动业务精细化运营和营销。主要可以分为 4 个方面：第一，构建基于用户的数据提取和运营工具，以方便运营和营销人员通过人群定向把客户提取出来，从而对客户进行营销或运营活动；第二，通过数据挖掘的手段提升客户对活动的响应；第三，通过数据挖掘的手段进行客户生命周期管理；第四，用个性化推荐算法基于用户不同的兴趣和需求推荐不同的商品或者产品，以实现推广资源效率和效果最大化，如淘宝商品的个性化推荐。

（5）数据服务和交易层面。数据对外服务一般为服务该互联网企业的客户或用户，如百度通过提供百度舆情、百度代言人、百度指数等服务其广告主客户；淘宝通过数据魔方、淘宝情报和在云端等产品服务其客户；腾讯通过腾讯分析和腾讯云分析等服务其开放商客户。在市场传播层面，主要通过有趣的数据信息图谱和数据可视化产品来实现（如淘宝指数、百度指数、百度春节迁徙地图）。

（6）经营分析层面。主要通过分析师对大数据进行统计，形成经验分析周报、月报和季度报告等，对用户经营情况和收入完成等情况进行分析，发现问题，优化经营策略。

（7）战略分析层面。这方面既要结合内部的大数据形成决策层的数据视图，也要结合外部数据尤其是各种竞争情报监控数据、国外趋势研究数据来辅助决策层进行战略分析。

从行业层面来说，大数据分析的进步为改善保健、就业、经济生产力、治理犯罪、安全、自然灾害和资源管理等关键发展领域的决策提供了卓有成效的帮助。目前，应用广泛的有以下这些行业：

（1）政务系统大数据应用。大数据在政府流程中的使用可以提高效率、生产力和创新能力，但数据分析往往需要政府的多个部门（中央和地方）协同合作，创建新的创新流程，以达到预期的结果。大数据帮助政府实现市场经济调控、公共卫生安全防范、灾难预警、社会舆论监督；大数据帮助城市预防犯罪，实现智慧交通，提升紧急应急能力；电力企业会通过大数据实时进行数据的监测和预测，让我们更好、更方便进行电力的调度。

（2）医疗系统大数据应用。通过对大数据技术的运用，医疗服务得以优化，表现为个性化医疗及处方分析、临床风险干预及预测分析、减少浪费及护理变异性、患者数据的外部及内部自动报告、标准化的医疗术语及患者登记等方面的改进。在此过程中，采用了碎片化的处理解决方案以应对医疗系统内部巨大的数据量。随着 mHealth、eHealth 和可穿戴技术的普及，数据量将持续增长，其中包括电子健康记录数据、影像数据、患者数据、传感器数据等难以处理的信息。

在这种环境下，数据和信息质量变得尤为重要。事实上，大数据分析中存在脏数据的情况，数据不准确的比例会随数据量增长而增加。在大数据规模下，人工检查难以达到预期效果。因此，医疗服务领域迫切需要智能工具来控制和处理信息的准确性和可信度，并对遗漏的信息进行处理。尽管医疗领域的大量信息已实现电子化，但由于大部分为非结构化数据，直接利用仍具挑战。这些信息恰恰符合大数据研究的范畴。

然而，大数据在医疗领域的应用也引发了严重的伦理挑战，包括个人权利、隐私和自主权的风险评估，以及透明度和信任度等方面的问题。在推进大数据技术在医疗领域的应用过程中，必须正视这些伦理挑战并采取相应措施。

（3）健康研究领域大数据应用。在健康领域研究中，大数据在探索性生物医学研究的应用前景特别被看好，因为数据驱动的分析能够比假设驱动的研究更快地推进，接着，在数据分析中看到的趋势可以在传统的假设驱动的后续生物学研究中进行实践检验，最终可以推动进行临床研究。

在医疗卫生领域，医学中的计算机辅助诊断是依赖大数据的应用细分领域。例如，对于癫痫监测，每天要建立 5—10GB 的数据。同样地，一个未压缩的乳腺断层扫描图像平均需要 450MB 的数据。这些只是计算机辅助诊断使用大数据的简单例子。大数据被认为是计算机辅助诊断系统需要克服的七大挑战之一。

（4）保险业务领域大数据应用。健康保险机构正在收集社会上健康决定因素的数据，如食物及电视消费、婚姻状况、衣着尺寸和购买习惯等，并据此对健康费用进行预测，以发现客户的健康问题。目前，这些预测结果是否被用于商业化定价是有争议的。

（5）大数据和物联网（IoT）协同工作。大数据和物联网协同工作，从物联网设备中提取的数据提供了设备间的相互连接映射。这种映射已经被媒体行业、企业和政府用于更准确地定位受众，提高媒体效率。物联网也越来越多地被用作收集感官数据的手段，这些感官数据已经被应用于医疗、制造和交通等场景。

（6）企业运营大数据应用。2015 年以来，大数据作为帮助员工提高工作效率、简化信息技术（IT）收集和分配的工具，在企业内部的业务运营中逐渐凸显出来。利用大数据来解决企业内部的 IT 和数据收集问题被称为 IT 运营分析（ITOA）。通过将大数据原理应用到机器智能和深度计算的概念中，IT 部门可以在问题发生之前预测潜在的问题，并在问题发生之前就采取行动提供解决方案。这时，ITOA 业务也开始在系统管理中发挥重要作用，它提供的平台将单个数据孤岛汇集在一起，并从整个系统中产生洞察力。

（7）电商营销大数据应用。大数据帮助电商公司向用户推荐商品和服务，帮助旅游网站为旅游者提供心仪的旅游路线，帮助二手市场的买卖双方找到最合适的交易目标，帮助用户找到最合适的商品购买时期、商家和最优惠价格；大数据帮助企业提升营销的针对性，降低物流和库存的成本，减少投资的风险，以及帮助企业提升广告投放精准度；大数据帮助社交网站提供更准确的好友推荐，为用户提供更精准的企业招聘信息，向用户推荐可能喜欢的游戏和适合购买的商品；

（8）娱乐行业大数据应用。大数据帮助娱乐行业预测歌手、歌曲、电影、电视剧的受欢迎程度，并为投资者分析评估拍一部电影需要投入多少钱才最合适，否则就有可能收不回成本。另外，电影其实都是需要渲染的，之前每渲染一分钟可能就需要上千台机器、需要一两个月，现在通过云计算、大数据的方式，渲染一个一分钟的电影镜头可能只需要一两秒。

未来，5G、人工智能和工业互联网的深入发展将引发更为庞大的数据洪流，给大数据的存储、分析和管理带来更为严峻的挑战。在这一背景下，大数据技术有望实现新的突破。同时，硬件与软件的融合、数据与智能的融合趋势日益明显，将进一步推动大数据技术向异构多模、超大容量、超低时延等方向发展。在我国，大数据行业应用正从消费端向生产端拓展，从感知型应用向预测型、决策型应用演变。互联网行业已步入 DT 时代，未来几年，各地政务大数据平台和企业大型数据中台的建成，将推动政务、民生和实体经济领域的大数据应用全面发展。

1.3 大数据应用的产业链分析

产业链中，大数据产业可分为如下 7 个部分：标准与规范、数据安全、数据采集、数据存储与管理、数据分析与挖掘、数据运维和数据应用。这些环节共同构成了大数据产业的完整生态链，涵盖了数据从生成到应用的全生命周期。其中，标准与规范以及数据安全作为产业基础，为其他环节提供了底层逻辑。

在标准与规范方面，大数据产业需制定统一的数据标准，确保不同系统间的数据可相互比较与共享。同时，规范数据采集、存储及管理，保障数据准确性与可靠性。

在数据安全方面，大数据产业需提供全面的数据安全保障措施，保护数据隐私与安全。这包括采用数据加密、访问控制、身份认证等技术手段，以及严格的管理制度和安全审计机制。

在数据采集方面，产业需支持多样数据源采集，涵盖结构化数据、非结构化数据、流数据等，并涵盖多种采集方式，如批量采集和实时采集。

在数据存储与管理方面，产业需提供高效、可靠的数据存储和管理方案，以应对大规模数据存储和管理需求。这包括分布式文件系统、数据库管理系统等技术手段。

在数据分析与挖掘方面，产业需提供各类数据分析工具和算法，从海量数据中提取有价值的信息。这包括统计学、机器学习、自然语言处理等技术手段。

在数据运维方面，产业需提供稳定、高效的数据运维服务，确保数据可用性和可靠性。这包括数据备份、容灾、负载均衡等技术手段。

在数据应用方面，产业需提供多样化数据应用服务，将数据分析成果转化为实际生产力。这包括商业智能、决策支持、风险管理等服务。

大数据产业链各环节相互依存、相互促进，共同构建完整生态链。随着数据量不断增长和技术的持续进步，大数据产业将继续发挥重要作用，为人类生产与生活带来更大价值。

1.3.1　数据标准与规范

大数据标准体系是开展大数据应用的前提条件，没有统一的标准体系，数据共享、分析、挖掘、决策支持将无从谈起。因此，各行业中的数据孤岛问题必须得到解决。为了实现数据的共享和互通，各行业需要建立统一的数据标准，包括数据格式、数据命名规则、数据质量标准等。这些标准的制定需要各个行业的专家共同参与，以确保标准的实用性和可操作性。

同时，为了确保数据的准确性和安全性，各行业还需要建立数据质量评估标准和数据安全标准。这些标准需要明确数据的准确性要求、数据的保密性要求和数据的完整性要求等。

在标准化建设方面，参与单位主要包括中国电子技术标准化研究院、各个数据库公司、数据拥有部门和各个行业的标准化组织。这些单位需要共同协作，制定出符合各行业实际需求的大数据标准，并推动标准的实施和应用。

大数据标准体系是开展大数据应用的基础，各行业需要加强合作，共同制定出符合实际需求的大数据标准，以解决数据孤岛问题，促进数据的共享和互通。

1.3.2　数据安全

数据安全是产业发展的重要保障，渗透数据存储、传输、交互的各个环节，主要参与方包括赛门铁克、360、启明星辰、绿盟科技、美亚柏科等。

随着数据的不断增加，对数据存储和访问的安全性要求越来越高，从而对数据的访问控制技术、加密保护技术以及多副本与容灾机制等提出了更高的要求。另外，由于大数据处理主要采用分布式计算方法，这必然面临着数据传输、信息交互等环节，如何在这些环节中保护数据价值不泄露、信息不丢失，保护所有站点的安全是大数据发展面临的重大挑战。在大数据时代，传统的隐私数据内涵与外延有了巨大突破和延伸，数据的多元化与彼此的关联性进一步发展，使对单一数据的隐私保护方法变得极其脆弱，需要针对多元数据融合的安全提出。在数据安全环节上，主要参与单位包括中国电子科技集团公司第30研究所，以及360、瑞星等杀毒软件公司。

各行业中都有可能存在数据信息滥用和违法违规的问题，还没有对有些问题是否会侵犯人的合法权益而进行过深入讨论。

1.3.3 数据采集

政府部门、以BAT为代表的互联网企业、运营商是当前大数据的主要拥有者。除此之外，利用网络爬虫或网站公开API等途径对网络数据进行采集也是大数据的主要来源。现实世界中的数据大多不完整或不一致，无法直接进行数据挖掘或挖掘结果不理想，需要对采集的数据进行填补、平滑、合并、规格化、检查一致性等数据预处理操作，并且往往需要大量的人工参与，因此数据采集和清洗成为大数据产业链的一个重要环节。采集方式、数据可得性、设备等均决定了一个行业的新兴模式。

除了政府部门、互联网企业和运营商，现在的大数据来源还包括各种传感器、移动设备、社交媒体等。这些来源产生的数据量庞大、种类繁多，包括结构化数据、半结构化数据和非结构化数据等。为了更好地利用这些数据，需要进行数据采集和清洗工作。

数据采集是大数据处理的第一步，它涉及如何从不同的数据源中获取数据，如何保证数据的准确性和完整性，以及如何处理异常数据等问题。数据清洗则是数据预处理的重要环节，它需要对数据进行清洗、填补、平滑、合并、规格化、检查一致性等操作，以确保数据的准确性和可用性。

在大数据产业链中，数据采集和清洗是非常重要的环节。它不仅影响后续的数据分析和挖掘工作，还直接关系到最终的决策和结果。因此，对于任何一个行业来说，都需要重视数据采集和清洗工作，以提高数据的质量和可用性。

此外，随着技术的发展，数据采集和清洗的方式也在不断变化。传统的数据采集和清洗方式往往需要大量的人工参与，而现在则可以通过自动化工具和算法来实现。这些新的方式不仅可以提高数据采集和清洗的效率，还可以减少人工干预，提高数据的准确性和一致性。

数据采集和清洗是大数据产业链中不可或缺的一环。随着技术的发展和数据量的不断增长，我们需要更加重视这一环节，以提高数据的质量和可用性，为各行业的决策和发展提供更加准确、可靠的数据支持。

1.3.4　数据存储与管理

数据存储作为产业链的重要支撑，其参与者不仅限于传统数据库企业。随着技术的不断发展，新兴的科技公司也在数据存储领域崭露头角。例如，阿里云、腾讯云等云计算巨头，凭借强大的技术实力和丰富的应用场景，在数据存储领域取得了显著的成绩。

在国际，除了 IBM、Oracle、Intel、Green - plum 等传统数据库企业，新兴的科技公司如 Cloudera、inforMatri 等也在大数据存储与管理领域展现出强大的实力。这些公司通过不断创新和优化数据库架构和数据组织管理方式，为大数据应用提供了更加高效、稳定、安全的存储解决方案。

在国内，除了中兴、华为、用友、浪潮等传统数据库企业，新兴的科技公司如数据堂、九次方、亿赞普、达梦等也在大数据存储与管理领域取得了显著的成绩。这些公司通过深入挖掘各行业的大数据应用需求，针对性地开发出各具特色的数据库架构和数据组织管理方案，为各行业提供了更加贴合实际需求的数据存储解决方案。

在未来，随着技术的不断进步和应用场景的不断扩展，数据存储领域的竞争将更加激烈。各企业需要不断创新和优化技术方案，以适应不断变化的市场需求，为各行业提供更加优质的数据存储服务。

1.3.5　数据分析与挖掘

大数据分析与挖掘的意图主要集中在两方面：一是从大量机构结构化和半结构化数据中分析出计算机可以理解的语义信息或知识；二是对隐性的知识，如关联情况、意图等进行挖掘。常用的方法包括分类、聚类、关联规则挖掘、序列模式挖掘、时间序列分析预测等。数据分析与挖掘的核心算法与软件主要掌握在大型数据库公司及高校的手里，国际主要参与者包括 IBM、甲骨文、微软、谷歌、亚马逊、Facebook 等，国内主要参与单位包括数据库企业、高校、以 BAT 为代表的大型互联网企业等。

随着大数据时代的到来，数据分析与挖掘已经成为各个领域中不可或缺的一环。传统的数据处理和分析方法在面对海量、多样化的数据时，往往显得力不从心。因此，新的技术和方法不断涌现，给传统的数据分析方法带来了挑战。

大数据时代的数据量巨大，传统的数据处理方法往往需要花费大量时间和精力来处理数据，而且容易出现错误。相比之下，新的数据处理方法能够更快速、准确地处理数据，提高了数据分析的效率和质量。

大数据时代的多样性要求数据分析方法能够处理各种类型的数据，包括结构化、半结构化和非结构化数据。传统的数据分析方法往往只适用于结构化数据，对于非结构化数据的处理能力较弱。而新的数据分析方法能够更好地处理各种类型的数据，提高了数据分析的全面性和准确性。

大数据时代的数据往往包含着大量的噪声和异常值，对数据分析的准确性造成了很大的影响。传统的数据分析方法往往难以应对这种情况，容易出现误判和漏判。而新的数据分析方法能够更好地处理噪声和异常值，提高了数据分析的准确性。

数据分析与挖掘的能力直接决定了大数据的应用推广程度和范围，是大数据产业的核心。当前，Hadoop、Spark 是使用较为广泛的两种开源处理框架，算法层面除上面提及的常用方法外，神经网络算法受益人工智能关注度再次高涨，国际主要参与者包括谷歌、亚马逊、脸书、IBM、甲骨文、微软等，国内主要包括海康威视、科大讯飞、BAT、网易、智慧星光、思必驰等。

在新的技术挑战面前，我们需要不断迭代和优化现有的数据分析方法，以适应大数据时代的需求。同时，我们也需要不断探索新的技术和方法，为大数据时代的数据分析提供更高效、更准确、更全面的支持。

1.3.6 大数据运维

大数据运维是指在处理海量数据时，对数据进行收集、存储、处理、分析和呈现的过程。随着企业数据量的不断增加，大数据运维变得越来越重要。

在大数据运维中，首先需要对数据进行收集和存储。由于数据量巨大，需要使用高性能的存储设备和分布式存储技术来存储数据。同时，需要对数据进行备份和恢复，确保数据的安全性和可靠性。

其次，需要对数据进行处理和分析。在处理数据时，需要使用各种数据处理和分析工具，如分布式计算框架、数据挖掘算法等，以快速处理和分析大量数据。在分析数据时，需要关注数据的整体特征和趋势，以便作出更好的决策。

再次，需要对数据进行呈现。在呈现数据时，需要使用各种可视化技术，如图表、报表等，以便更好地理解和解释数据。同时，需要对数据进行实时监控和报警，及时发现和处理数据异常情况。

最后，大数据运维还需要关注数据的安全性和可靠性。在处理数据时，需要确保数据的机密性和完整性，避免数据泄露和损坏。同时，需要定期对数据进行备份和恢复，确保数据的安全性和可靠性。

大数据运维是企业数据处理的重要环节，需要关注数据的收集、存储、处理、分析和呈现等方面。通过大数据运维，企业可以更好地管理和利用数据，提高决策效率和准确性。

随着数据重要性的日益凸显，政府部门也在其中发挥着作用。为了更好地推动政府大数据的公开与共享，各地政府纷纷借助大数据平台的建设，以吸引更多的个人和企业用户开展创新与创业活动。这种举措不仅有力地推动了大数据的增值服务，还进一步彰显了政府在大数据领域的积极作用和影响力。

大数据平台的建设成为政府与企业和个人用户之间的桥梁。通过这个平台，政府可以更高效地收集、存储、管理和保护数据，同时可以实现数据的共享和开放。这种开放和共享的态度，将为政府、企业和个人用户带来更多的机会和可能性，创造更多的价值和效益。

1.3.7　大数据应用

大数据应用在实现产业商业化目标并创造价值方面扮演着重要角色。如今，大数据应用已经渗透政府、电信、金融、人力资源、医疗、物流等多个行业，表明了应用市场的发展已经相当成熟。

我们注意到，政府、BAT、运营商是主要的数据源拥有者，因此，为这些领域服务的数据应用厂商具备一些先天优势。在众多行业中，我们更加看好政务大数据及医疗大数据市场的发展前景。从产品形态的角度来看，整体解决方案供应商掌握了多元技术，具备较强的跨场景服务能力，并能满足客户的综合性需求，因此更容易树立标杆案例，显示出明显的灯塔效应。

随着大数据技术的持续发展，大数据应用已经变成了各行业重要的驱动力。在政府领域，大数据应用帮助政府更深入理解社会现状，制定更精确、更有效的政策和规划。在金融行业，大数据应用帮助银行和保险公司精确评估风险并预测未来趋势。在医疗领域，大数据应用帮助医生更精确地诊断疾病并制定有效的治疗方案。

在这个新的数据驱动时代，数据已经成为一种新的资源，而大数据应用则是一种强大的工具，能够将这些资源转化为宝贵的商业价值。随着数据量的持续增长，大数据应用的市场也将持续扩大。未来，随着技术的不断进步和应用市场的逐渐成熟，大数据应用将更广泛、更深入，并成为各行业的重要支撑和推动力。

在这个市场中，整体解决方案提供商具有显著的优势。由于它们掌握多元技术、具备跨场景服务能力并能解决客户的综合性需求，更容易树立标杆案例并产生明显的灯塔效应。政策也是影响这个市场的重要因素之一。政府政策的支持和引导预计将为大数据应用市场带来更多的机会和空间。

大数据应用已经变成了实现产业商业化目标的关键因素。未来，随着技术的不断进步和应用市场的不断成熟，大数据应用预计将为各个行业带来更多的商业价值和发展机会。

传统信息技术正在经受大数据带来的革命性挑战，信息技术的体系和产业格局正在重新构建。以阿里巴巴、百度、腾讯、人大金仓、浪潮、曙光、南大通用为代表的互联网企业、云计算和数据库厂商纷纷加大应用推广力度，它们以国际先进的开源大数据技术为基础，形成独特的大数据平台构建和应用服务解决方案，以支撑不同行业不同领域的专业化应用。虽然这些企业在平台构建上有着显著的优势，但在某些具体业务领域，它们并不一定擅长或者关心。相反，传统企业和从事大数据的微型企业正是这些具体业务领域上大数据应用的主力军。应用的推广正是大数据价值的体现，也是大数据发展的原始推动力。当前的大数据应用正在改变软件技术、数据架构和数据共享方式，这个过程中需要我们积极转变思维，明确数据共享的方式和如何平衡数据拥有者的利益，理解商业模式的开展方式，等等。

综上所述，大数据产业链上数据是源泉、存储是支撑、安全是保证、分析是核心、应用是价值实现。这四个方面相互依赖、相互促进，共同推动大数据产业的快速发展。在数据采集、存储、分析及应用的过程中，大数据技术不断发展并推动了相关产业的发展，同时为企业带来了巨大的商业价值。随着数据量的不断增加和技术的不断进步，大数据产业链将更加完善和成熟，为各行业的发展带来更多的机遇和挑战。

本章参考文献

[1] 陈剑，黄朔，刘运辉．从赋能到使能——数字化环境下的企业运营管理［J］．管理世界，2020，36（2）：117－128＋222.

[2] 赵树梅，徐晓红．新零售的含义、模式及发展路径［J］．中国流通经济，2017，31（5）：12－20.

[3] 李学龙，龚海刚．大数据系统综述［J］．中国科学：信息科学，2015，45（1）：

1 - 44.

［4］程学旗，靳小龙，王元卓，郭嘉丰，张铁赢，李国杰．大数据系统和分析技术综述［J］．软件学报，2014，25（9）：1889 - 1908.

［5］刘智慧，张泉灵．大数据技术研究综述［J］．浙江大学学报（工学版），2014，48（6）：957 - 972.

［6］冯登国，张敏，李昊．大数据安全与隐私保护［J］．计算机学报，2014，37（1）：246 - 258.

［7］张引，陈敏，廖小飞．大数据应用的现状与展望［J］．计算机研究与发展，2013，50（S2）：216 - 233.

［8］孟小峰，慈祥．大数据管理：概念、技术与挑战［J］．计算机研究与发展，2013，50（1）：146 - 169.

［9］李国杰，程学旗．大数据研究：未来科技及经济社会发展的重大战略领域——大数据的研究现状与科学思考［J］．中国科学院院刊，2012，27（6）：647 - 657.

［10］王珊，王会举，覃雄派，周烜．架构大数据：挑战、现状与展望［J］．计算机学报，2011，34（10）：1741 - 1752.

第 2 章　大数据在保险业中的应用及产业链重构

本章重点

1. 了解现代保险行业的产业链构成。
2. 了解大数据的应用方法和效果对保险行业的影响。
3. 了解大数据在保险行业应用的前沿。

大数据产业链的主要环节包括标准与规范、数据安全、数据采集、数据存储与管理、数据分析与挖掘、数据运维和数据应用。保险行业产业链的核心环节则在于通过数据分析确定风险概率、估算风险成本、设计产品、销售给目标客户、利用规模效应和资金时间价值获取利润，并实现可持续经营发展。在此过程中，信息流动起着至关重要的作用。

保险行业依赖大量数据，过去遵循大数法则，主要参考企业内部数据及历史数据进行风险评估。但随着信息技术的发展，大数据时代为保险行业带来了前所未有的变革。如今，全样本信息可通过大数据技术获取，推动保险行业实现细分市场、细分对象的发展，进而促进新型险种的诞生。大数据的实时交互有助于保险产品营销，同时对人群的标签刻画可实现精准营销、防控风险。

保险行业正利用大数据技术引入新理念，实现风险事前管理，降低损失、降低价格、提高参保多方共赢的可能性。大数据还可在保险行业流程、运营管理中提高效率、降低成本。然而，大数据产业链与保险行业逻辑的共同作用也引发了一些亟待深入探讨的问题。例如，底层数据安全、隐私数据获取合法性与伦理道德、精准营销的适度性、消费者剩余保护等问题。此外，物联网大数据应用对财产险及产品创新的影响、车险 UBI 个性化定价的广泛应用、客户画像与精准营销的发展、大数据风控精度提升等都将对保险产业链和价值链产生重构，引发未来持续变革。

2.1 大数据与保险科技的发展

一般而言，保险科技是保险与科技的结合，通过将相关技术融入保险业务的价值链，实现创新风险管理方式、增强风险管理能力、提升保险业务价值、提升保险服务效率的目的。目前，保险科技涉及的主要技术包括人工智能、区块链、云计算、物联网、大数据、基因检测等。随着近年来中国保险科技的快速发展，传统风险的可保性边界也在不断拓展，保险科技在提升保险行业运营效率的同时，也在颠覆着某些领域的既有格局。传统保险公司、科技公司、初创企业和其他保险供应链合作公司正积极寻求自身业务与保险科技的融合，并构建与自身发展相契合的发展模式。事实上，很多保险科技应用的底层基础设施之一就是大数据，只不过还需要叠加很多其他的软件和硬件配置才能实现特有的功能。在此，没有必要割裂大数据应用与保险科技之间的关系。相反，从大数据与保险科技的各种应用的关系中，更可以看到大数据的重要性，并从中找出未来发展的方向。

目前，保险科技带来的一些行业变化：保险产业链中 IT 部分增加，IT 部门可以提高保险行业的运转效率，提升盈利能力，预计保险公司会持续加大 IT 投入，这也给保险行业的技术服务商带来市场机会；保险市场规模和边界会持续扩张，并带动其他相关产业的发展；结合互联网技术的发展与应用也推动了国内保险产品的碎片化、场景化发展，降低了保险产品的购买门槛，覆盖更多的长尾市场；保险行业的服务能力由于产业链的专业化分工而不断提升，服务半径持续扩大，健康险与健康管理服务、车险与汽车后市场服务是目前发展空间最大的两个细分市场。

2.1.1 保险业中的大数据与人工智能

人工智能（AI）是研究、开发用于模拟、延伸和扩展人的智能的理论、方法、技术及应用系统的一门新的技术科学。它是指计算机系统具备的能力，该能力可以履行原本只有依靠人类智慧才能完成的复杂任务。人工智能在 20 世纪八九十年代曾经一度低迷。近年来，由于成本低廉的大规模并行计算、大数据、深度学习、人脑芯片四大催化剂的齐备，人工智能的发展出现了井喷趋势。

大数据（big data）是指无法在一定时间范围内用常规软件工具进行捕捉、管理和处理的数据集合，是需要新处理模式才能具有更强的决策力、洞察发现力和流程优化能力的海量、高增长率和多样化的信息资产。

2.1.1.1 人工智能和大数据的结合是当今科技发展的必然趋势

通过大数据的采集、分析和利用，人工智能将能够更好地服务于各行各业，为人类带来更多的便利和创新。

人工智能和大数据的联系是密不可分的。在当今信息化时代，大数据的采集、分析和利用对于人工智能的发展至关重要。大数据为人工智能提供了丰富的数据源。人工智能在进行机器学习和深度学习时需要大量的数据来进行训练和优化。

大数据技术可以为人工智能提供丰富的数据源，这些数据来自各种不同的领域和来源，包括社交媒体、电子商务、医疗健康、交通出行等。通过对这些数据的分析，人工智能可以从中提取出有价值的信息和知识，进而应用于各种场景中。例如，在医疗领域，人工智能可以通过对大量的医疗数据进行分析，帮助医生进行疾病诊断和治疗方案的制定；在交通领域，人工智能可以通过对交通数据的分析，预测交通流量和拥堵情况，为交通管理提供科学依据。

人工智能在大数据技术的支持下，可以实现更加精准的预测和决策。通过对大量数据的分析和挖掘，人工智能可以发现隐藏在数据中的规律和趋势，从而对未来的情况进行预测。例如，在金融领域，人工智能可以通过对市场数据的分析，预测股票价格的走势和市场的趋势；在商业领域，人工智能可以通过对消费者行为数据的分析，预测消费者的购买意愿和需求，为企业的营销策略提供指导。

人工智能和大数据的结合还可以带来更多的创新应用。例如，在智能家居领域，人工智能可以通过对家庭用电数据进行分析，实现智能化的家庭能源管理；在智能制造领域，人工智能可以通过对生产数据的分析，优化生产流程和提高生产效率。这些创新应用将为人类带来更加智能化和高效化的生活和工作体验。

大数据技术为人工智能提供了强大的计算能力。处理和分析大数据需要高效的计算和存储能力，而云计算、分布式存储等技术则为大数据的处理提供了强大的支持。同时，人工智能的算法也需要大量的计算资源来进行模型的训练和推理，大数据技术为这些计算提供了可靠的基础。

大数据和人工智能的结合还催生了许多新的应用场景。例如，智能推荐、智能客服、智能家居等都是基于大数据和人工智能技术的典型应用。这些应用通过收集和分析用户的行为数据和反馈信息，能够提供更加个性化和精准的服务，从而提升用户体验。

人工智能和大数据的结合是当今科技发展最令人瞩目的趋势之一。在这个时代，大数据技术的迅速发展和广泛应用，为人工智能提供了广阔的发展空间和强大的支持。通过大数据的采集、分析和利用，人工智能将能够更好地服务于各行各业，为人类带来更多的便利和创新。

人工智能领域涵盖了众多方面，且已渗透到人们工作与生活的各个角落。特别是深度学习，其发展需要大量数据的应用和积累。这就必须借助高容量存储设备来满足大量数据的存储需求。随着数据的持续增长，人们开始从中寻找潜在规律，从而催生了分析的需求。分析赋予了大量数据新的价值，嵌入了人工智能的机器逐渐理解了用户的需求、预期和未来趋势。这种人工智能与特定场景的结合，其目标是改变现有的生活方式并解放生产力。很多过去只能由人类完成的任务，现在已逐渐可以通过机器来实现，如语音助手、无人驾驶汽车等。而且，随着硬件性能的不断提升和计算资源的日益强大，这些技术的成本也在持续降低。

2.1.1.2　人工智能和大数据技术的区别

大数据可以被视为一种未加工的原始输入，需要在数据变得有用之前进行清理、结构化和集成。它是一种传统计算形式，侧重于定义非常大的数据集，这些数据集可能是结构化的，也可能是非结构化的，而且大数据主要是为了获得洞察力。大数据的作用主要体现在对海量数据的分析处理上，它可以帮助人们从这些数据中挖掘出有价值的信息。

而人工智能则是处理这些数据并产生智能的一种输出形式。人工智能系统可以不断改变它们的行为，以适应调查结果的变化并修改它们的反应。它们旨在分析和解释数据，并根据这些解释来解决实际问题。人工智能系统在某些方面可以代替或部分代替人类来完成某些任务，但比人类速度更快、错误更少。它们能够理解自然语言并生成对应的回复，回复思路清晰，逻辑严密，推理精确。

因此，人工智能和大数据技术有着本质上的不同。大数据主要关注的是数据的获取和分析处理，而人工智能则更注重通过处理数据来产生智能，以帮助人们更好地解决实际问题。在应用层面，人工智能和大数据技术也具有不同的特点。大数据技术主要关注数据的获取、存储、处理和分析，以挖掘数据中隐藏的信息和知识。而人工智能则更注重通过处理数据来产生智能，利用机器学习、自然语言处理、计算机视觉等技术，帮助人们更好地解决实际问题。

例如，在医疗领域，大数据技术可以用于对大量的医疗数据进行挖掘和分析，以发现疾病的潜在规律和治疗方法。而人工智能则可以通过对医疗影像和病理切片等数据进行深度学习，辅助医生进行病灶检测和诊断，提高诊断的准确性和效率。

综上所述，人工智能和大数据技术在本质和应用方面都存在明显的差异。大数据技术主要关注数据的获取和分析处理，而人工智能则更注重通过处理数据来产生智能，以帮助人们更好地解决实际问题。在未来的发展中，人工智能和大数据技术将相互融合、互相促进，给人类社会的发展带来更多的机遇和挑战。

2.1.1.3 人工智能和大数据之间的联系与协同

虽然人工智能和大数据有很大的区别，但它们仍然能够很好地协同工作。这是因为人工智能需要数据来建立其智能，特别是机器学习。机器学习中，为了训练模型，需要大量的数据，而且数据需要结构化和集成到足够好的程度，以便机器能够可靠地识别数据中的有用模式。大数据技术满足这样的要求。

人工智能和大数据既有联系又有区别，且可以协同工作。人工智能需要通过试验和错误学习，需要大数据来教授和培训人工智能。人工智能需要依托大数据来建立其智能。大数据在人工智能中发挥作用的同时，需要合理地收集和利用大数据，注意个人隐私的保护。对数据进行智能分析的人工智能只是人工智能的一部分，并非全部。

人工智能和大数据的协同工作有许多优势。大数据可以为人工智能提供丰富的数据集，从而促进模型的训练和优化。通过对大量数据的分析，人工智能可以更好地理解人类的行为模式和需求，从而提供更准确、个性化的建议和解决方案。

人工智能可以弥补大数据的不足。虽然大数据可以提供大量的信息，但有时候这些信息的质量并不高，甚至可能存在一些错误。而人工智能可以通过对数据的清洗、筛选和降噪，提高数据的质量和准确性，从而更好地支持决策和行动。

人工智能和大数据的协同工作还可以提高效率和降低成本。通过将大数据和人工智能相结合，企业可以自动化许多烦琐的任务，如数据收集、整理和分析等，从而节省时间和资源。同时，人工智能可以帮助企业更好地管理和优化业务流程，提高效率和降低成本。

总之，人工智能和大数据的协同工作是一种趋势，能够为企业带来许多优势。未来，随着技术的不断发展，这种趋势将会更加明显。

2.1.2 保险科技的主要内容

大数据在保险公司中的应用是指保险公司基于大量的用户数据进行大数据分析，用于客户需求及风险的判断，提升保险公司产品设计、定价、核保及营销能力。

保险公司利用大数据分析，首先需要对海量的用户数据进行有效的整合和分析。通过数据挖掘和机器学习等技术，对用户数据进行分类和归纳，从而对每个用户的消费习惯、风险偏好、保险需求等因素进行深入了解。这些数据不仅有来自保险公司的内部数据，还包括来自社交媒体、电商等外部渠道的数据，使保险公司能够更加全面地了解用户的行为和需求。

在整合和分析用户数据的基础上，保险公司可以利用大数据分析来进行精准的产品设计、定价、核保及营销。首先，通过对用户数据的分析，保险公司可以了解用户对于不同类型保险产品的需求和偏好，从而设计出更加符合用户需求的保险产品。同时，通过对历史数据的分析，保险公司可以更加准确地预测未来的风险趋势，从而制定更加合理的保险定价策略。

其次，保险公司可以利用大数据分析来进行风险评估和核保。通过对用户数据的分析和挖掘，保险公司可以了解用户的信用状况、健康状况等信息，从而更加准确地评估用户的风险水平，提高核保的准确性和效率。

最后，保险公司还可以利用大数据分析来进行精准营销。通过对用户数据的分析和挖掘，保险公司可以了解用户的消费习惯和行为模式，从而制定更加精准的营销策略。例如，针对不同用户群体制定不同的营销方案，提高营销效果；根据用户的兴趣爱好和社交网络等信息，进行个性化的推荐和服务，提高用户满意度和忠诚度。

大数据分析是保险公司提升产品设计、定价、核保及营销能力的重要手段。通过大数据分析的应用，保险公司可以更加全面地了解用户的需求和行为，制定更加精准的保险产品和服务策略，提高公司的竞争力和市场占有率。同时，大数据分析可以帮助保险公司更好地管理风险和降低成本，提高公司的盈利能力和可持续性发展能力。以下是一些重要的保险科技应用领域（见图 2 – 1）。

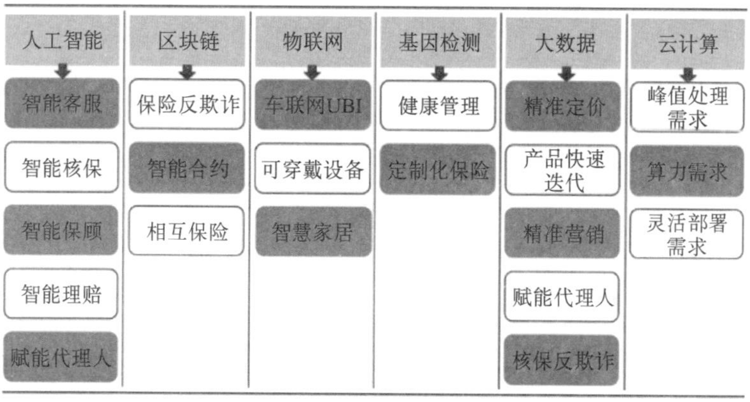

图 2 – 1 保险科技与产业链

资料来源：光大证券研究所。

2.1.2.1 人工智能服务

智能助手正在成为各行各业中越来越重要的角色，它可以帮助人们更快速、更准确地完成任务，还可以节省时间和成本。

在金融领域中，智能助手的应用越来越广泛。其中最主要的用途是案件欺诈的识别。通过使用人工智能技术，智能助手可以分析大量的数据，并快速、准确地识别出欺诈行为。这大大减少了金融机构的损失，并提高了客户的安全感。

除此之外，智能助手还可以用于自动理赔。当用户发生意外时，智能助手可以快速分析情况并自动处理理赔申请。这不仅节省了客户的时间和精力，还减少了保险公司的成本和错误率。

另外，智能助手还可以用于智能客服。当客户有问题或疑虑时，智能助手可以快速地回答问题并提供解决方案。这不仅可以提高客户满意度，还可以节省客服人员的成本和时间。

最后，智能助手降本增效和提升用户体验的作用也是不容忽视的。它可以自动化许多烦琐的任务，并提高工作效率。同时，它可以根据用户的反馈和需求不断进行优化和改进，为用户提供更好的体验和服务。

智能助手的广泛应用不仅可以提高工作效率和质量，还可以节省成本和时间，提高客户满意度和安全性。未来，随着技术的不断发展和应用场景的不断扩大，智能助手将在更多领域中得到应用和发展。

2.1.2.2 云计算

云计算应用于保险公司底层系统的升级，能满足海量高频数据的存储和计算，实现快速、低成本的产品开发，实现以客户为中心的产品开发、营销及服务。

在保险行业，随着业务的快速发展和技术的不断进步，底层系统的升级已经成为行业不可或缺的一部分。对于保险公司而言，底层系统的升级不仅能够满足海量高频数据的存储和计算需求，还可以实现快速、低成本的产品开发，以及以客户为中心的产品开发、营销及服务。

在传统的保险行业中，由于底层系统能力的限制，保险公司往往需要花费大量的时间和精力进行系统开发和维护，这不仅增加了公司的运营成本，还影响了产品的上市速度。而随着云计算、大数据等技术的不断发展，底层系统的升级已经成为可能。

通过升级底层系统，保险公司可以实现更高效的数据存储和计算能力，从而更好地支持业务发展。同时，快速、低成本的产品开发成为可能，使保险公司可以更加灵活地应对市场变化和客户需求。此外，以客户为中心的产品开发、营销及服务也成为可能，使保险公司可以更好地满足客户需求，提高客户满意度。

在底层系统升级的过程中，保险公司的技术团队也需要不断学习和掌握新技术，以便更好地应对未来的业务发展。同时，保险公司需要与合作伙伴共同合作，共同开发更加先进、更加适合业务需求的底层系统。

总之，底层系统的升级已经成为保险公司未来发展的关键因素之一。通过升级底层系统，保险公司可以实现更高效的数据存储和计算能力，更快速、低成本的产品开发，以及更以客户为中心的产品开发、营销及服务。这将有助于保险公司更好地满足客户需求，提高市场竞争力。

2.1.2.3　物联网

物联网可以增加与客户的交互，获取很多的数据用于定制化产品设计，持续跟踪客户及特定财产状况，提升风控能力或提供增值服务。

物联网技术的应用在当今社会中已经变得越来越普遍，它不仅改变了人们的生活方式，还为企业和组织提供了无尽的可能性。在物联网的帮助下，我们能够增加与客户的交互，通过收集和分析客户数据来定制产品设计，并且持续跟踪客户及特定财产状况。这些数据还可以用于提升风控能力或提供增值服务。

首先，物联网增加了与客户的交互。通过物联网设备，我们可以在任何时间、任何地点与我们的客户进行互动。这些设备可以收集客户的行为和偏好数据，帮助我们更好地了解客户的需求和喜好。这些数据可以用于定制产品设计，为客户提供更加个性化的服务。

其次，物联网还可以用于持续跟踪客户及特定财产状况。通过物联网设备，我们可以实时监测客户的健康状况和特定财产的使用情况。例如，智能手表可以监测我们的心率、睡眠质量等健康数据，而智能家居设备可以监测家庭能源使用情况。这些数据可以帮助我们更好地了解客户的需求和偏好，并提供更加个性化的服务。

最后，物联网还可以用于提升风控能力或提供增值服务。通过收集和分析客户数据，我们可以更好地了解客户的行为和偏好，从而更好地预测未来的趋势和风险。这些数据还可以用于开发新的增值服务，如基于位置的广告推送、智能推荐等。这些增值服务可以增加客户的忠诚度和满意度，为企业和组织带来更多的收益。

物联网技术的应用在当今社会中已经变得越来越普遍，它为企业和组织提供了无尽的可能性。通过增加与客户的交互、持续跟踪客户及特定财产状况、提升风控能力或提供增值服务，我们可以更好地了解客户的需求和偏好，为客户提供更加个性化的服务，从而获得更多的收益。

2.1.2.4　基因技术

在过去的几年里，基因大数据的应用已经成为科学研究的一个重要领域。通过对基因序列、基因表达、基因变异等数据的收集和分析，科学家们能够更深入地了解人类健康、疾病发生发展和药物作用机制等复杂问题。

基因序列是基因的线性排列，包含了生命体内所有的遗传信息。通过对基因序列的比对和分析，科学家们能够发现人类基因的变异和进化，以及与疾病相关的基因变异等重要信息。例如，通过对癌症患者的基因序列进行分析，可以发现与癌症发生相关的基因变异，为癌症的预防和治疗提供重要的参考。

基因表达是基因产生蛋白质的过程，这个过程受到多种因素的影响。通过对基因表达数据的收集和分析，科学家们能够了解不同组织和细胞在不同生理和病理条件下的基因表达情况，为疾病的诊断和治疗提供重要的依据。例如，通过对肿瘤组织的基因表达进行分析，可以发现与肿瘤转移和耐药相关的基因表达异常，为肿瘤的治疗提供重要的参考。

基因变异是基因序列中发生的变化，包括单核苷酸变异、插入或缺失等。通过对基因变异数据的收集和分析，科学家们能够了解人类群体的遗传差异和进化历程，以及与疾病相关的基因变异等重要信息。例如，通过对阿尔茨海默病患者的基因变异进行分析，可以发现与阿尔茨海默病发生相关的基因变异，为阿尔茨海默病的预防和治疗提供重要的参考。

基因技术大数据的应用是科学研究的一个重要领域。通过对基因序列、基因表达和基因变异等数据的收集和分析，科学家们能够更深入地了解人类健康、疾病发生发展和药物作用机制等复杂问题，为疾病的预防和治疗提供重要的参考。基因技术在保险行业的应用无疑为保险公司和用户都带来了许多好处。它提高了保险公司的准确性和个性化服务水平，同时降低了理赔成本和风险。随着科技的不断发展，我们有理由相信，基因技术将在未来的保险行业中发挥越来越重要的作用。

基因技术有助于辨别用户的发病风险，精准定价及核保，有针对性地提供疾病预防及监测，控制理赔成本。在当今的科技环境下，基因技术已经被广泛应用于许多领域，特别是在保险行业中，它为我们提供了更精确、更个性化的服务。

首先，基因技术可以帮助保险公司辨别用户的发病风险。通过对用户基因的检测和分析，保险公司可以准确地评估用户的疾病风险，从而为每位用户提供最合适的保险方案。这不仅保证了用户的健康安全，也有效降低了保险公司的理赔成本。其次，基因技术还可以用于精准定价及核保。通过对大量数据的分析，保险公司可以了解特定基因与疾病之间的关系，并根据这些信息制定更精确的保险价格和核保政策。这使保险公司能够更好地评估风险，提高盈利能力，同时为用户提供了更公平、更合理的保险服务。最后，基因技术还可以帮助保险公司有针对性地提供疾病预防及监测服务。通过分析用户的基因数据，保险公司可以预测用户可能患有的疾病，并提供相应的预防措施和建议。这不仅能够提高用户的健康水平，也能够减少保险公司的理赔风险。

基因技术也可以控制理赔成本。在传统的保险业务中，理赔成本往往较高，部分原因是存在许多欺诈和误报的情况。而通过基因技术的帮助，保险公司可以更准确地评估用户的疾病风险，减少欺诈和误报的情况，从而有效控制理赔成本。

2.2　现代保险产业链重构

随着科技的快速发展和经济社会的不确定性增强，保险行业正在经历一场前所未有的变革。以大数据、人工智能、区块链等为代表的先进技术，正在重塑保险行业的业务模式和产业链，使保险更加智能化、精细化、个性化。保险业务涵盖多个流程环节，且持续时间长，主要分为投保端和理赔端两个核心环节。投保端主要涉及产品设计、产品营销、承保核保等关键流程，旨在签订保险合同之前为客户提供全方位的服务。理赔端则涵盖客服咨询、理赔受理、理赔核保、理赔执行等流程，为保险合同生效后的客户提供持续服务。

中国目前已经是全球第二大保险市场，2019 年中国保险行业保费收入达 42645 亿元，增速回升到 12.2%（见图 2-2），在经历了行业的结构转型后重新展示出强劲的增长潜力。根据瑞再研究院的预测，中国极有可能在 21 世纪 30 年代中期超越美国成为全球最大的保险市场，庞大的保险市场为大数据等保险科技应用提供了巨大的发展空间。

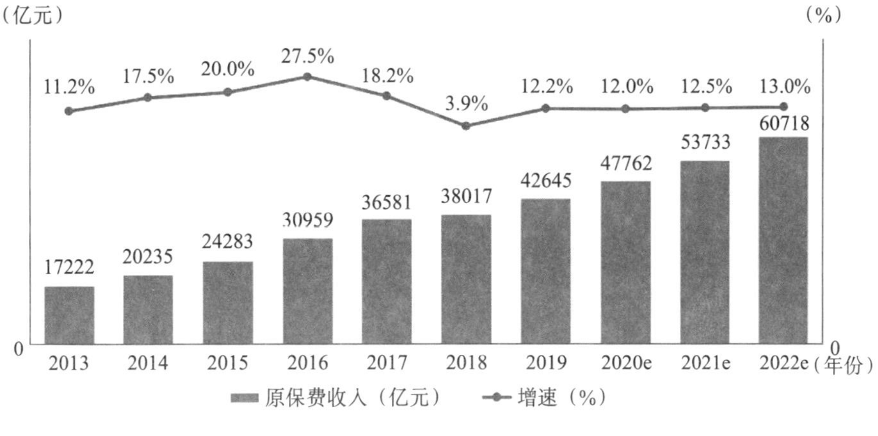

图 2-2　2013—2022 年中国保险原保费收入及增速情况

资料来源：中国银保监会，瑞再研究院 sigma 报告，根据艾瑞统计模型核算①。

① 艾瑞咨询：《中国保险科技行业研究报告》，2020.

海量数据的爆发为保险企业挖掘数据价值带来机遇，但同时传统技术手段已经无法满足处理大量非结构化数据的需求。因此，大数据分析技术成为当前保险科技领域中最重要的应用技术。

可以测算，2019 年我国保险深度（保费收入/GDP）为 4.3%，相比 2018 年的 4.22%，提高了 0.08 个百分点；2019 年我国保险密度（保费收入/总人口）为 3046.07 元，相比 2018 年的 2724 元，增加了 300 多元，增长了 11.82%。而 2019 年我国健康险的保险深度为 0.71%，相比 2018 年的 0.61%，提高了 0.1 个百分点；2019 年健康险的保险密度为 504.71 元，相比 2018 年的 390 元，增加了 100 多元，增长了 29.41%。但我国现有的保险深度与密度等指标仍均低于世界平均水平，大而不强是现阶段的主要特征。当前，新常态的经济发展、监管变化和技术动力同时驱动中国保险行业发展，中国保险行业迎来黄金发展期，推进中国从保险大国向保险强国转变。在所有驱动因素中，技术动力影响最为迅猛，而其中大数据对保险行业的影响最具革命性，是建设现代保险服务业的重要抓手。

2.2.1 大数据背景下保险行业的产业链

数据采集和处理：包括从各种渠道收集保险相关数据，如客户信息、理赔数据、风险评估数据等，并对数据进行清洗、整合和标准化处理。

数据分享与分析：将采集到的数据进行共享和交流，以便各个环节的参与者能够共享相关信息，并通过数据分析和挖掘提取有用的信息和洞察，为业务决策提供支持。

精算：利用大数据技术和统计模型，对保险风险进行量化和评估，确定保险产品的定价和保费水平。

产品设计：基于市场需求和风险评估，设计和开发保险产品，包括险种、保额、保障期限等。

保险经纪与代理：保险经纪人和代理人在保险产业链中起到重要的中间角色，他们与客户进行沟通和咨询，帮助客户选择合适的保险产品，并协助办理投保和理赔等手续。

客户画像：通过大数据分析和机器学习技术，对客户进行细分和画像，了解客户需求、行为特征和风险承受能力，以便为客户提供个性化的保险服务。

精准营销：基于客户画像和数据分析，采用精准营销策略，通过个性化的推荐和定制化的服务，提高保险产品的销售和客户满意度。

再保险：保险公司将部分风险转移给再保险公司，以分散风险和保护自身利益。再保险公司在产业链中承担再保险商的角色，为保险公司提供再保险合同和风险管理服务。

保险合规与法律：保险行业需要遵守相关的法律法规和监管要求。该环节涉及保险公司的合规管理，包括合规政策制定、法律风险评估、合规培训等，以确保业务操作的合法性和规范性。

理赔处理与风险管理：一旦发生保险事故，保险公司需要进行理赔处理。该环节涉及风险评估、索赔审核、理赔支付等流程，以保障被保险人的权益。同时，保险公司也需要进行风险管理，包括风险定价、风险控制和风险监测，以确保良好的资产负债管理和公司的可持续发展。

技术支持与创新：保险行业需要不断引入和应用新兴技术，以提升业务效率和客户体验。该环节包括信息技术支持、数字化转型、人工智能、区块链、云计算等技术应用，以及对新技术和创新模式的研究和评估。

客户服务与保持：保险公司需要提供优质的客户服务，包括在线咨询、理赔支持、保单管理等。该环节涉及客户关系管理、客户满意度调查、客户反馈处理等，以维护现有客户的忠诚度和吸引新客户。

数据安全与隐私保护：保险行业处理大量敏感数据，因此数据安全和隐私保护至关重要。该环节涉及数据加密、权限控制、隐私保护措施的建立和执行，以确保数据的安全性和合规性。

通过完整的产业链，保险行业能够实现从数据收集到产品设计再到销售和服务的全过程管理，以提供高效、准确和个性化的保险产品和服务。同时，通过大数据和新兴技术的应用，保险行业能够实现更好的风险评估、精准营销和客户服务，为客户提供更好的保险体验和保障。

大数据可以有效改造与升级传统保险价值链，具有改良和革新的双重效果。波士顿咨询公司（BCG）的研究表明，最重要的改良效应发生在产品定价、风险评估、精准营销、运营管理四大环节。而改革效应发生在大数据对保险行业的助力突破创新上。大数据作为催化剂在车联网、可穿戴设备、智能家居和平台生态圈构建方面将会起重要作用。大数据是通过获取、分析和解释规模巨大、格式复杂的数据，从而推动业务价值创造方式的变革。

保险企业通过新技术，可以改革现有商业模式并开发新的商业模式来应对环境的变化。在过去的十年发展中，保险企业侧重通过数字技术来改善现有的经营流程，主要应用包括：进行流程数字化和大数据分析，提升销售能力、产品竞争力、客户营销能力，以及通过移动终端来增强销售力量。

未来，保险公司将更加关注如何利用新技术对商业模式进行创新。从全球范围的实践来看，很多国外的保险公司在创新业务模式方面已经作出了很多的尝试。

保险公司具备完成保险业务全流程的能力，但随着行业发展趋势的演进，越来越多的业务环节被外包给第三方服务机构。这种专业化分工和资源有效配置的方式，有助于提升整个行业的效率，降低综合成本，从而改善盈利状况。特别是对于规模较小的保险公司来说，与外部机构的合作积极性更高，合作模式也更为深入和多样化。

保险科技公司在细分领域内需构建自身独特的竞争力，因此需要具备强大的资源整合能力。通过与第三方服务机构的紧密合作，保险科技公司可以更好地满足客户需求，实现业务拓展和创新发展。

2.2.2 大数据为基础的保险科技对保险行业产业链的重构与协同

（1）大数据助力风险评估。大数据技术的广泛应用，使保险公司能够更加准确地评估风险。通过对客户的行为、偏好、信用等数据的收集和分析，保险公司可以更准确地预测客户的保险需求和风险水平。这种精细化的风险管理方式，不仅可以提高保险公司的业务效率，还可以为客户提供更加个性化的保险产品和服务。

（2）人工智能优化客户服务。人工智能技术的应用，正在改变保险公司的客户服务模式。智能客服可以快速、准确地回答客户的问题，提高客户服务效率和质量。同时，人工智能还可以通过机器学习等技术，不断优化自身的服务和效率，为客户提供更加智能化、个性化的服务体验。

（3）区块链提升保险透明度。区块链技术的应用，使保险公司的业务更加透明和公正。通过区块链技术，保险公司可以记录和查询每一个保险合同的详细信息，包括投保人信息、保险责任、理赔情况等。这不仅可以提高保险公司的业务透明度，增强客户对保险公司的信任感，还可以有效地防止保险欺诈等不良行为。

（4）保险产业链的横向整合。除了在保险公司内部应用先进技术外，现代保险产业链的重构还体现在保险公司与其他产业之间的横向整合。例如，保险公司可以与医疗机构、养老机构等合作，实现跨行业的资源共享和业务协同。这种横向整合的方式，不仅可以提高保险公司的业务范围和服务质量，还可以带动其他产业的发展，实现多方共赢的局面。

（5）保险产业链的纵向整合。现代保险产业链的重构还体现在保险公司自身业务的纵向整合。保险公司可以通过大数据分析等技术，将自身的业务数据和资源进行深度整合，实现业务流程的自动化和智能化。例如，利用人工智能技术实现自动核保、自动理赔等业务，提高业务效率和质量。这种纵向整合的方式，不仅可以提高保险公司的核心竞争力，也可以为客户提供更加高效、便捷的保险服务体验。

（6）科技驱动创新。现代保险产业链的重构离不开科技创新的驱动。随着科技的不断发展，保险公司可以借助先进的技术手段不断进行业务创新和模式创新。例如，利用区块链技术实现智能合约、数字货币交易等创新业务模式；利用大数据技术实现精准营销、精细化风险管理等创新业务模式；利用人工智能技术实现智能投顾、智能风控等创新业务模式。这些创新业务模式不仅可以提高保险公司的业务效率和质量，也可以满足客户日益多样化的保险需求。

总之，现代保险产业链的重构是科技和社会发展的必然趋势。面对新的挑战和机遇，保险公司应积极拥抱科技，不断创新和优化自身的业务模式和服务模式，以更好地适应时代的发展和满足客户的需求，实现自身价值的不断提升。

2.3 保险业大数据与保险科技的应用现状与挑战

在保险行业，大数据和保险科技的结合具有巨大的潜力。然而，许多保险公司尚未制定全面的大数据战略，或者它们的战略规划不足以应对快速发展的技术。尽管大数据和 AI 的应用在保险业已经有所体现，但仍有很大的未开发空间。

目前，保险行业大数据应用主要集中在风险评估、赔款处理和客户分析等方面。例如，利用 AI 进行风险评估可以更准确地预测风险，从而为保险公司提供更准确的保费定价依据。此外，通过大数据和 AI 的分析，保险公司可以更有效地处理赔款和理赔程序，提高客户满意度。

2.3.1 大数据战略规划滞后

尽管大数据和 AI 的应用已经取得了一些成果，但保险公司的大数据战略规划往往落后于技术的发展。在当今快速变化的市场环境中，这可能会给保险公司带来巨大的挑战。

随着技术的发展，客户的行为和需求也在不断变化。如果保险公司不能及时捕捉和分析这些变化，就可能无法提供满足客户需求的产品和服务。此外，落后的战略规划也可能导致保险公司在竞争激烈的市场中失去竞争优势。

缺乏大数据战略规划也可能影响保险公司的运营效率。例如，如果保险公司不能有效地利用大数据和 AI 进行风险评估和赔款处理，就可能浪费大量的时间和资源。这不仅会影响保险公司的运营效率，还可能影响客户满意度和公司的声誉。

因此，对于保险公司来说，制定全面、前瞻性的大数据战略规划至关重要。这需要保险公司深入了解客户需求和技术发展趋势，并将这些信息整合到公司的战略规划中。此外，保险公司还需要积极探索新的数据来源和创新的数据分析方法，以提高决策效率和运营效率。

未来，随着技术的不断发展，我们可以预见到保险业的大数据应用将更加广泛和深入。例如，利用区块链技术可以更安全、透明地记录和处理保险合同信息；利用物联网技术可以实时监测和处理风险信息；利用 AI 和机器学习技术可以更准确地进行风险评估和赔款处理等。

同时，随着大数据战略规划的改进和完善，保险公司将能够更好地应对市场变化和竞争压力。通过利用大数据和 AI 技术，保险公司不仅可以提高决策效率和运营效率，还可以提供更优质的产品和服务，提高客户满意度和忠诚度。

综上所述，大数据和保险科技的结合具有巨大的潜力，但需要保险公司制定全面、前瞻性的大数据战略规划以应对快速发展的技术。通过深入了解客户需求和技术发展趋势，积极探索新的数据来源和创新的数据分析方法，保险公司将能够更好地应对市场变化和竞争压力，实现可持续发展。

2.3.2 信息化程度较为落后

保险行业大数据战略规划刚刚起步，相对于银行和证券公司，保险公司在电子化、数据化、移动化、平台化方面还处于落后状态。

大部分保险公司信息化工作没有完成，客户保单信息查询和更改仍然是手工和自动化相结合。保险行业对大数据商业价值应用的敏感度不高，大多数保险公司并没有将大数据列为保险公司基础能力进行建设。

为了改变这一现状，保险公司需要做一系列的调整。首先，保险公司需要建立完善的数据采集和分析体系。通过收集客户信息、保单信息、理赔信息等各类数据，进行深入分析和挖掘，以了解客户需求、风险状况和市场趋势。同时，保险公司还需要建立数据驱动的决策机制，将数据分析结果应用于业务决策和流程优化中，以提高决策效率和准确性。

其次，保险公司需要积极推进电子化和移动化进程。通过开发移动应用、在线客服、自助查询等渠道，为客户提供更加便捷的服务体验。同时，保险公司还需要建立智能化风控模型，利用大数据技术对风险进行实时监测和预警，以保障公司的稳健运营。

最后，保险公司需要不断探索新的商业模式。通过与合作伙伴共享数据和资源，开展跨界合作和创新实践，以开拓新的市场和业务领域。例如，利用大数据分析客户需求和市场趋势，开发定制化的保险产品和服务；通过数据共享和合作，优化产业链上下游的协同效应；借助大数据技术提高客户黏性和忠诚度，开展精准营销和个性化服务。

大数据战略规划是保险行业未来的发展趋势。虽然目前大部分保险公司的信息化工作尚未完成，客户保单信息查询和更改仍然是手工和自动化相结合，但是随着市场竞争的加剧和技术的不断发展，大数据的应用将成为保险公司基础能力建设的重要组成部分。

2.3.3　存在信息孤岛问题

很多保险公司虽然有了 APP，但 APP 的功能只是集中在保单的简单查询，并没有将 APP 定位为客户入口和主要渠道。保险公司的内部数据也没有完成整合，数据还处于信息孤岛状态。保险公司对内部数据价值认识不完整，大部分内部数据的价值没有被充分挖掘，大数据价值变现缺少应用场景。

保险公司还需要不断进行数据挖掘和模型优化，以发现更多的商业机会和优化客户体验。例如，保险公司可以通过数据挖掘技术，发现某些客户在购买保险产品后的某种行为习惯或者身体状况变化，从而开发出新的保险产品或者提供更好的理赔服务。同时，保险公司也可以利用机器学习算法对客户数据进行深度分析，以预测客户未来的保险需求和购买行为，从而实现更加精准的营销和服务。

除此之外，保险公司还可以通过与其他企业合作，共享数据资源和技术能力，共同开发新的保险产品和服务。这种方式不仅可以提高保险公司的竞争力和市场份额，还可以为客户提供更加全面、个性化的保险服务。

保险公司的大数据价值变现是一个不断发展和优化的过程。只有不断进行数据基础建设、了解用户需求、优化产品设计和服务流程、加强内部协作和外部合作，才能实现大数据价值变现的最大化，为客户提供更好的保险服务，实现公司的长期发展目标。

2.3.4　传统保险业利用大数据技术的挑战

传统保险业面临着许多利用大数据技术的挑战。尽管大数据技术可以带来许多机会，但是这些机会往往伴随着一系列的挑战。

2.3.4.1　数据质量和准确性问题

在大数据时代背景下，尽管数据来源广泛且类型多样，但其准确性和质量却常常难以得到保证。对于传统保险业而言，数据质量和准确性至关重要，因为它们是作出正确决策的基础。若数据存在错误、不完整或不一致等问题，则基于这些数据所作出的决策也将不可避免地存在偏差。值得注意的是，保险数据具有低频特征，即个体在一生中配置保险的机会和次数相对有限。这一特征源于保险产品的设计、购买资格的设定和保险产品对生命周期的覆盖方式。因此，保险产品被视为一种低频交易的产品。仅从单次或几次的保险购买行为中，很难获取到客户的全面信息。同时，短期内客户重复购买的可能性也较低。这意味着，已产生的交易数据并非扩展业务和开展大数据工程的最佳途径。

从保险业的数据现状来看，尽管多数公司已积累了近 20 年的数据，但由于业务重心的影响，这些数据的质量并不理想，难以直接应用。此外，与其他行业相比，保险数据相对单一，且交易频次较低。大多数险种每年仅发生一次，使提取有价值的信息变得困难，进而对数据分析和挖掘构成了客观障碍。单纯依赖保险自身的数据，难以实现业务描述的精细化和其他相关操作。因此，保险业需要在提升数据质量的基础上，引入高质量的外部数据以弥补不足。

在大数据时代，保险公司引入外部高质量数据的需求日益迫切，但也面临着信息安全问题，数据安全法律法规尚不完善，存在缺乏综合性统一法律、法律细节解释不足以及保护与发展协调不够等问题。此外，个人信息保护方面也存在漏洞，使合规性成为该行业发展的核心问题。为了应对这些挑战，国家已经开始加强数据安全立法工作。例如，2018 年，十三届全国人大常委会立法规划中提出了《个人信息保护法》和《数据安全法》，预示着个人信息和数据保护的综合立法时代即将到来。2020 年 1 月，中央政法工作会议强调，要将大数据安全作为贯彻总体国家安全观的基础性工程，依法严厉打击侵犯公民隐私、损害数据安全、窃取数据秘密等违法犯罪活动。

然而，需要明确的是，并非所有外部数据的引入都能为某项业务带来显著改善，也不是一次引入就能取得良好效果。由于外部数据的业务场景与保险行业不同，在使用过程中需要仔细甄别和不断调整。距离保险业需求越近的数据质量越高，相应的数据产品效果也越好。外部数据的应用属于跨域数据应用，具有较强的专业性。它要求从业人员不仅要了解市场上各类数据的属性和应用范围（这在当前数据市场尚未成熟的情况下尤为困难），还要掌握如何加工数据以满足保险业的需求。

在大数据技术中，涉及大量的个人数据，包括个人信息、健康信息、财务信息等。这些信息的不当使用或泄露可能对个人隐私和安全构成威胁。因此，传统保险业需要采取措施保护客户隐私和数据安全，并遵守相关法律法规和监管要求。目前，已有多种数据安全技术手段用于保护敏感数据，如数据脱敏、安全多方计算、联邦学习等。随着相关技术的不断进步，未来大数据产业合规落地的大趋势将确保敏感数据和个人隐私数据的合法合规使用。对于高质量的外部数据，尤其是涉及个人敏感信息的数据，需要经过授权和精细处理后才能使用。

2.3.4.2　数据处理和分析能力问题

大数据技术对于保险行业的未来发展具有重要意义，因为它能够提供更深入、更全面的数据分析，帮助保险公司更好地了解客户需求、风险状况和市场趋势。然而，传统保险公司在数据处理和分析能力方面往往存在不足，这限制了它们利用大数据技术的能力。为了解决这个问题，传统保险公司需要采取一系列措施来加强数据处理和分析能力。

引进先进的技术和工具是加强数据处理和分析能力的重要手段。例如，采用高性能计算机、分布式存储和计算系统、数据挖掘和可视化工具等，这些技术和工具可以帮助保险公司更快、更准确地处理和分析大量数据。

培训员工也是加强数据处理和分析能力的重要措施。传统保险公司的员工通常不具备处理和分析大数据的专业技能和知识，因此需要接受相关的培训和技能提升。这可以通过组织内部培训、外部课程和研讨会等方式实现。

通过引进先进的技术和工具以及培训员工，传统保险公司可以有效地提升数据处理和分析能力，从而更好地利用大数据技术来提高业务效率、优化产品设计、降低风险和提高客户满意度。这些措施的实施将有助于推动保险行业的数字化转型和创新发展。

2.3.4.3　法规和监管要求的变化

为了确保业务操作的合规性，传统保险公司需要采取一系列措施。首先，他们需要定期审查和更新公司的合规政策和流程，以确保这些政策和流程与最新的法规和监管要求保持一致。其次，保险公司需要加强对员工的培训，提高他们对合规要求的意识和理解，并确保他们在日常工作中能够遵守相关法规和监管要求。此外，保险公司还需要与监管机构保持密切联系，及时了解最新的监管动态和要求，并根据这些要求调整公司的业务操作。

除了关注法规和监管要求的变化外，传统保险公司还需要考虑如何利用大数据技术来提高其业务效率和竞争力。例如，它们可以利用大数据分析来评估风险、制定更准确的保费定价策略、提高客户满意度和服务质量等。同时，保险公司还需要加强对数据安全和隐私保护的关注，确保客户信息的安全性和保密性。

随着大数据技术的发展，传统保险公司需要密切关注法规和监管要求的变化，并采取措施确保业务操作的合规性。同时，它们还需要利用大数据技术来提高业务效率和竞争力，并加强对数据安全和隐私保护的关注。只有这样，传统保险公司才能在竞争激烈的市场中保持领先地位，为客户提供更优质的服务。

2.3.4.4 文化和组织结构问题

传统保险公司的文化和组织结构可能与大数据技术的要求存在一定的不兼容性。具体来说，传统的决策流程可能涉及多个层级和烦琐的审批程序，导致决策效率低下，难以适应快速变化的市场环境。相比之下，现代大数据技术更加强调快速响应和灵活应对，而这与传统的决策流程可能存在一定的矛盾。

此外，传统保险公司的文化往往强调保守和谨慎，注重风险控制和稳定性，而不是积极寻求创新和冒险。这种文化可能与大数据技术的要求有所不同，因为大数据技术更加强调探索未知领域、尝试新的方法和不断改进。

这些因素可能会对传统保险公司有效地利用大数据技术产生一定的阻碍作用。然而，随着技术的不断发展和应用，传统保险公司也可以通过积极拥抱变革、调整文化和组织结构、加强人才培养等方式来逐步适应大数据时代的需求。

2.3.4.5 缺乏系统性协同作用

大数据技术需要结合其他系统性的改变才能发挥作用，例如，在医疗领域，大数据技术可以与医疗管理系统、电子病历系统、实验室信息系统等相互配合，实现更高效的医疗管理和治疗。以用户画像、精准营销的应用为例，精准营销和用户画像的确是大数据比较典型的应用，用户画像是建立在本身有较强的业务数据基础上来展开的。银行业和证券业做用户画像是基于本身高频次的交易数据，再融合外部数据勾勒出用户的偏好，通过原有的业务触点更精准地为客户推荐最合适的产品，以提高客户在产品上的复购率。多数保险产品的交易频次很低，本身产生的业务数据量很小，难以支撑用户与业务之间产生强关联原因的精细刻画。除此之外，保险产品具有其特殊性，它需要线下面对面的交流。即使通过数据确切地知道某个用户可能有某个产品的需求，如果触达方式不合适，一样不会成功地转化。单纯的精准营销在保险行业并不能取得良好的效果。

在技术层面上，大数据技术还需与数据基础设施和人工智能等技术相结合，通过硬件保证和软件支持如机器学习和深度学习等技术手段对大量数据进行处理和分析，从而为各种业务提供更加精准的预测和建议。除了与其他系统性的改变相结合，大数据技术还需要不断进行技术升级和创新，以适应日益增长的数据量和处理需求。这包括在数据采集、存储、处理、分析等方面的技术创新，以及在数据安全和隐私保护等方面的技术突破。

同时，大数据技术的应用和发展也需要相关政策和法规的支持。政府需要制定相应的法律法规，以规范大数据技术的使用和保护个人隐私和信息安全。此外，政府还可以通过提供资金支持和政策引导等方式，鼓励企业和机构将大数据技术应用到相关业务领域中，以推动经济发展和社会进步。

本章参考文献

[1] 吕子苑. 保险公司数字化转型路径与启示——以瑞士再保险集团为例 [J]. 现代管理科学, 2022 (4): 151 - 158.

[2] 赵娟. 金融科技赋能产业链金融升级的创新路径探讨 [J]. 西南金融, 2022 (8): 59 - 71.

[3] 张艳丰. 大数据背景下众安在线保险产品创新案例分析 [D]. 吉林财经大学, 2021.

[4] 胡芳, 彭琛, 陈小红. 健康中国战略下保险科技赋能商业健康保险发展研究 [J]. 西南金融, 2021 (6): 73 - 84.

[5] 马瑞阳. 保险科技对保险企业效率的影响研究 [D]. 对外经济贸易大学, 2020.

[6] 陈剑, 黄朔, 刘运辉. 从赋能到使能——数字化环境下的企业运营管理 [J]. 管理世界, 2020, 36 (2): 117 - 128 + 222.

[7] 周雷, 邱勋, 王艳梅, 等. 新时代保险科技赋能保险业高质量发展研究 [J]. 西南金融, 2020 (2): 57 - 67.

[8] 唐金成, 刘鲁. 保险科技时代寿险业的应对策略 [J]. 西南金融, 2019 (11): 60 - 69.

[9] 唐金成, 刘鲁. 保险科技时代 AI + 保险模式应用研究 [J]. 西南金融, 2019 (5): 63 - 71.

[10] 徐婷婷. 国内互联网保险营销模式的探究 [D]. 北京邮电大学, 2018.

[11] 赵树梅, 徐晓红. 新零售的含义、模式及发展路径 [J]. 中国流通经济, 2017, 31 (5): 12 - 20.

[12] 赵博. 基于大数据的战略预见研究 [D]. 中共中央党校, 2016.

[13] 范美玉. 基于大数据的精准医疗服务模式研究 [D]. 华中科技大学, 2016.

[14] 李学龙, 龚海刚. 大数据系统综述 [J]. 中国科学: 信息科学, 2015, 45 (1): 1 - 44.

[15] 程学旗, 靳小龙, 王元卓, 等. 大数据系统和分析技术综述 [J]. 软件学报, 2014, 25 (9): 1889 - 1908.

[16] 张兰廷. 大数据的社会价值与战略选择 [D]. 中共中央党校, 2014.

[17] 刘智慧, 张泉灵. 大数据技术研究综述 [J]. 浙江大学学报 (工学版), 2014,

48 (6): 957 - 972.

[18] 冯登国，张敏，李昊. 大数据安全与隐私保护 [J]. 计算机学报，2014，37 (1): 246 - 258.

[19] 张引，陈敏，廖小飞. 大数据应用的现状与展望 [J]. 计算机研究与发展，2013，50 (S2): 216 - 233.

[20] 孟小峰，慈祥. 大数据管理：概念、技术与挑战 [J]. 计算机研究与发展，2013，50 (1): 146 - 169.

[21] 李国杰，程学旗. 大数据研究：未来科技及经济社会发展的重大战略领域——大数据的研究现状与科学思考 [J]. 中国科学院院刊，2012，27 (6): 647 - 657.

[22] 王珊，王会举，覃雄派，等. 架构大数据：挑战、现状与展望 [J]. 计算机学报，2011，34 (10): 1741 - 1752.

第3章　保险业大数据应用与信息安全

本章重点

1. 大数据导致的信息不对称问题产生的原因及可能的后果。
2. 保险公司对于信息不对称问题的解决办法。
3. 消费者如何保护自己的相关权益。

随着网络和信息技术的日益普及，人类所产生的大量数据正在以指数级速度增长，而云计算的诞生更是将我们直接推入了大数据时代。这种趋势正在向各行业渗透，传统行业的管理和运营思维也正在被颠覆。在此背景下，保险行业可以利用大数据实现诸多领域的进步，包括互联网获客、精准营销、大数据风控、客户管理、运营优化和非现场稽核等。通过明确可行的数字化金融发展路径，保险行业可以借助新技术为客户提供更多潜在的解决方案和增值服务等金融产品及生活服务。

然而，在这一过程中，信息不对称问题不可避免地存在，主要分为两类：一类是保险公司与个人之间的信息不对称问题，另一类是保险公司之间的信息不对称问题。这些问题可能会对保险行业的健康发展产生负面影响，因此需要采取有效的措施加以解决。

3.1　大数据产生的信息不对称问题

所谓信息不对称，是指交易中的各主体掌握的信息不同。在社会上的政治、经济等活动中，一些成员拥有其他成员无法拥有的信息，由此造成信息的不对称。在市场经济竞争市场中，各类人员对有关信息的了解是有差异的；掌握信息比较充分的人员，往往处于比较有利的地位，而信息贫乏的人员，则处于比较不利的地位。由此，对于处在竞争关系之中的商业主体来说，信息不对称问题是非常值得分析的。本章就大数据保险中的信息不对称问题进行归纳和分析。

在精准营销方面，保险公司利用大数据可以将客户细分，挖掘潜在客户，预测客户流失，以及客户之间的关联销售。在保险欺诈方面，大数据的应用有利于减少客户的欺诈行为，更好地进行风险控制。在精细化运营方面，大数据的应用有利于保险公司自身的产品优化、保险代理人的甄选和配备，减少骗保和欺诈发生，增加保险公司的盈利。投保人利用大数据可以找到更适合自己的保险产品，而且加快了投保效率，减少了自己投保所花费的时间，更快地享受到保障。

在过去的几年里，保险行业正好站在了两个趋势的前沿：一是互联网＋趋势，这一趋势不仅将传统保险业务拓展到互联网领域，还在推动互联网保险商业模式的变革；二是大数据＋趋势，保险行业作为经济生产和社会生活的紧密相关行业，有着强烈的需求和动力来应用大数据进行营销。面对转型和挑战，大数据为保险业提供了一个千载难逢的好机会。

大数据时代的到来意味着大量数据的收集和共享。通过大数据技术的应用，获取和处理客户信息的成本和难度大大降低。这从源头上降低了实力规模存在较大差距的保险公司之间的信息不对称问题，同时减少了信息壁垒。

随着互联网和大数据在保险业的广泛应用，客户能够获取更多的相关信息，他们的选择不再局限于保险公司，而是更加注重产品本身。大数据的应用削弱了单纯的信息作用，转而考验保险公司的产品设计与创新能力。与传统的单纯低价竞争模式相比，大数据技术的应用为许多小型保险公司提供了机会，也促进了保险公司之间的协同合作，进一步促进了市场的良性竞争和发展。

虽然大数据技术的应用带来了机遇，但也带来了挑战。在大数据时代背景下，保险公司需要处理的信息数据比传统模式下要多得多。因此，如何在繁杂的数据中筛选和处理数据，对保险公司来说是一个巨大的挑战。一些公司甚至可能缺乏处理信息的能力或无法找到转型的方向，最终可能被时代淘汰。此外，大数据信息的滥用可能导致信息错乱，而大数据的风险控制将一部分客户拒之门外，导致拒保。与传统的模式相比，大数据的应用更容易引发隐私问题，并带来数据存储和安全的技术难题。同时，在大数据广泛应用的时代背景下，相对于传统模式下保险业的信息不对称问题，大数据技术的应用对保险业的信息不对称问题产生了巨大的影响。

3.1.1　保险公司面临的问题

3.1.1.1　投保人的刻意隐瞒

在投保过程中，除了投保人需要尽到告知义务和遵守最大诚信原则外，保险公司也有责任对投保人进行风险评估。然而，如果投保人没有尽到告知义务和遵守最大诚信原则，就会导致保险公司对风险的评估出现偏差，从而增加了保险过程中的风险。

在某些情况下，投保人可能会因为各种原因而隐瞒或未提及自己的生活环境状况和病史，或者保险人自己的性格习惯。例如，有些投保人可能会担心自己的病史会影响保险公司的承保决定，从而选择隐瞒或未提及。这种情况下，如果保险公司没有发现投保人的隐瞒或未提及行为，就可能会在后续的保险过程中出现问题。如果投保人隐瞒了自己的病史，但在保险过程中出现了与该病史有关的问题，那么保险公司就可能会因为投保人的隐瞒或未提及而拒绝理赔。这不仅会对投保人造成经济损失，还会对保险公司的声誉造成负面影响。

因此，为了确保保险过程的顺利进行，投保人和保险公司都需要尽到各自的告知义务和遵守最大诚信原则。如果投保人隐瞒或未提及自己的生活环境状况和病史，或者保险人自己的性格习惯，不仅会为保险公司增加风险识别的难度，还会为后续的保险过程留下隐患。

3.1.1.2　获得信息的成本过高

这种成本不仅包括时间成本、精力成本和金钱成本，对于保险公司来说，还需要花费大量的成本来保障自己的损失率。

在投保过程中，保险公司需要掌握必要和充足的信息，以便对风险进行准确的评估和定价。然而，由于交易双方往往存在投机心理，他们不会将所有的信息完全告诉对方。这就意味着，保险公司需要通过各种手段来获取更多的信息，以确保自己的利益不受损害。

同时，保险公司需要防范投保人的道德风险和逆向选择。道德风险是指投保人在获得保险后，可能会采取一些不诚实的行动，以获取更多的赔偿。逆向选择则是指投保人在购买保险时，可能会隐瞒自己的真实情况，以降低保险费用。这两种情况都会导致保险公司的损失率上升，因此需要采取相应的措施来防范。

为了保障自己的利益，保险公司需要花费较大的成本来获取更多的信息，并对投保人进行严格的审核和监督。这些成本包括调查费用、审核费用、监督费用等。此外，为了防止投保人进行欺诈行为，保险公司还需要加强内部管理，提高员工的素质和技能水平，以确保保险公司的业务能够正常进行。

综上所述，保险公司在投保过程中需要承担较大的成本，包括获取信息、防范道德风险和逆向选择等方面的成本。这些成本不仅会影响保险公司的利润水平，还会影响保险公司的竞争力和市场地位。因此，保险公司需要采取有效的措施来降低成本、提高效率，以确保自己的利益不受损害。

3.1.1.3 保险公司之间的信息不对称

造成信息不对称的原因是多方面的。

（1）获取、掌握信息的成本太高。保险公司要把与自己经济活动有关的信息都掌握并非不可能，但与获取、处理这些信息的成本远高于获取信息后的收益。例如，两个保险公司在争取顾客时，要弄清购买保险的每一位顾客的数据信息，这并非不可能，但是保险公司必然要讲求效率、追求收益，而这样做成本太高，所以一定会出现信息不对称。

（2）保险公司之间存在竞争关系。信息交易过程中，交易双方在信息掌握上一般处于不对称地位。而为了自己的利益，一方往往故意隐瞒利益相关的信息，或者根本不对一些信息进行交易，进一步导致信息的不对称问题。

（3）信息商品有特殊性。信息商品与普通商品不同，无法事先了解其价值。购买者之所以愿意掏钱买信息，是因为不知道它，一旦知道它，就不愿意掏钱购买了。因此，信息出卖者不可能让购买者在购买之前就充分了解所售信息，因购买者也就不一定能够获取完全符合期待的信息，因而，有可能选择不购买，由此各家保险公司之间就算会进行一些信息交易，也会有信息不对称的情况。

3.1.2 保险公司面临的后果

3.1.2.1 投保人的逆向选择

逆向选择是指在签约前，进行交易的一方拥有另一方所不知道的信息，并且该信息可能影响另一方的利益，这样拥有信息的一方就可以利用这些信息优势来作出对自己有利而对别人不利的选择。在保险市场上，保险公司对于各个投保人的风险程度的了解是不确切的，它们只能根据市场的平均风险状况来制定保险费率。以保险公司提供财产保险为例，可以认为投保人对自己所居住的社区的失窃率是比较清楚的，而保险人对此则不甚了解。于是，保险公司只好根据平均失窃率来制定保险费率，那么居住在低失窃率社区的投保人可能不会买保险，因为费率对于他们来说过高，他们投保后的效用低于投保前的效用，而居住在高失窃率社区的人则相对更需要保险。于是，居住在低失窃率社区的人退出保险市场，只有居住在高失窃率社区的人愿意投保，这样的差距加剧后就会导致保险公司亏损。

3.1.2.2　成本上升从而影响保险业务发展

由于信息不对称，增加了保险公司的决策成本，保险公司必须协调好保险产品所带来的成本和收益，并且发掘由信息不对称造成的潜在客户会增加公司成本。另外，因信息不对称，投保人会降低对保险的需求，或者保险需求较少者就不投保，导致保险业发展必定受到影响，从而阻碍了资源的有效配置，影响了保险业的发展。

此外，信息不对称还可能导致保险公司的风险增加。由于保险公司无法准确了解潜在客户的真实情况，可能会导致在保险事故发生时无法准确评估赔偿金额，从而给公司带来损失。同时，信息不对称可能导致保险市场的竞争不公平。一些保险公司可能会利用信息优势，隐瞒保险产品的真实情况，从而获得更多的客户，而其他遵守诚信原则的保险公司则可能会在竞争中处于劣势。

3.1.2.3　资源配置不当

保险公司之间信息不对称带来的最直接的后果就是保险公司之间出现信息壁垒，市场会趋于垄断。保险公司间的信息不对称会让较大的公司掌握更多的信息、开发更多的产品、拥有更大的客源，从而发展出更大的规模，而越大的公司越有机会获得更多更优质的信息，由此形成不公平的垄断市场。

因此，信息不对称会导致资源配置不当，减弱市场效率。特别是伴随信息不对称引起的逆向选择、道德风险、委托—代理问题，这些问题会导致市场在信息不对称条件下，参与博弈的一方隐藏只有自己掌握的私人信息导致对方受损而自己获利，即逆向选择。由于其隐瞒信息的行为发生在交易之前，因此逆向选择也可以说是交易前的不对称信息所产生的欺诈。

3.1.3　消费者面临的问题

3.1.3.1　保险产品的非信息本源性

非信息本源性指的是保险产品的固有特性，这一特性表现为保险商品缺乏实际使用价值，使客户在购买决策过程中无法像选购普通商品那样通过现场观察、比较来作出消费选择。由于保险商品的非信息源特性，客户在接触非信息源时，难以获取充分的信息来进行消费决策，从而使保险市场存在信息不对称问题。

保险合同的不透明性是一个普遍存在的问题，它使客户难以充分理解合同条款和细节，从而无法准确评估保险产品的价值和质量。这种不透明性主要源于保险合同的复杂性，其中涉及大量的专业术语和法律条款，使普通客户难以理解。保险合同的不透明性也可能导致客户在签订合同时未能充分了解自己的权益和义务，从而可能在理赔过程中遇到困难。这种情况可能会引发客户对保险公司的不满和质疑，进而影响保险公司的声誉和业务。

保险公司与客户之间的信任问题也是导致信息不对称的原因之一。客户需要信任保险公司能够按照合同约定进行赔偿，但保险公司的经营状况、信誉等因素可能存在不确定性，使客户难以建立充分的信任。保险公司与客户之间的沟通问题也可能导致信息不对称。在签订保险合同之前，客户可能不完全了解保险公司的服务内容和理赔流程，无法判断保险公司是否能够满足自己的需求。而在保险事故发生后，客户可能无法及时获得保险公司的回复和理赔，导致双方产生误解和矛盾。

保险代理人与客户的沟通问题也可能导致信息不对称。保险代理人是客户与保险公司之间的桥梁，但由于代理人的专业知识和道德水平存在差异，有时会出现误导客户的情况，使客户难以获得准确的信息和建议。从保险代理人的角度来看，他们需要理解客户的需求，然后提供最适合客户的保险方案。然而，如果代理人的专业知识和道德水平不足，他们可能会误导客户，推销并不适合客户的保险产品，从而获取更多的佣金。在客户方面，由于他们对保险产品的了解相对较少，所以他们往往依赖保险代理人的建议。如果代理人提供的信息有误，客户可能会购买并不适合自己的保险产品，导致在需要理赔的时候产生纠纷。

3.1.3.2 保险公司披露信息不够充分

对于保险公司而言，披露信息会存在直接或隐含成本。直接成本如保险公司要完成披露需要花费人力、物力和财力，隐含成本包括信息披露可能造成公司经营情况及商业秘密泄露。于是，保险公司并不愿意对信息进行披露和共享，也就造成了个人没有获取信息的途径和获得对等信息，导致信息不对称。

这种信息不对称现象在保险行业中尤为突出。由于缺乏有效的信息披露和共享机制，消费者往往难以获取关于保险产品的详细信息，也无法对公司之间的产品进行比较。这不仅限制了消费者的选择范围，还可能导致市场上的产品过于单一，无法满足不同人群的需求。

然而，随着科技的发展和监管政策的逐步完善，信息不对称现象有望得到缓解。一方面，保险公司可以通过数字化手段提高信息披露的效率和准确性；另一方面，监管机构也可以制定相关政策，强制保险公司公开更多关于其业务运营和财务状况的信息。

此外，通过建立行业内的信息共享平台，保险公司可以更加便捷地获取关于竞争对手的情报和业务数据。这不仅有助于提高公司的竞争力，还能为消费者提供更加多样化的保险产品和服务。

为了缓解信息不对称现象，保险公司、监管机构和行业内的其他参与者需要共同努力。通过加强信息披露、推动数字化转型和建立信息共享机制，可以促进保险市场的健康发展，为消费者带来更多福祉。

3.1.3.3　获取真实信息难度大

个人相对于保险公司而言，无疑属于弱势群体，想要了解和获取自己想要的信息，往往困难重重，通常个人所了解到信息是保险公司想让人们看到的，其中的真实性还有待商榷，并且，市场中的欺诈性信息很多，需要个人有较强的辨别能力，所以个人想要获取真实信息的难度大。

第一，信息的搜索成本高。个人获取信息的渠道有限，信息来源的可靠性有限，就增加了投保人在投保过程中的信息搜索成本，造成了获取有效信息的成本高，获取信息不全面等问题。

第二，投保人受限于专业知识。随着保险种类的不断增多，保险的商品功能不断增加，保险涉及的知识含量提高，知识面变广，在纷繁复杂的保险产品中，增加了投保人识别和选择的难度。

第三，保险条款非常具有复杂性。保险条款通常由保险公司制定，其中包含了各种专业术语和复杂的条款，普通投保人很难完全理解。这使投保人在理解保险产品时面临困难，有时甚至会产生误解。

第四，保险市场存在信息不对称。由于个人相对于保险公司处于弱势地位，市场中的信息不对称现象严重。保险公司往往掌握着更多的信息，而投保人只能通过表面的宣传材料或者保险代理人的介绍来了解保险产品。这种情况下，投保人难以全面、深入地了解保险产品的真实情况。

第五，市场存在保险欺诈的威胁。市场中的欺诈性信息很多，一些不法分子利用普通投保人缺乏专业知识、渴望保障的心理，实施保险欺诈行为。这使投保人在选择保险产品时需要具备较高的辨别能力，以避免遭受损失。

综上所述，个人在获取真实、有效的保险信息方面面临诸多困难。为了降低信息获取成本、提高信息真实性、减少保险欺诈威胁，保险公司应加强对代理人的培训和管理，提高保险产品的透明度，加强风险管理和宣传教育。同时，政府和社会各界也应加强对保险市场的监管和规范，为投保人提供更加安全、便捷的保险服务。

3.1.4 消费者面临的后果

3.1.4.1 被不合理拒保的可能性加大

信息的不对称会导致保险公司对风险极其敏感，当投保人存在可能触发保险条款的可能性增大时，保险公司往往为了降低风险和增加收益而拒保，同时由于保险公司与个人之间的信任关系本就脆弱，一旦保险公司获取到细微的敏感信息就会加大拒保的可能性，并采取拒保的方式来降低风险和增加收益。

在现实中，一些保险公司可能会利用信息不对称来寻求自身的利益。例如，当保险公司知道某个投保人可能存在健康问题时，可能会利用这个信息来拒绝为该投保人提供保险，从而避免了可能出现的赔付。这种行为不仅会损害投保人的利益，也会破坏保险公司与个人之间的信任关系。

3.1.4.2 保险需求得不到满足

信息不对称导致一些市场的交易量不足，于是售出较少的一类产品的成本就会提高，进而导致保险公司放弃一些亏损的保险产品，致使一些投保人的需求得不到满足，因找不到适合自己的保险产品而无保可投。这种信息不对称的现象，不仅影响了保险市场的交易量，还影响了投保人的利益。由于缺乏对保险产品的全面了解，投保人可能无法选择适合自己的保险产品，从而无法得到充分的保障。

3.2 消费者数据权益保护

随着大数据、人工智能、云计算等新兴科技的崛起，业界人士积极运用这些科技创新金融服务的形态，将各类科技元素逐步延伸到金融服务当中。金融业务从支付领域扩展到区块链货币、从自助银行进化到无人银行、从远程客服蜕变为智能投顾，传统金融机构正在向线上金融和智能金融转型。与此同时，新兴科技企业也凭借其技术优势积极布局金融业，以 BATJ（百度、阿里、腾讯、京东）为代表的互联网巨头纷纷涉足金融业务，互联网金融俨然成为传统金融的搅局者。

金融与科技的深度融合已经对传统金融价值链进行了优化，同时创造了新的业务生态，并对金融机构、金融服务乃至金融市场产生了巨大的冲击和挑战。大数据作为金融科技创新的核心和基础，已经引领了金融行业的发展。在大数据时代，无论是人还是机器都被数据所解构，各种智能传感器以亿计，构建了万物互联的数据平台，使人类的呼吸、脉搏、睡眠、运动时长和行为习惯都成为重要的数据分析对象。金融机构应加强数据的收集和利用，以赋能营销获客、身份验证、信用评估、风险控制等各个环节，从而提升金融服务的普惠性和可及性。

在银、证、信、保四大金融业中，保险业对数据的依赖最为深入。保险制度基于大数法则，以精算为基础，这决定了保险业既是数据的收集者也是数据的使用者，是典型的数据密集型行业。当前，全球保险业正经历一场数据革命，在智能物联网技术的支持下，保险业数据搜集能力空前提高，数据体量呈现出爆发式增长态势。保险大数据的创新运用对传统保险商业模式产生了颠覆性影响，驱动了保险业的转型升级。然而，这也可能侵犯保险消费者的数据权益。例如，保险数据主要来源于保险消费者，涉及消费者的身份、健康、财产、日常行为等极为私密的信息，保险人对这些数据的挖掘和利用是否应征得消费者的同意？保险消费者的数据安全及个人隐私如何保护？若保险消费者根据大数据被判定为高风险人群，是否可能被保险人拒保？以上都是保险大数据应用所衍生的新问题。

面对这些挑战，我们需要采取更加严谨、稳重、理性的态度来应对。金融机构应加强数据安全保护措施，确保数据不被非法获取和使用。应建立完善的数据使用规范和标准，确保数据的合法使用和消费者权益的保护。应积极推动大数据技术在金融领域的创新应用，以提升金融服务的效率和质量，同时加强监管和风险控制，确保金融市场的稳定和健康发展。

3.2.1　大数据技术下保险消费者的数据隐忧

数据作为一种新型生产要素，是驱动保险消费转型升级的主要动能。但保险数据也并非凭空产生，除描述客观事物的数据外，大部分有利用价值的数据多源于消费者的人身、财产及日常行为。在保险业广泛搜集、处理及应用数据的趋势下，保险消费者个体的数据权益亦不容忽视。

3.2.1.1 保险业数据权益的归属与授权使用

明晰数据权益的归属是数据挖掘及利用的前提条件，也是数据要素自由流通、数据权益保护必须要解决的前置性问题。保险业数据并非自我生成，其主要来源于广大保险消费者。例如，在核保时，保险人为确定是否承保和以何种费率承保，必须向投保方收集姓名、年龄、身体状况、病史、现症、职业、生存环境等数据。在理赔时，保险人为确定事故原因及损失程度，必须向出险方收集出险时间、地点、原因及经过等数据。上述数据是保险人据以核保和理赔的依据，如实提供相关数据也是保险消费者必须履行的法定义务。

虽然保险业对保险消费者个人数据的收集和利用具有事实上和法律上的正当性，但保险数据产生于保险消费者，其权益也应归属于保险消费者，漠视保险消费者个体的数据权益会产生数据滥用的风险。首先，在实践中普遍存在保险人未经授权便搜集保险消费者数据的行为。特别是在网销保险渠道中，无论保险消费者授权与否，保险业者都会尝试搜集与记录消费者的检索及浏览数据，以实现精准营销和客户管理之目的。当大量页面广告和保险营销电话（邮件）纷至沓来，保险消费者不仅不堪其扰，其合法的数据权益更遭到严重侵犯。

其次，保险数据虽然被记录并存放于保险业者的业务系统之中，但并不完全属于保险业者所有。特别是具有明确指向性的保险数据，因其所蕴含的各个特征属性能够明确判断出是某一保险消费者，该条数据的所有权也理应归属于生产该数据的消费者。由此，保险业者对具有明确指向性的保险数据的处理及利用必须征得消费者的授权及同意。

3.2.1.2 保险消费者的数据安全及隐私保护

保险消费者的数据安全及隐私保护促进数据的合理使用，在更大范围及更深层次上满足人类的数据利用需求是大数据时代的必然趋势。然而，同其他金融业别相比，保险业大数据牵涉更多保险消费者的身体状况、健康或疾病、行为习惯、生存环境等私密信息。近年来，保险消费者对个人数据安全及隐私保护的意识逐渐增强，保险业在平衡数据利用及隐私保护的关系上面临着严峻挑战。

目前，我国保险业对保险数据的保护状况亦不容乐观，侵犯保险消费者数据安全及个人隐私的现象屡有发生。例如，临近年末，保险公司为冲刺全年业绩，对拓展新客户的需求大增，也催生了保单数据的倒卖行业。一些数据倒卖贩子在网络上大肆售卖保险公司的保单数据，其中涉及保险消费者的身份证号、电话号码、家庭住址、车牌号等个人隐私信息。保险消费者个人数据泄露的原因是多方面的，或由于保险公司的技术系统存在漏洞而被黑客攻击，或由于保险代理人跳槽带走了部分客户数据，抑或由于4S店等第三方合作渠道泄露了数据。在金融混业的趋势下，一些金融控股集团可能拥有银行、证券、保险、期货等全金融牌照，在保险消费者未授权的情形下，保险大数据亦可能在各金融子公司间悄然流通和共享。前述保险数据的泄露往往十分隐蔽，不为外人所察觉，但亦侵犯了保险消费者的数据权益。

综上所述，在大数据时代，保险业对数据的深度运用可能衍生额外的技术风险和声誉风险。换言之，一旦保险机构的数据管理体系出现漏洞而引发数据泄密，会加速传播并扩大经营风险，最终导致保险机构的系统性危机。

3.2.1.3　数据利用可能衍生保险歧视的难题

在大数据环境下，保险人能够实时掌握被保险标的的风险数据，有助于保险人实施差异化定价，并开发个性化的保险产品。但大数据在增强风险预测精准度的同时，亦会产生保险歧视的问题。也就是说，保险人是营利性主体，其天然倾向于拒绝高风险人群的投保要求，而青睐于低风险人群投保。

在传统保险技术落后的客观障碍下，在同一群组中，不同风险人群只能不加区分地以同一费率承保，而对保险消费者而言，亦不会产生明显的不公平感。但在风险预测精准化趋势下，风险与定价相匹配成为可能，高风险者高定价、低风险者低定价乃是应然之义，上述行为导致高风险人群只能以畸高的费率投保，或者可能根本得不到保险保障，进而沦为保险孤儿。由此可见，大数据在保险业的利用可能会侵犯平等投保权，使消费者陷入保险歧视的窘境。事实上，保险大数据可能衍生的保险歧视问题已经引起了域外保险市场的关注。以保险消费者的基因数据为例，基因是具有遗传效应的 DNA 分子片段，是人类基础的遗传信息单位。基因数据反映了一个自然人所有的生理特征和行为特征。若保险人认为投保方的基因数据中包含某一致病因子，并据以判断此人日后患病的可能性极大，会随之调高保险费率或者干脆拒绝承保。可见，基因数据的滥用不仅对保险消费者不利，更大幅削弱了保险风险保障的制度功能。基于此，在一些国家已明确禁止保险人使用基因数据作为核保要素。

3.2.2　互联网保险消费者权益保护的必要性

3.2.2.1　大数据背景下的客观要求

在大数据背景下，对信息的处理速度加快，处理力度也得到增强，形成了完整的产业环境。保险行业需要更准确探知消费者需求，进一步收集消费者喜好、属性与消费能力等信息，以此来实现更准确的消费把控，更好地抓住消费者心理需求，从而实现最大化增值。但是这种大数据理念下的保险公司发展趋势与消费者权益之间存在不可避免的矛盾，从而引发众多争议。这是发展与限制并存的局面，也是大数据背景下保险行业必须面临的处境，而对消费者权益的保护自然提上日程，成为大环境下的客观要求，从而保障消费者的基本权益。

3.2.2.2 互联网保险行业新模式治理要求

互联网在保险行业中的涉足，让原本的保险行业发展模式受到了冲击，也是打开保险行业发展新模式的契机。而面对互联网发展理念与消费者权益存在不可避免的矛盾时，保险行业需要找寻一种与消费者更为融洽相处的全新模式，这也是新形势下互联网保险行业新模式治理要求，既要满足自身发展需要，又不触碰消费者权益底线。这种保险行业发展新模式备受推崇和关注，从而让消费者权益保护形成当下新模式探寻的新依据，在一定程度上加快了保险行业转型。

3.2.2.3 域外互联网保险消费者权益保护探析

（1）美国互联网保险消费者权益保护的经验。美国的互联网保险市场，通过发挥互联网保险行业自律的主导作用来实现对市场的监管和消费者合法权益的保护。美国保险行业协会以政府政策和企业资金作为支撑，为如何保护互联网保险消费者提出更具针对性、专业性意见和建议，并能实现互联网保险行业有效监管，为互联网保险行业营造良好的交易环境。另外，美国互联网保险市场的监管主体注重对互联网保险机构偿付能力的监管，从而为互联网保险消费者求偿权的实现提供了保障。

（2）英国互联网保险消费者权益保护的经验。英国专门针对互联网保险消费者制订了《消费者保险法》，对互联网保险消费者这一弱势群体实现了倾斜性保护。首先，就互联网保险市场而言，金融行为局（FCA）负责对整个互联网保险行业交易和服务行为的监管；审慎监管局（PRA）负责对互联网保险机构的审慎监管。明确的监管职责分工有利于规范互联网保险市场上的交易服务行为，降低了互联网保险消费者合法权益被侵害的可能性。其次，英国实施评估制度，监管部门对符合市场准入条件的互联网保险机构依然要实行不定期的检查，审核在线投保流程是否规范、格式合同设置是否合理等，从而降低侵犯互联网保险消费者权益行为发生的概率。再次，英国设立的消费者金融教育局，能够将互联网保险知识和投保注意事项传播给大众，还可以在高校的课堂上增加有关互联网保险知识的内容，从而有效地增强互联网保险消费者的保险认知和维权意识。最后，英国成立金融巡视员服务公司（FOS），能够以中立、公正的身份为互联网保险消费者提供调解或仲裁等非诉讼方式解决纠纷或进行权利救济。

（3）日本互联网保险消费者权益保护的经验。日本在金融领域注重对消费者合法权益的保护，这也有效地减弱了金融危机带来的冲击。一方面，日本建立了完备的法律法规体系，保护互联网保险消费者的合法权益不受侵害，并对互联网保险市场进行严格的监管。《金融商品销售法》以金融消费者为保护对象进行立法，并予以保护。《金融商品交易法》对从事包括互联网保险行业在内的金融机构的法定义务进行了明确，从而实现对互联网金融消费者的倾斜性保护。《个人信息保护法》能够对互联网保险消费者的个人隐私予以保护，避免信息的泄露等。日本完备的法律法规体系为互联网保险市场的健康发展提供了良好的法律环境，能够为保护互联网保险消费者的合法权益提供法律保障和政策指引。另一方面，日本政府对互联网保险市场设置了严格的准入标准，对申请进入市场的企业进行资格审查，将不符合准入条件的机构排除在市场之外。在这种严格的准入制度下，能够进入互联网保险市场的机构基本都具有良好的信用，对于消费者来说，合法权益受到侵害的可能性较低，交易将更具安全性。

（4）域外互联网保险融消费者权益保护对我国的启示。美国、英国、日本的互联网保险行业起步较早，经过不断的改革与实践，其在互联网保险消费者保护方面的经验比较丰富，取得了成效，值得我国借鉴。第一，要建立完善的互联网保险消费者权益保护的法律体系，为保护消费者的工作提供指引和法律保障。第二，要设置专门的互联网保险消费者保护机构，如美国的 CFPB 和英国的 FCA 都能承担保护互联网保险金消费者权益的职能，能够为消费者提供更加专业、更加有效的保护。第三，要对互联网保险机构进行严格的监管，设置严格的市场准入制度、实施不定期的评估制度等措施都可以有效降低针对互联网保险消费者侵权行为的产生。

3.2.2.4　互联网保险消费者权益保护问题的解决路径

（1）健全互联网保险消费者权益保护法律法规。

首先，对《消费者权益保护法》进行修改，设置专章对互联网金融消费者权益保护进行规定，明确互联网金融消费者的概念，并将倾斜性保护和适度保护原则作为保护互联网金融消费者的基本原则。

其次，应当制定《互联网金融消费者权益保护法》。《互联网金融消费者权益保护法》应当设置互联网保险消费者权益保护篇，阐释互联网保险消费者的概念及权益保护的基本原则，构建以信息安全权、知情权、自主选择权和求偿权为核心，并注重保护消费者财产安全、公平交易权、受尊重权、受教育权和救济权等权利在内的权利体系。

再次，应当根据我国互联网保险市场的现状，在《保险法》中增补关于互联网保险的法律规范，规范互联网保险行业相关的行为。根据互联网保险市场的发展现状，明确互联网保险市场的准入标准，将最大诚信原则纳入基本原则，并对互联网保险机构的说明提示义务进行细致的规定，明确互联网保险交易双方侵权行为所应当承担的法律责任，增强法律法规的可操作性。

最后，在《中华人民共和国刑法》和诉讼法中细化有关规定，将互联网保险中的违法行为纳入保险犯罪体系之中，例如，在擅自设立保险机构罪中设立不符合互联网保险准入标准的企业，私自从事互联网保险交易的行为，并进一步明确相关违法行为所应当承担的法律责任。在《民事诉讼法》和《刑事诉讼法》中明确举证责任倒置原则、电子证据的获取、使用和效力方面的规则。

（2）建立专业性的互联网保险消费者保护机构。

互联网保险消费者因保险知识匮乏、网络安全技能少、地区分散程度高和理赔诉求救济难等，导致其在线投保时弱势地位越来越凸显。美国通过设立既统一又独立的金融消费者保护局，专门负责对互联网保险消费者合法权益的保护。我国可以在银保监会内设立互联网保险消费者保护机构，一方面，可以赋予该保护机构执行涉及互联网保险消费者保护相关的法律法规的权力。同时，我国的立法机关可以将互联网保险消费者保护机构提出的立法建议作为在互联网保险领域立法的重要参考依据。另一方面，互联网保险消费者保护机构可以监控互联网保险机构可能泄露消费者信息的网络漏洞，及时与互联网保险机构协调，共同维护互联网保险消费者的个人信息安全。同时，互联网保险消费者保护机构可以针对因侵害互联网保险消费者信息安全权行为引起的群体性纠纷以原告身份提起公益诉讼，降低互联网保险消费者的维权救济成本。

（3）完善互联网保险消费者宣传教育长效机制。

互联网保险机构、互联网保险行业协会、互联网保险消费者保护机构应当联手面向广大网民定期开展包括在线投保流程、格式条款理解等在内的教育和普及活动，并可以在社区设置流动站，向社会公众宣传网络安全技能和保险专业知识，进一步强化互联网保险消费者教育，帮助潜在的互联网保险消费者提高辨别互联网保险产品和服务真伪的能力及自我保护意识，也能在某种程度上提升互联网保险消费者的金融素养，避免保险诈骗事件的发生。

国家应当将包含互联网保险知识在内的互联网金融知识的相关内容纳入高校课程，通过课堂教育对大学生进行保险专业知识和网络安全技能的传授并在全国各地进行普及，形成长期有效的教育机制。

不断丰富向互联网保险消费者传授相关知识的方式和途径，例如，可以采用漫画、宣传册、话剧表演、小视频、微电影、宣讲会和法律讲堂等形式进行宣传。同时，针对不同的群体设计不同的宣传教育内容，采用差异化的宣传教育方式，实现互联网保险宣传教育的渗透性。

（4）建立互联网保险机构的信用等级评估机制。

在企业申请进入互联网保险市场时，要按照统一的标准对其进行严格的信用等级评定，将信用度偏低的企业排除在互联网保险市场之外。同时，对经营互联网保险业务的机构实施定期和不定期的检查，尤其是审核其在线投保的流程、格式条款的设计以及风险控制能力等，定期在网络上发布信用等级评定结果，供互联网保险消费者查阅和参考。

另外，要成立互联网保险行业协会。我国现有的可能与互联网保险相关的自律组织有保险行业协会和互联网金融行业协会，但互联网保险行业与传统保险行业相比风险性更高，与其他互联网金融行业相比专业性更强，互联网保险消费者的合法权益更容易受到侵害。因此，成立互联网保险行业协会能够为消费者提供更加专业的保护，由其负责对互联网保险机构的信用评估，更具专业性和公正性，信用数据也更具权威性。

（5）健全多元化互联网保险权益纠纷解决机制。

引入在线争议解决机制。国际的在线争议解决机制简称 ODR，可以通过微博、微信和 QQ 等社交软件实现在线和解、调解、仲裁。互联网保险交易活动是在线上完成的，能够提高交易效率，那么，互联网保险的纠纷解决也可以由互联网保险行业协会进行协商，达成和解；解决互联网保险相关争议，也可以由互联网保险消费者保护机构和互联网保险行业协会作为中立的第三方在双方当事人之间在线进行调解；互联网保险纠纷的解决还可以由互联网仲裁机构在线进行仲裁。

充分发挥行业社会组织的作用。互联网保险行业协会具有互联网保险的专业知识，并在互联网保险机构中具有一定的权威性，由互联网保险行业协会作为中立的第三方，在未达成和解意见的互联网保险机构和互联网保险消费者之间进行调解。互联网保险行业协会中可以设置专业调解员，对专业调解员的选拔要通过相关的考核，除了需要具备保险专业知识外，还应当具有一定的法律基础知识和一定的调解经验。通过专业调解员的调解尽早地解决互联网保险机构和互联网保险消费者之间的矛盾和问题，并及时在网络上公布调解的进度和结果，以便互联网保险消费者查阅，从而营造良好的互联网保险市场交易环境。另外，要发挥互联网保险消费者保护机构的作用，互联网保险消费者保护机构要充分行使部分与保护互联网保险消费者权益相关的法律法规的执法权。同时，当互联网保险机构出售的互联网保险产品或者提供的互联网保险服务对多数互联网消费者的合法权益造成了侵害时，互联网消费者保护机构可以以适合的诉讼主体代表互联网保险消费者作为原告向人民法院提起诉讼，不仅能够节约诉讼成本，还可以以更专业的知识和诉讼水平保护消费者的合法权益。

在法院内部设置互联网金融法庭。互联网保险纠纷比传统保险纠纷更具复杂性，涉及电子合同等一系列的证据，审判法庭不仅需要专业的保险知识，还应具备一定的互联网技术储备知识。在人民法院内部设置互联网金融法庭，互联网保险相关的纠纷可以由该法庭进行审理，能够快速地梳理出案情的前因后果，及时地作出更加专业、公正的裁决。另外，互联网金融法庭在审理互联网保险消费者权益纠纷的案件时，如果案情简单、涉案金额较少，并无较大的争议，可以简化审判程序，降低司法救济成本，及时解决纠纷。

3.3 信息不对称问题的对策与方法

信息不对称问题是不可能完全解决的，但是为了避免出现市场垄断、市场失灵等问题，保险公司自身和政府都应该积极应对信息不对称问题。

3.3.1 出台和完善相关法律法规

在公正客观的角度上进行监管，监管部门及时、准确地掌握保险公司的财务状况，并定期向社会披露，增强透明度；加速推进大数据服务的建设，推进大数据的收集、运用和保护工作；政府可以运用法律手段强制规定购买必要的保险产品，如车险；加快建立信用保险评级制度，真实反映风险程度和各评估对象之间的差异，减少信息不对称。

政府层面应该积极建立如汽车数字化所产生的海量可公开数据库，在保障个人信息隐私的情况下，扩大信息共享范围，以此遏制不法信息交易的发展。同时，政府应该加强对信息交易市场的监管，减少信息不对称的差异程度。

3.3.2 加快保险中介市场发展

随着科技的进步和社会的发展，保险行业正在经历着深刻的变革。其中最为显著的趋势之一是保险中介市场的快速发展。保险中介作为连接保险公司和个人之间的桥梁，发挥着越来越重要的作用。然而，目前保险中介市场还存在一些问题，如信息不对称、服务质量参差不齐等，这些问题阻碍了市场的进一步发展。因此，加快保险中介市场的发展，打通保险公司与个人之间的信息鸿沟，成为当前保险行业的重要任务。

加强信息共享，减少信息不对称。保险公司和中介机构之间应加强信息共享，提高信息的透明度。通过建立信息共享平台，双方可以更加便捷地交流和分享信息，减少信息不对称的情况。此外，中介机构也可以通过开展线上业务，为个人提供更加便捷的保险服务，提高市场的服务水平。

提高服务质量，提升市场竞争力。中介机构应不断提高自身的服务质量，提升市场竞争力。通过加强人员培训、完善服务流程、提高服务质量标准等方式，中介机构可以更好地满足个人的保险需求，赢得更多的客户信任和支持。同时，中介机构可以通过创新服务模式，如开展定制化保险服务、提供风险评估和风险管理建议等，提高自身的市场竞争力。

加强监管力度，规范市场秩序。政府部门应加强对保险中介市场的监管力度，规范市场秩序。通过制定更加严格的法规和监管政策，政府部门可以加强对中介机构的资质审查和业务监管，防止不良中介机构的滋生和市场的混乱。同时，政府部门可以通过建立奖惩机制，鼓励优秀的中介机构发展壮大，淘汰不良的中介机构，推动市场的良性发展。

加快保险中介市场的发展，打通保险公司与个人之间的信息鸿沟，对于促进保险行业的健康发展具有重要意义。通过加强信息共享、提高服务质量、加强监管力度等方式，可以有效地解决当前保险中介市场存在的问题，推动市场的快速发展。

这样不仅可以减少保险公司的信息成本，还能更好地为投保人提供适合的保险产品；完善对保险代理人的激励机制，形成专业保险代理人市场；保险公司将保险条款通俗化，有利于减轻投保人的疑虑和误解；完善和发展保险技术，提高大数据的利用率，为客户提供更精准的服务，从而降低信息的不对称。

3.3.3　提高消费者教育

在进行投保时遵守投保原则，并对所投产品进行有效、充分的了解，增强风险意识，树立正确的投保观念，保持最大诚信原则，如实告知信息和签订正当的具有法律效力的保险合同。

此外，消费者还应该了解自己的权益和义务，以及保险公司的责任和义务。消费者应该知道自己的保单号码、保险期限、保险责任、保险金额等信息，以便在需要时能够及时联系保险公司并获得相应的理赔服务。

同时，消费者还应该了解保险公司的运营情况和财务状况，以便在选择保险公司时能够作出更加明智的决策。消费者可以通过多种途径了解保险公司的信息，如查看公司的官方网站、阅读相关的财务报告和分析文章等。

在选择保险产品时，消费者应该根据自己的需求和风险承受能力进行选择，并注意不要被某些保险产品的花哨外表所迷惑。消费者应该选择适合自己的保险产品，而不是盲目追求高保额或者低保费。

最后，消费者还应该了解相关的法律法规和监管政策，以便在遇到问题时能够及时采取措施保护自己的权益。消费者可以咨询专业的法律顾问或者保险顾问，以获取更加详细准确的信息和建议。

3.3.4 持续进行产品创新

持续进行产品创新包括调整现有产品定价、研发全新产品。通过海量数据分析，在精算基础上加入更多定价因素，针对客户自身的特定风险来调整定价，达到多赢目的。依靠大数据研发新产品，大数据应用在分析客户行为数据的基础上，提供综合理财服务、生活消费服务、社交服务等功能，构建保险客户圈，形成以保险带动综合金融的服务体系。构建自助+AI、智能客服+人工、人机互动和人人互动相结合的立体化服务网络，加快智慧客服建设，助力提高运营、销售、管理效率。

3.3.5 保险公司之间维持良性竞争

在我国的保险市场中，保险公司之间的良性竞争已成为推动行业健康发展的重要引擎。保险公司之间的良性竞争有助于提升服务质量。在竞争激烈的市场环境中，各家保险公司为了吸引客户，纷纷加大服务质量的提升力度，主要表现在改进保险产品设计、优化理赔流程、提升客户服务水平等方面。通过竞争，保险公司不断完善和优化自身的业务流程，从而为客户提供更加便捷、高效的服务。

首先，良性竞争有助于降低保险产品价格。在保险市场中，价格竞争是不可避免的现象。各家保险公司通过降低保险产品价格，以更具竞争力的价格吸引消费者。在价格竞争的过程中，保险公司不断提高业务效率，降低运营成本，使保险产品价格更加合理，惠及广大消费者。

其次，良性竞争能推动创新和科技进步。为了在竞争中脱颖而出，各家保险公司纷纷加大科技投入，运用大数据、人工智能等先进技术，提升保险业务的效率和质量。在技术创新的驱动下，保险行业不断涌现出新的业务模式、新产品和新服务，为消费者带来更多样化的选择。

最后，良性竞争有助于规范保险市场秩序。在激烈的竞争中，保险公司需要严格遵守法律法规，规范经营行为，防范金融风险。监管部门通过加强监管，引导保险公司秉持诚信经营原则，促进行业公平竞争，维护消费者权益。

在大数据背景下，保险行业中的信息不对称问题得到了一定程度的解决，并且我们相信在政府的正确指引和不断完善法律及监管机构、在大数据行业逐渐发展并运用成熟的同时，在每一个个体的共同努力下，大数据在保险中的运用会越来越普及、越来越人性化，大数据保险将更好地促进人类社会发展。

本章参考文献

[1] 吕子苑．保险公司数字化转型路径与启示——以瑞士再保险集团为例 [J]．现代管理科学，2022 (4)：151 – 158.

[2] 赵娟．金融科技赋能产业链金融升级的创新路径探讨 [J]．西南金融，2022 (8)：59 – 71.

[3] 张艳丰．大数据背景下众安在线保险产品创新案例分析 [D]．吉林财经大学，2021.

[4] 胡芳，彭琛，陈小红．健康中国战略下保险科技赋能商业健康保险发展研究 [J]．西南金融，2021 (6)：73 – 84.

[5] 胡鹏，刘硕．大数据时代保险消费者数据权益的保护 [J]．上海保险，2020 (8)：16 – 20.

[6] 葛佳．论大数据时代消费者权益法律保护的完善 [J]．法制与经济，2020 (6)：74 – 75.

[7] 马瑞阳．保险科技对保险企业效率的影响研究 [D]．对外经济贸易大学，2020.

[8] 从宇乾．论大数据时代消费者权益法律保护的完善 [J]．福建茶叶，2020，42 (4)：31 – 32.

[9] 陈剑，黄朔，刘运辉．从赋能到使能——数字化环境下的企业运营管理 [J]．管理世界，2020，36 (2)：117 – 128 + 222.

[10] 周雷，邱勋，王艳梅，等．新时代保险科技赋能保险业高质量发展研究 [J]．西南金融，2020 (2)：57 – 67.

[11] 唐金成，刘鲁．保险科技时代寿险业的应对策略 [J]．西南金融，2019 (11)：60 – 69.

[12] 唐金成，刘鲁．保险科技时代 AI + 保险模式应用研究 [J]．西南金融，2019 (5)：63 – 71.

［13］薛然巍．大数据时代互联网保险消费者权益保护问题研究［J］．上海金融，2019（1）：78－83.

［14］李祺莹．大数据时代下的消费者信息权益保护［J］．法制博览，2018（35）：79－80.

［15］徐婷婷．国内互联网保险营销模式的探究［D］．北京邮电大学，2018.

［16］赵树梅，徐晓红．新零售的含义、模式及发展路径［J］．中国流通经济，2017，31（5）：12－20.

［17］赵博．基于大数据的战略预见研究［D］．中共中央党校，2016.

［18］范美玉．基于大数据的精准医疗服务模式研究［D］．华中科技大学，2016.

［19］李学龙，龚海刚．大数据系统综述［J］．中国科学：信息科学，2015，45（1）：1－44.

［20］柏若文．大数据时代网络购物中消费者的权益保护［J］．企业导报，2014（20）：123－124.

［21］程学旗，靳小龙，王元卓，等．大数据系统和分析技术综述［J］．软件学报，2014，25（9）：1889－1908.

［22］张兰廷．大数据的社会价值与战略选择［D］．中共中央党校，2014.

［23］刘智慧，张泉灵．大数据技术研究综述［J］．浙江大学学报（工学版），2014，48（6）：957－972.

［24］冯登国，张敏，李昊．大数据安全与隐私保护［J］．计算机学报，2014，37（1）：246－258.

［25］张引，陈敏，廖小飞．大数据应用的现状与展望［J］．计算机研究与发展，2013，50（S2）：216－233.

［26］孟小峰，慈祥．大数据管理：概念、技术与挑战［J］．计算机研究与发展，2013，50（1）：146－169.

［27］李国杰，程学旗．大数据研究：未来科技及经济社会发展的重大战略领域——大数据的研究现状与科学思考［J］．中国科学院院刊，2012，27（6）：647－657.

第4章　大数据对投保消费者需求的挖掘

本章重点

1. 大数据在消费者行为分析中的运用。
2. 建立在消费者行为大数据分析上的保险创新。
3. 保险行业如何基于客户需求提高其满意度。

4.1　消费者行为分析与偏好

消费者行为分析的意义是，通过对消费者行为数据的分析，保险公司可以了解消费者的购买习惯、偏好和风险承受能力。这有助于保险公司更好地了解消费者的需求，并提供更加精准的产品和服务。

为什么需要对保险消费者的行为进行分析、偏好进行挖掘？因为客户的真实选择有时候与他们希望被别人认可的选择并不一致。例如，我们考虑一个伦理问题：你如何比较老人和孩子的生命价值？

这个问题将会引起很多争论。首先反对意见来源于伦理方面，因为有时候单纯量化比较，会被认为是非人性化的。当我们讨论一些比较敏感领域的量化工作的时候，通常会带来这样的争论。

对于存在取舍或者比较的行为，有些人会基于正义而愤慨，但是某些机构仍然会进行量化。例如，一些公共基础机构，它们的资源是有限的，但是需要在不同的目标之间进行抉择，如降低儿童暴露在高浓度的毒性物质环境中所付出的资源、在降低老年人某些疾病死亡率的项目中所付出的资源。由于资源有限，所以公共政策需要在两者之间进行平衡，那么一个可能是非人性化的问题，就是如何衡量这两个目标的重要性？类似于这样的问题，似乎非常难以讨论清楚，所以我们在此不再进行深入展开，但是本书想指出的是，即便是我们并不明确地讨论这个问题，我们的实际选择仍然会暴露我们真实的想法和倾向。这里没有孰对孰错的标准，只是说存在不同的选择，或者存在某种选择的倾向。

在实际中，我们在对不同年龄的家庭成员做保险配置的时候，通常是不一样的。对于家庭支柱的中年人来说，我们都知道需要考虑他们的收入和抚养负担，这点没有什么区别，但是当考虑到都没有收入能力的老人和孩子的时候，他们的保险配置方案却有明显的不同。

除去身体状况，也就是说需要满足健康告知的条件之外，我们假定他们的身体状况都是相同的，但是我们却会发现，很多家庭在这两类人群的配置选择具有明显的不同。对于孩子来说，很多家庭在考虑到孩子未来风险的时候，会将风险额度定得非常高，其中不仅包含了孩子自身可能的风险额度，还包含了家庭支柱中，其中一人的收入损失。也就是说，家庭可能会为孩子付出的成本，包含所有的积蓄及至少其中一个人几年的人力成本。所以，如果不能较为准确地识别这种真实存在的偏好的不同，或者是偏好差异的话，很难推荐满足其需求的产品配置。

我们在研究大数据技术和分析能力应用到保险行业的过程中，需要思考两个方面的问题，一方面是大数据对于原有的产业流程的改进，另一方面是大数据可以发掘哪些原有产业流程中所没有的利润增长点。现有的技术和工程特点在原有的产业流程中，用数字技术实现大数据和保险行业的耦合创造的价值，应该大于保险行业的数字化所覆盖的原始价值。

所以，关于大数据的应用，想要知道哪些信息，可能比知道那些信息更为重要。

在成功的保险产品设计—营销—服务的整个闭环中，核心就是要保证产品在产品成本和消费者预算约束中最大化满足客户的需求。在这里有一个主观变量不容忽视，那就是客户的偏好。在保险公司的产品设计中，我们可以看到保险条款纷繁复杂，很多专业机构对此作出很多比较和解释。但是，由于较强的专业背景知识，普通消费者可能很难做到完全理解。而且，保险产品本身规避风险的特征、场景触发式的营销特点也决定了消费者很难做到模型分析中的理性经济人的假设要求。所以，量化描述消费者的偏好，识别不同场景中的偏好是否具有系统性差异，对于产品设计、提高客户满意度、提高产品营销成功率具有重要作用。

对于上述前景，目前可能存在的困难如下：

（1）我们对于消费者偏好的了解程度，是否足够深入到可以准确把握其与理性人假设之间的差异。目前，我们对消费者偏好的理解是否足够充分，能否在足够大的程度上偏离理性人假设，这是一个需要进一步探讨的问题。

（2）当前，我们尚未拥有足够严格的量化证据来证明，根据消费者偏好进行产品设计和市场营销的策略可以获取超过平均水平的利润。尽管我们可以通过观察消费者的行为和偏好来指导产品设计和市场营销，但是，这种做法是否真的能够带来超过平均水平的利润，仍然需要进一步的实证研究来验证。

（3）场景因素对消费者行为和偏好的影响不容忽视。然而，如何根据场景和消费者偏好特征来设计营销方式，并量化相应的指标，这是一个具有挑战性的问题。例如，不同的消费者在不同的场景下可能会有不同的偏好，因此，如何根据这些差异来制定有针对性的营销策略，是我们在实践中需要解决的问题。

（4）在大数据运营过程中，实现上述目标所需要的工作量和成本是多少？这是否在经济上是可行的？这是一个现实的问题。的确，利用大数据进行运营可以帮助我们更好地理解消费者偏好并制定更有针对性的营销策略。但是，这需要投入大量的人力、物力和财力来收集和处理数据。此外，我们还需要开发和应用复杂的分析方法来解读这些数据。因此，我们需要仔细考虑这种做法的经济效益和可行性。

4.2　用户细分

用户细分是指根据用户属性划分的客户集合。首先，它既是客户关系管理（customer relationship management，CRM）的重要理论组成部分，又是其重要管理工具。其次，企业既需要根据自身战略去细分用户群，又要根据自身产品的用户群，去满足相应更深层次的需求。可以说，用户细分，是产品发展全周期都十分关键的一环。

随着市场化的不断发展，个性化趋势不断升级。当需求逐渐多样化，并且技术能够支持时，市场不再是一群人的集合，每个个体都是一个细分的市场。如图 4 - 1 所示，根据用户的特征对人群进行细分。

目前，商业健康险在亚健康人群和疾病人群市场的经营痛点在于，一方面，对于疾病人群而言，缺乏有效的精算数据去支撑产品开发；另一方面，对于亚健康人群而言，缺乏精细化定价能力，导致市场逆向选择。

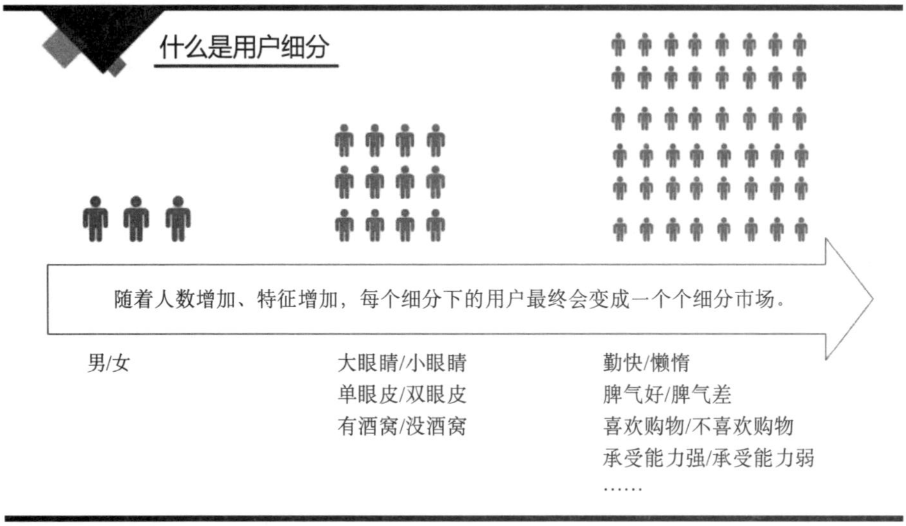

图 4－1　用户细分的定义与演化

【专栏 4－1】　案例：慢性病人的细分群体——以糖尿病病人为例

在现有的大多数保险产品设计中，糖尿病属于一种拒保的疾病，但是糖尿病病人的群体超过 1 亿人，而且由于医疗技术手段的提高，很多糖尿病病人通过服药和规范的控制可以正常生存。对于这个群体来说，他们也需要有相应的医疗保险进行保障。所以，如果有足够的信息来衡量相关带病群体一些主要疾病的发病率和风险成本，并设计出合理的产品满足他们的需求，这将会成为一个非常大的产品价值增长点。

我们可以从以下方面来解释这个逻辑。从产品设计方面来说，以糖尿病病人的医疗险产品设计为例。因为我们最终的目标是新的利润增长点，所以我们需要明确的是，这部分潜在客户群体有多大？他们愿意为类似的医疗保险产品付什么样的价格？这些人群在未来可能产生的医疗成本是多少？在未来几十年里，这些医疗成本的变化又有哪些趋势？目前的定价策略与购买意向相结合，能否覆盖公司的主要成本？经过估算后，可能的收益会是怎样的？它的影响因素又会有什么样的变化？

例如，对于糖尿病病人未来身体状况的一个重要预测对象是服药的规律。如果通过互联网的一些数据，如购药的数据，或者是服药提醒数据和血糖监测数据这些大数据分析，则可以做到提前预判身体状况和未来身体的风险水平，帮助保险公司作出接受或者拒绝带病群体投保的决策。同时可以在投保后进行健康状态管理监督、及时提醒，在增加用户健康水平、降低理赔成本、提高客户体验等方面作出很多改进。

上面所说的这些监控数据的获得对于保险公司来说，是完全可行的。如果客户规律地控制血糖，则监控简单。患者可以利用相关的医疗器械绑定，将相关数据实时上传。反过来，对于那些并没有很好地控制自己病情的人来说，这是一种筛选策略。如果不能够提供相应的实时数据，那么将会被拒保。

医疗大数据可以从产品设计、核保定价两方面助力健康险公司突破亚健康人群和疾病人群这两大市场。

（1）产品设计环节。现阶段，我国健康险费率制定依赖行业出台的疾病发病率，然而，我国发病率维度粗糙，为精算师提供的依据有限。基于疾病人群统计、疾病风险因素和诊疗路径分析，健康险公司可以构建基于医疗大数据的更为精细化的疾病风险模型，然后针对疾病风险人群进行风险精算，并制定产品条款和医疗服务打包，开发出差异化的险种产品。

医疗大数据还可以帮助健康险公司在产品设计环节中更好地了解市场需求和用户痛点。通过对疾病人群和亚健康人群的深入分析，健康险公司可以开发出更符合用户需求的产品，包括差异化的险种、条款和医疗服务打包等。这样的产品可以更好地满足用户的需求，提高市场占有率和竞争力。

（2）核保定价环节。传统健康险的核保定价方式往往基于经验判断，为了保证能承担理赔风险，往往向投保者收取相对高的保费或者拒绝投保。这种模式下，优质用户群体会认为性价比不高，从而陷入非优质体投保—费率上升—优质体投保意愿进一步下降的恶性循环，造成劣币驱逐良币现象。健康险公司一旦掌握了更多用户的健康状况，就可以基于大数据分析通过数据模型预测和评估风险确定更精准化的保费，身体健康的人支付的价格就越低，健康状况不好的人则要支付更多的保费。

健康险公司在核保定价环节，通过利用医疗大数据，可以更精确地评估风险并制定相应的保费。传统核保方式通常基于经验判断，容易导致不准确的风险评估和高额保费，使优质用户群体不愿意投保或认为性价比不高。而通过医疗大数据的利用，健康险公司可以更准确地预测和评估风险，制定差异化的保费，从而实现更精细化的风险管理。

医疗大数据在健康险公司的产品设计和核保定价方面都具有重要的应用价值。通过利用医疗大数据，健康险公司可以更准确地评估风险、开发出更符合市场需求的产品，并实现更精细化的风险管理，从而提升市场竞争力并更好地服务用户。

总之，在评估大数据应用对保险行业的影响时，我们首先需要梳理清楚待量化事物与决策之间的紧密联系。在某些领域中，原来的决策过程可能由于无法进行量化分析而受到限制。然而，通过运用大数据分析和数据挖掘技术，我们得以发掘出前所未有的有价值信息，这些信息可以用于辅助决策，从而提高决策的精准度和效率，进而增加产出和整体效益。这正是大数据应用为保险行业带来的独特价值和贡献。

具体来说，大数据技术的运用使保险行业能够更准确地分析和管理风险。通过对大量数据的收集、整合和分析，保险公司可以更精确地了解潜在客户的风险状况，从而制定出更加合理和个性化的保险产品和服务。此外，大数据还可以帮助保险公司提高客户满意度和忠诚度。通过对客户的行为和偏好进行分析，保险公司能够提供更加贴心和个性化的服务，进而提高客户对公司的信任度和满意度。

最后，大数据技术的运用简单来说就是要满足下列五个问题：

（1）大数据的应用要支持什么样的决策？简单来说，大数据的应用需要能够支持各种类型的决策，这些决策可能涉及商业策略、风险管理、客户行为分析、市场趋势预测等多个方面。通过对大量数据的分析和挖掘，我们可以更好地理解客户需求，优化产品设计，提高生产效率，以及制定更加精准的市场营销策略。

（2）从可观测到的结果来说，需要数据分析的事物是什么？需要数据分析的事物通常是指那些产生大量数据的企业或组织，这些数据可能有各种不同的来源，如社交媒体、电子商务网站、客户服务部门、生产设备等。通过对这些数据的分析和挖掘，我们可以获取很多有用的信息，如客户的行为偏好、市场的变化趋势、生产过程的效率等。

（3）大数据和要支持的决策有什么样的关系？大数据和要支持的决策之间有着密切的关系。大数据可以提供更加全面和准确的信息，帮助我们更好地理解和预测未来的趋势，从而做出更加明智的决策。例如，通过分析客户的购买行为和市场趋势，企业可以制定更加精准的市场营销策略，提高销售业绩。

（4）当前的不确定性水平是怎么样的？对于大多数基于客户需求挖掘的产品创新的不确定性水平较高，因为数据的来源和质量各不相同，而且数据的处理和分析也需要一定的专业技能和工具。因此，我们需要对数据进行筛选和清洗，同时采用更加先进的数据分析技术和方法，如机器学习和人工智能等，以提高数据的准确性和可靠性。

（5）这些附加的信息经过确定和挖掘后，将会带来什么样的价值？这些附加的信息经过确定和挖掘后，有可能会带来很多潜在的价值。例如，通过对客户行为的深入分析，企业可以更好地了解客户需求，优化产品设计和服务质量；通过对市场趋势的预测和分析，企业可以制定更加精准的市场营销策略，提高销售业绩；通过对生产过程的监控和分析，企业可以提高生产效率和质量，降低成本；等等。这些价值将会直接影响到企业的竞争力和盈利能力。

4.3 大数据创新保险行业需求开发

大数据技术可以帮助保险公司挖掘潜在市场。通过对大量数据的分析，保险公司可以识别出潜在的消费者群体，如高风险人群或特定职业群体。通过制定针对这些群体的营销策略，保险公司可以扩大市场份额，提高销售业绩。

4.3.1 网络交互数据应用

随着互联网的普及和数字化技术的发展，各种媒介平台如论坛、博客、微博、微信、电商平台、点评网等在 PC 端和移动端的广泛应用，公众分享信息的自由度和便捷性得到了极大的提高。这种便利的分享方式，也推动了网络评论这种新型舆论形式的快速发展。

在微博、微信、点评网、评论版等平台上，大量的网络评论汇聚成交互性大数据，其中蕴含了丰富的保险行业需求开发价值。这些数据包括网友对产品的评价、对功能的建议、对质量的反馈等，都是对企业产品需求的直接体现。同时，消费者对企业的服务及产品的评价也变得更加客观真实，评价内容更趋于专业化和理性化，发布的渠道也更加广泛。

对于保险行业企业来说，如果能有效收集网上的保险行业评论数据，建立网评大数据库，并运用先进的数据分析工具对这些数据进行分词、聚类、情感分析，便可以更好地了解消费者的消费行为、价值取向、评论中体现的新消费需求和企业产品质量问题。这样不仅可以用来改进和创新产品，量化产品价值，制订合理的价格及提高服务质量，还能帮助企业提高市场竞争力和收益能力，获得更大的收益。

只要保险行业企业在日常经营中注重积累和运用自动化工具收集、挖掘、统计和分析这些数据，就能有效地提高自己的市场竞争力和收益能力，赢得良好的效益。因此，对于保险行业企业来说，如何更好地收集和分析网络评论数据，将是未来发展的重要方向之一。

4.3.2 分析用户需求优化配置

传统保险最大的问题是无法精准地触达客户，没办法清晰地抓到用户需求。而在互联网保险中，同样以小雨伞保险举例，由于小雨伞的首席执行官、技术官、运营官都是腾讯出身，其团队所具有的腾讯资源能够让平台更好地利用互联网边际成本递减和二次传播的优势，从而低成本地获取用户的相关数据，并制定出针对大型保单中某具体险种的小型保单或对现有险种作出优化，从而降低用户的购买门槛，激发保险的增量市场。例如，传统国内老人骨折险最高赔付到70岁，然而在基于对70—80岁老人的大量调研的情况下，包括骨折风险有多大、购买人群的特征等，将老人骨折险的保障年龄延展到85岁。从产品推出将近一年的实际情况来看，赔付率还不到10%。

4.3.3 反向定制

通过大数据匹配向用户推荐较为合适的方案，用户对保险进行反向定制。保险在具有丰富的产品库和大数据技术下，互联网保险可以实行反向定制，由用户自己制定合适自己的产品。

例如，已获得5000万A+轮融资的保险极客是一个按需定制保险平台。针对中小企业员工的团险需求，平台先根据企业特征通过大数据匹配得到较为合适的方案，员工可在这份保险的基础上针对自己的需求作出一定的修改，随后平台将修改后的方案告知保险公司，保险公司发行产品满足员工需求。这一保险产品反向定制的过程是以企业员工需求为导向，降低企业购买商业团险的负担，极大地激发了企业的购买需求。

产品设计与产品定价息息相关，确定了保险类型，该如何实现更为科学化的定价呢？大数法则是保险业的立业之本，但传统的大数法则只能建立在历史数据和抽样调查基础上，存在较大缺陷和不足。而互联网保险则通过对获取维度更丰富、实时性更强、准确度更高的海量数据进行分析，可以得到更为科学、精准的定价。

4.4 提高客户满意度

（1）大数据技术可以帮助保险公司更好地预测客户的行为和需求，从而更好地满足消费者的需求，提高客户满意度和忠诚度。

保险公司可以通过分析客户的消费行为、社交媒体互动、搜索历史等数据，了解客户的需求和偏好，从而更好地定制保险产品和服务，提高客户满意度和忠诚度。例如，在健康保险领域，保险公司可以通过分析客户的健康状况、运动习惯、饮食习惯等数据，为客户提供更加个性化的健康保险产品和服务，帮助他们更好地管理自己的健康。

另外，在汽车保险领域，保险公司可以通过分析客户的驾驶行为、行驶里程、车辆维修记录等数据，为客户提供更加精准的保险产品和服务，例如，基于驾驶行为的保险定价、车辆维修推荐服务等。

此外，保险公司还可以通过分析客户的社交媒体互动、搜索历史等数据，了解客户的兴趣爱好和生活方式，从而更好地定制保险产品和服务，提高客户满意度和忠诚度。例如，针对喜欢旅游的客户，保险公司可以提供旅游保险产品和服务；针对喜欢运动的客户，可以提供体育保险产品和服务等。

通过大数据分析技术的运用，保险公司可以更加全面地了解客户的需求和偏好，从而更好地定制保险产品和服务，提高客户满意度和忠诚度。同时，有助于保险公司提高风险管理和运营效率，实现可持续发展。

（2）大数据技术可以分析消费者反馈和投诉数据，保险公司可以了解消费者的需求和痛点，从而改进产品和服务质量，提高客户满意度和忠诚度。

大数据技术还可以帮助保险公司建立更加智能、高效的服务系统。通过利用自然语言处理等技术，保险公司可以建立智能客服系统，自动回答客户的问题和需求，提高服务效率和质量。同时，大数据技术可以帮助保险公司建立更加智能、高效的营销系统，实现精准营销和个性化推荐，提高销售效果和客户满意度。

综上所述，大数据技术在保险行业的应用可以帮助保险公司更好地了解客户需求和痛点，预测客户行为和需求，优化理赔流程和降低成本，提高客户满意度和忠诚度。大数据技术帮助保险公司建立更加智能、高效的服务和营销系统。

本章参考文献

［1］王伟浩．互联网保险监管法律问题实证研究［D］．郑州大学，2022.

［2］李琳丽．P 财产保险公司业务创新发展研究［D］．广西大学，2022.

［3］陈秉正．保险创新的理论、实践及发展趋势［J］．保险理论与实践，2022（3）：1－24.

［4］杨华．基于消费者视角的互联网保险接受机制研究［D］．西北大学，2021.

［5］刘奕伽．智能互联场景下家庭财产保险的产品优化设计［D］．西南财经大学，2019.

［6］黄璟．我国互联网保险创新的问题及建议［J］．今日财富，2018（24）：6－7.

[7] 赵健航．大数据对互联网保险的影响研究［D］．西南财经大学，2016.

[8] 黄芳．我国互联网保险可持续发展研究［D］．对外经济贸易大学，2015.

[9] 杨泽云．基于大数据的保险产品创新［J］．青海金融，2014（8）：30－32.

[10] 王国军，梁骁．互联网金融时代的保险创新［J］．金融世界，2014（3）：27.

第 5 章　大数据在用户画像中的应用

本章重点

1. 用户画像的技术及方法。
2. 保险业中用户画像的应用。
3. 用户画像中的信息采集。

5.1　用户画像的定义和应用

用户画像又称用户角色，作为一种勾画目标用户、联系用户诉求与设计方向的有效工具，用户画像在各领域得到了广泛的应用。我们在实际操作的过程中往往会以最为浅显和贴近生活的话语将用户的属性、行为与期待的数据转化联结起来。作为实际用户的虚拟代表，用户画像所形成的用户角色并不是脱离产品和市场之外所构建出来的，而是需要有代表性能、代表产品的主要受众和目标群体。

我们现在已经进入信息化时代，可穿戴设备发展得越来越快，人产生的数据会越来越多，而且随着技术发展，人和人之间这种传统面对面的沟通方式也发生了变化，很多时候可能都通过信息化传输。因此，我们需要从机器比特流中去识别人，同时由于机器变得智能，需要教会机器去认识用户，那么用户画像就变得越来越重要。

用户画像（user profile）是指用户角色的数字化抽象。它是用来勾画用户背景、用户特征、用户性格、用户行为及场景等数据，并通过这些数据联系用户需求与产品设计的用户信息的数字化全貌。作为大数据的根基，用户画像抽象出用户的信息特征，为进一步精确、快速地分析用户行为习惯、消费习惯等重要信息，提供了足够的数据基础，奠定了大数据的基石。

保险产品，通常来说并不是消费者的刚性需求，因此需要互联网保险平台进行用户触达方能激发消费者的保险购买需求。一般来说，每个消费者平均需要6次有效触达才能最终达成购买。因此，在互联网保险平台的推广中，通过用户画像实现精准营销变得尤为重要（见图5-1）。

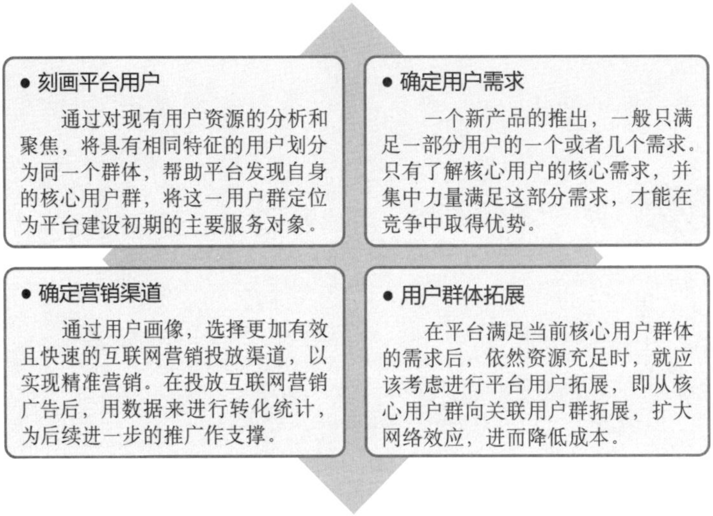

图5-1　用户画像在互联网保险平台的应用

微保保险的用户画像显示，买过保险的用户中，已婚、白领、30岁以上、大专及以上、收入8000元以上的比例高于总体网民（见图5-2）。

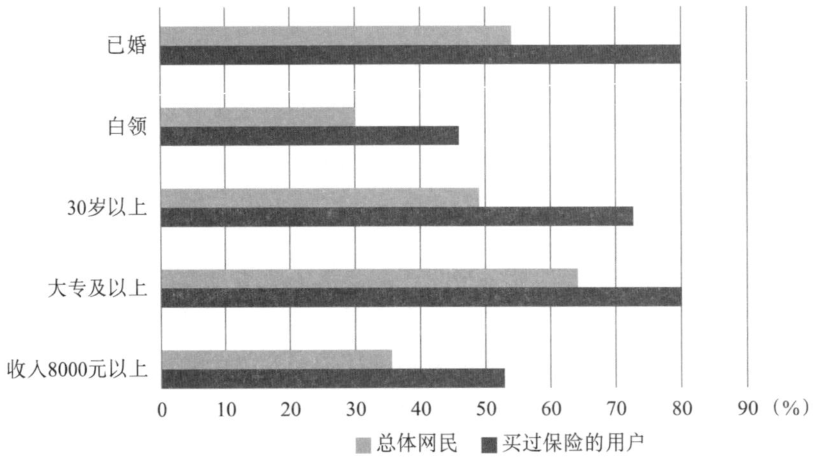

图5-2　微保保险用户画像

用户画像是大数据相关产业的重要基础，通过深入理解人的特征，并利用有效的数据捕获技术，能够将这些特征浓缩重现，进而应用到具体的行业中。随着大数据、人工智能、机器学习等技术的不断进步，用户画像技术越来越精准，被广泛应用于保险行业中。保险公司可以根据客户的一系列特征，描绘出与保险产业相关的特征，并根据这些特征为客户和潜在客户匹配合适的产品。这种技术的应用不仅提高了保险行业的服务质量和客户满意度，还有助于实现更精准的营销和风险管理。

保险公司可以将客户的个人属性和金融信息（包括业务订单、客户属性、客户收入、客户查询、理财产品交易、客户行为等数据），通过客户的个人账号（身份证号、手机号、邮箱、微信等）建立客户标签，从而构成覆盖客户衣食住行的丰满画像，帮助保险公司更快速、深入地了解客户的真实需求。

图 5－3 是一家专门运用大数据技术为保险公司提供服务的科技公司提供的客户大数据画像，可通过海量大数据查询并了解客户价值水平、保险产品偏好、投保对象偏好等信息，选择最能打动客户的产品，通过精准投放、针对性的产品推荐满足用户需求。

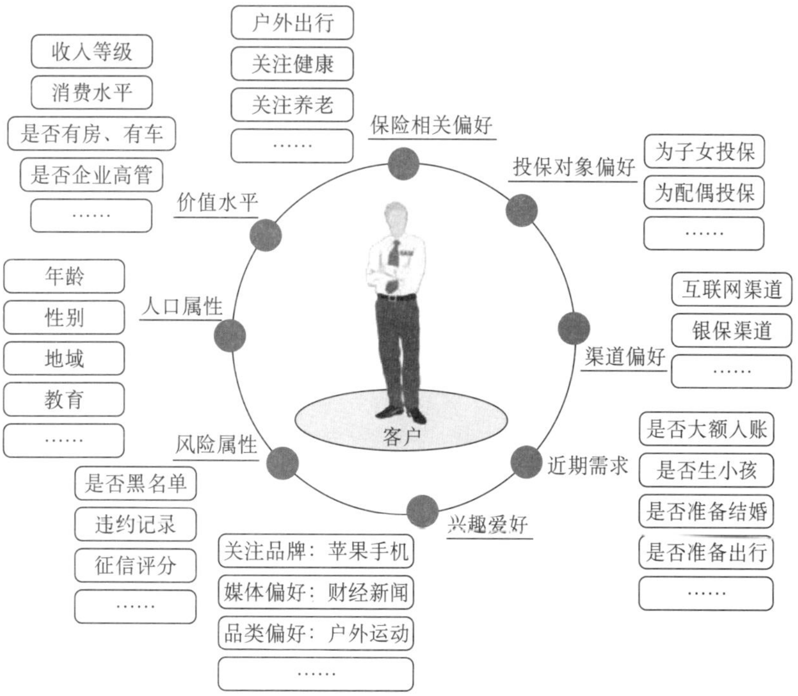

图 5－3　用户画像信息标签

资料来源：百分点研究报告。

用户画像的基础是一系列真实数据之上的目标群体的用户模型，即我们可以根据用户的属性及行为特征，抽象出相对应的标签，拟合成虚拟的画像。特别要注意的一点是，用户画像是将一类有共同特征的用户聚类分析后得出的，因此并不是针对某个具象的特定个人。这一画像一般具有如性别、年龄和地域等的基本属性，还有收入、资产和职业的社会属性，购物、理财偏好等的行为属性，以及一些心理属性（见图5－4）。

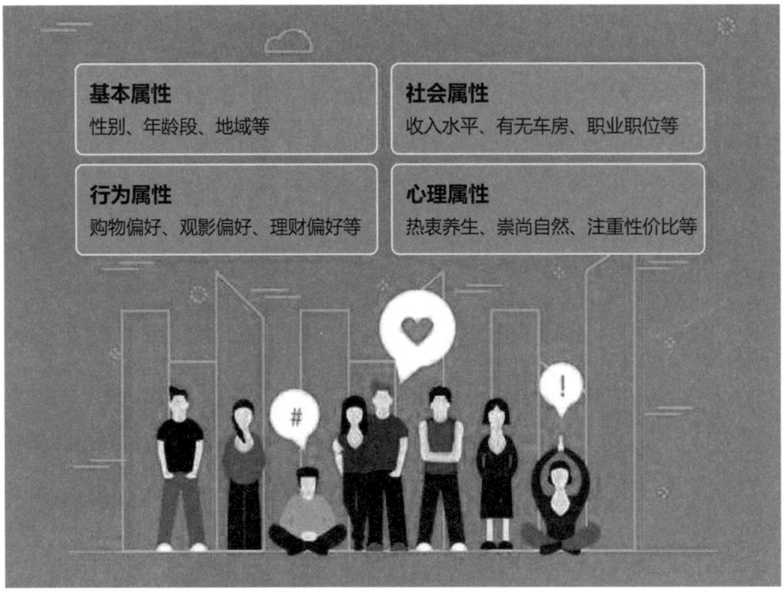

图5－4 用户画像属性

用户画像应用在多个方面，具体而言主要有以下4点：

（1）个性化推荐。在互联网时代，大众的注意力及关注点显得越发珍贵，因此，个性化推荐技术已然成为各类应用程序（APP）争夺用户的关键策略之一。例如，“双十一”期间，淘宝等电商平台的成交额逐年创下新高，这在很大程度上要归功于推荐算法逻辑的不断优化与完善。通过提高推荐的精准度，以及根据用户的实时行为快速调整用户画像，算法能够为用户推送实时清单。除购物外，现今的资讯、视频、音乐、社交等应用程序亦高度重视个性化推荐技术的应用，实现千人千面的个性化体验。

（2）广告精准营销。移动互联网的快速发展对广告投放模式产生了深远影响。在传统广告广泛覆盖的方式无法满足精准营销需求的情况下，基于用户喜好和特征进行广告投放将成为主流。例如，在电商应用内的横幅等黄金展示位置，以及站外渠道如APP开屏广告、视频前贴片广告等，均依托用户画像数据来指导广告投放。这种做法不仅有助于降低成本，还能显著提高点击率和转化率，从而提升整体广告投放效果。这正是营销人员关注的焦点问题。

（3）辅助产品设计。每个产品在推向市场之前，都必须明确自身的定位。这个定位是根据市场需求、竞争态势和目标用户群体等因素综合分析得出的。然而，在日新月异的大环境下，产品的定位并非一成不变。为了适应市场变化和满足用户需求，产品需要在每一次迭代中不断调整和优化，以保持竞争力。

产品的迭代速度尤为重要。在每一次迭代过程中，开发者不仅要考虑产品自身的发展规划，还要充分了解和把握用户的特点。这包括用户的年龄、性别、兴趣爱好、使用场景等方面，从而使产品服务更加契合目标受众。

（4）精细化运营。在当今这个信息爆炸的时代，无论是成熟的还是初创的产品，精细化运营和深入了解用户需求的重要性不言而喻。精细化运营和用户画像作为一种有效的策略，可以帮助企业精准地把握用户需求，提高用户满意度，从而实现产品的长远发展。

在众多运营策略中，资讯类平台采用的消息推送策略便是一个典型的例子。这种策略的核心在于将用户可能感兴趣的内容及时推送给他们，以确保在用户通知栏上展示的大多是他们关心的话题和资讯。这样一来，平台在提升用户活跃度的同时，还能避免给用户带来不必要的干扰。

5.2　大数据用户画像的主要逻辑

不管是日常运营还是设计产品，首先都要了解目标用户最真实的情况，找到用户行为的动机与特点，然后按一定逻辑进行分类与分层。这是每一个团队工作的基础，但同时将决定他们能否精准地抓住受众群体，并以差异化的服务制胜。画像构建中用到的技术有数据统计、机器学习和自然语言处理技术（NLP）等，如图 5 - 5 所示。

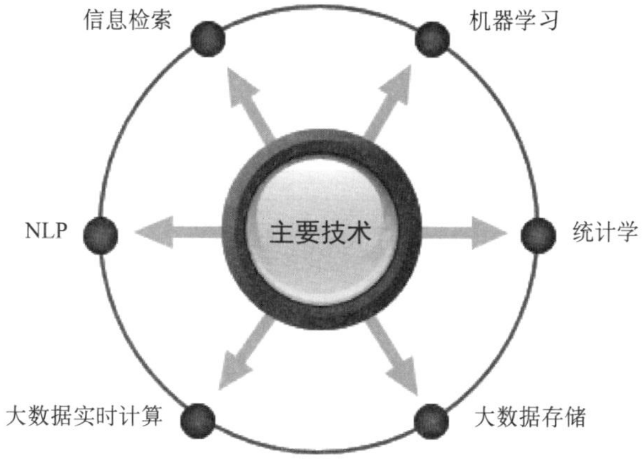

图 5 - 5　用户画像的主要技术

资料来源：百分点研究报告。

在生活中，对个体进行描述的方法多样，各类描述均具有一定的共性。解析用户特征的过程可归纳为五个关键环节：目标、方式、组织、标准和验证（见图 5－6）。

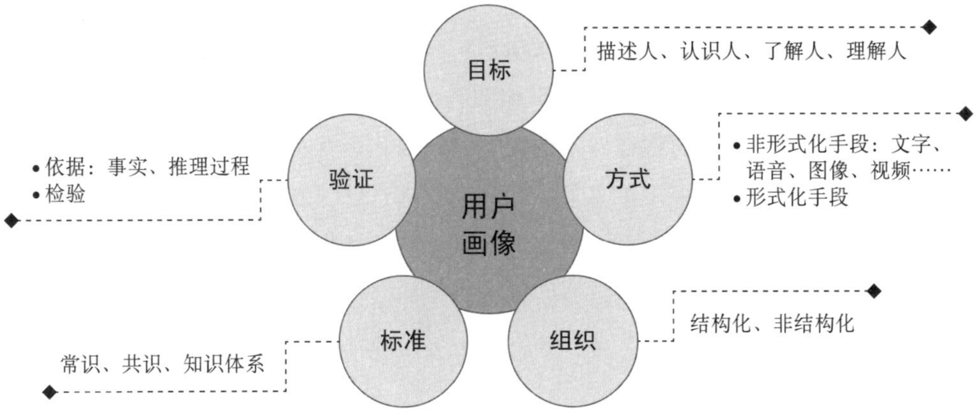

图 5－6　用户画像的逻辑

资料来源：百分点研究报告。

（1）目标：即在构建用户画像过程中，需明确所描述的特征及其归纳总结的结论。例如，保险产品需关注人的需求、经济状况和风险偏好等方面，而医疗产品则侧重人的生理状态和生活方式等数据的提取与整合。

（2）方式：涉及信息来源的形式。身份证等属于形式化信息，可通过扫描获取姓名、性别、年龄等数据。非形式化信息包括图片、签名等文本图像，需建立相应分析方式，以便机器理解。

（3）组织：指信息组织方式，包括结构化和非结构化形式。人的身份信息、健康信息等可用数字化指标或文本表示。结构化数据具有高度组织和整齐格式化的特点，适用于表格和电子表格。非结构化数据则包括各类办公文档、文本、图片、XML、HTML、报表、图像和音频（视频）等，不易用数据库表示。据 IDC 报告，企业中 80% 的数据为非结构化数据，且每年以 60% 的速率增长；结构化数据仅占 1%—5%。

（4）标准：需建立一套易于理解的描述体系。描述个体时，应采用共识性较强的指示体系，以确保双方理解。

（5）验证：完成用户画像后，需验证所得特征描述与实际情况一致。需设定一系列具有逻辑关系的验证指标，不断修正和迭代模型，直至符合实际且为企业目标服务。

大数据用户画像准确性验证可分为两类。一是有事实标准的，如性别等。二是无事实标准的，如品牌忠诚度。此类在营销中重要的标签，并无客观事实标准。此时验证更多关注计算过程的逻辑性。

5.3 大数据保险中用户画像的技术步骤

根据现有的技术和行业发展经验，一般来说，构建用户画像的技术步骤有以下 6 步：

（1）明确目的。构建初期需要了解用户画像期望、确认画像目的，这是非常基础也是关键的一步。要了解构建用户画像期望达到什么样的运营或营销效果，从而在标签体系构建时对数据深度、广度及时效性方面作出规划，确保底层设计科学合理。

（2）数据采集。只有建立在客观真实的数据基础上，生成的画像才有效。在采集数据时，需要考虑多种维度，如行业数据、全用户总体数据、用户属性数据、用户行为数据、用户成长数据等，并通过行业调研、用户访谈、用户信息填写及问卷、平台前台后台数据收集等方式获得。

（3）数据清洗。就自身平台采集到的数据而言，可能存在非目标数据、无效数据及虚假数据，因而需要过滤原始数据。

（4）特征工程。特征工程能够将原始数据转化为特征，是一项转化与结构化的工作。在这个步骤中，需要剔除数据中的异常值并将数据标准化。

（5）数据标签化。在这一步我们将得到的数据映射到构建的标签中，并将用户的多种特征组合到一起。标签的选择直接影响最终画像的丰富度与准确度，因而数据标签化时需要与产品平台自身的功能与特点相结合。

（6）生成画像。数据在模型中运行后，最终生成的画像可以用图 5－7 等可视化的形式展现。对于产品平台来说，用户画像并非是一成不变的，因而模型需要具有一定灵活性，可根据用户的动态行为修正与调整画像。

很多保险公司运营过程中均非常注重与用户建立良好的深度关系。保险产品周边的活动，如体检、理财、教育讲座等，增加了与客户的交流和互动。在这一过程中，保险公司不断发现和更新客户的信息，从而确定下一步的行动，通过客户的实时用户画像来制定运营规划。

目前，各大保险公司、保险经纪公司等依托大数据解决方案，如海量数据存储、数据检索、数据安全、ETL 数据同步、高级挖掘算法、数据建模、数据挖掘和报表呈现的功能；利用大数据挖掘技术开展数字全媒体统合营销；通过手机通知栏、插屏、开屏、广告条、信息流等多种富媒体形式，同时结合使用者的线上线下行为轨迹精准锁定目标客户，使保险广告投放精准，效果更有效、更直接，转化率更高。

图 5－7　用户画像案例

【专栏 5－1】　案例：某保险公司的用户画像案例

背景介绍：某保险公司有一款新的医疗险产品准备上市。这款新的医疗产品主要是针对 65 岁以上的人群推出的医疗附加险，销售渠道是互联网营销。当前需要为保险公司某种健康险产品做用户画像，找出最具有购买倾向的人群以进行保险营销。

通过对用户 ID 相关信息的搜集，大体可以分为以下 3 个部分：

1. 用户数据

（1）背景介绍。

随着社会的老龄化趋势日益明显，医疗保险市场的需求也日益增长。某知名保险公司紧跟市场步伐，针对 65 岁以上的老年人群推出了一款全新的互联网营销医疗附加险产品。为了更精准地定位目标客户群体，提升营销效果，保险公司需要对潜在用户进行深入的用户画像分析，以找出最具有购买倾向的人群。

（2）用户画像构建。

通过对用户 ID 的相关信息进行深入挖掘和分析，我们可以将潜在用户群体大致划分为以下 6 个部分：

①年龄层划分：

核心目标群体：65 岁及以上的老年人。

拓展目标群体：60—64 岁的中年人，他们可能对未来几年的医疗需求有所担忧，因此也是潜在的购买者。

②地域分布：

由于该产品主要通过互联网进行营销，因此潜在用户可能更集中在网络覆盖良好、经济相对发达的城市和地区。

考虑到老年人的生活习惯和子女分布，一些大城市和省会城市可能是重点推广区域。

③健康状况：

由于是医疗附加险，那些已经有基础疾病或慢性病的老年人可能更感兴趣。

同时，注重健康、定期体检的老年人也可能更有购买意愿。

④收入水平：

虽然年龄是主要的考虑因素，但收入水平也是影响购买决策的重要因素之一。

中高收入的老年人可能更愿意为高品质的医疗服务支付额外费用。

⑤受教育程度：

受教育程度较高的老年人可能更容易理解和接受这种互联网营销的保险产品。

他们可能更重视保险产品的保障范围和理赔流程。

⑥家庭结构：

独居或子女不在身边的老年人可能更需要医疗保障，因此他们可能是主要的目标客户。

与子女同住的老年人，如果子女对他们的健康状况非常关心，也可能成为潜在的购买者。

（3）营销策略建议。

基于上述用户画像分析，保险公司可以考虑以下营销策略：

①精准定位：

针对 65 岁及以上的老年人，特别是在大城市和省会城市的中高收入群体进行精准推广。

②强调产品优势：

突出医疗附加险的保障范围和理赔流程，让潜在用户了解产品的真正价值。

强调互联网购买的便捷性，以及产品提供的 24 小时在线服务。

③利用社交媒体和口碑营销：

在老年人常用的社交媒体平台上发布产品信息，邀请他们的子女参与分享和推广。

通过用户评价和案例分享，提高产品的口碑和信任度。

④提供优惠和试用机会：

为首次购买的老年人提供一定的优惠或试用机会，以吸引他们尝试并购买该产品。

通过以上用户画像分析和营销策略建议，保险公司可以更加精准地定位目标客户群体，提高营销效果，从而满足更多老年人的医疗保障需求。

2. 分析思路

在保险领域，客户的购买决策受到多种因素的影响。这些因素可能包括客户的年龄、性别、居住地、收入状况、职业等。我们的分析思路是，首先基于经验，初步判断哪些特征可能与购买行为相关。其次，结合业务数据，运用数据可视化和特征工程的方法，对这些特征进行深入探索和分析，确定它们的重要性。最后，在建模之后，我们会对之前认为重要或不重要的特征进行回顾，以验证我们判断的准确性。

3. 购买比例最高的两类客户的特征

经过分析，我们发现购买保险比例最高的两类客户具有以下明显特征：

（1）第一类客户。

地域特征：他们居住在医疗险覆盖率较低的区域。这意味着在这些地区，人们对于医疗保险的需求可能更加迫切。

居住年限：他们的居住年限小于 7 年。这可能意味着他们是新迁入该区域的居民，对于新的环境和生活方式可能还在适应中，因此更加需要保险来保障自己的生活。

年龄群体：他们的年龄主要集中在 65—72 岁。这个年龄段的老人可能更加关注自己的健康状况，因此更倾向于购买医疗保险。

针对这类客户，我们建议业务人员重点在医疗险覆盖率较低的区域进行宣传推广，并特别关注那些新迁入且年龄在 65 岁以上的老人，向他们推广医疗保险产品，可能会获得更高的成功率。

（2）第二类客户。

地域特征：他们也居住在医疗险覆盖率较低的区域。

居住年限：与第一类客户不同，他们的居住年限大于 7 年。这意味着他们是该区域的常住居民，对当地的生活环境和需求有更深入的了解。

资产状况：他们的居住房屋价值较高。这通常意味着他们拥有较高的经济能力，因此可能更加倾向于购买高质量的保险产品来保障自己的生活品质。

对于这类客户，我们建议业务人员除了进行常规的保险营销外，还可以考虑提供更加个性化、高端的服务和产品，以满足他们更高的需求。

综上，通过深入分析客户的特征，我们可以更加准确地识别出潜在的目标客户，并制定相应的营销策略。这不仅有助于提高保险产品的销售额，还能为客户提供更加贴心、专业的服务。在未来的工作中，我们还将继续探索更多的分析方法和技术，以进一步优化我们的业务策略。

本章参考文献

［1］刘馨蔚．基于用户画像的产品个性化推荐系统的设计与实现［D］．沈阳师范大学，2022.

［2］崔家阳．技术赋能：大数据在用户画像的应用与改进——以人寿保险为例［J］．中国商论，2021（15）：99－101.

［3］李想．客户画像功能对商业银行获客效果影响的研究［D］．江西财经大学，2021.

［4］盛姝，黄奇，郑姝雅，等．在线健康社区中用户画像及主题特征分布下信息需求研究——以医享网结直肠癌圈数据为例［J］．情报学报，2021，40（3）：308－320.

［5］马晓琳．保险县支公司经营情况的审计对象画像研究探索［J］．现代商业，2021（6）：175－177.

［6］颜佩佩．基于大数据的互联网保险个性化服务问题及解决策略［J］．现代经济信息，2019（7）：372＋374.

［7］刘奕伽．智能互联场景下家庭财产保险的产品优化设计［D］．西南财经大学，2019.

［8］郝晓培．基于大数据的铁路客运用户画像系统研究及应用［D］．中国铁道科学研究院，2018.

［9］鲍忠铁．金融行业大数据用户画像实践［J］．现代商业银行，2017（19）：52－57.

［10］费鹏．用户画像构建技术研究［D］．大连理工大学，2017.

第 6 章　大数据在保险业精准营销中的应用

本章重点

1. 客户的个性化需求与精准营销的关系。
2. 精准营销的内容和方法。
3. 大数据如何帮助实现精准营销。

大数据精准营销主要是指通过对用户相关信息的分析与归类，深度洞察客户，挖掘用户的潜在需求，对用户进行一对一特性化营销的一种现代营销技术。利用大数据和精准营销技术提升经济效益已成为大部分公司的共识。传统营销方式的缺陷已经越来越明显，利用大数据技术进行精准营销的改革是解决行业痛点和难点的有效途径。保险行业的精准营销会对行业的发展起到极大的促进作用，有利于保险业的持续健康发展。

精准营销（precision marketing）就是在精准定位的基础上，依托现代信息技术手段建立个性化的顾客沟通服务体系，实现企业可度量的低成本扩张之路，是有态度的网络营销理念中的核心观点之一。即公司需要更精准、可衡量和高投资回报的营销沟通，需要更注重结果和行动的营销传播计划，还有越来越注重对直接销售沟通的投资。

随着消费市场的不断升级，以及保险消费主力群体的年龄结构变化，专业定制化保险推送已成为当下主流，原有传统保险中介代理的营销模式难以满足客户个性化产品需求和服务体验。在此市场环境变化情况下，目前大型保险公司均运用大数据和云计算将用户数据、用户信息、用户偏好进行全面挖掘分类，从而清晰掌握目标客户的保险产品和服务需求，同时通过互联网渠道为客户提供专属的产品方案和便捷投保理赔服务，以产品和服务赢得客户信任。这种以客户为中心的营销模式将成为保险发展大势所趋，也将逐步取代熟人推荐、电话销售等传统营销方式。

6.1 个性化需求与客户细分

在网络营销领域，保险公司可以通过收集互联网用户的各类数据，如地域分布等属性数据，搜索关键词等即时数据，购物行为、浏览行为等行为数据，以及兴趣爱好、人脉关系等社交数据，可以在广告推送中实现地域定向、需求定向、偏好定向、关系定向等定向方式，实现精准营销。

6.1.1 客户特征与大数据分析

客户群体分析将以往以投保人为对象的客户个体分析范围扩大到以投保人家庭为对象，进行客户家庭关系分析。根据已有客户的相关有效数据构建客户家庭关联关系图谱，可以从身份特质、家庭角色、人脉关系、保障意识、风险耐受、支付能力、理财意识、健康状况等维度进行全面保险意识风险评估，为保险业务顾问定制客户推进方案提供参考。

6.1.2 潜在客户挖掘

保险公司可通过大数据整合客户线上和线下的相关行为，通过数据挖掘手段对潜在客户进行分类，细化销售重点。通过大数据进行挖掘，综合考虑客户的信息、险种信息、既往出险情况、销售人员信息等，筛选出影响客户退保或续期的关键因素，并通过这些因素和建立的模型，对客户的退保概率或续期概率进行估计，找出高风险流失客户，及时预警，制定挽留策略，提高保单续保率。

6.1.3 客户细分和差异化服务

风险偏好是确定保险需求的关键。风险喜好者、风险中立者和风险厌恶者对于保险需求有不同的态度。一般来讲，风险厌恶者有更大的保险需求。在进行客户细分的时候，除了风险偏好数据外，要结合客户职业、爱好、习惯、家庭结构、消费方式偏好数据，利用机器学习算法来对客户进行分类，并针对分类后的客户提供不同的产品和服务策略。

【专栏6-1】 案例：糖尿病细分市场

已经发现了一个SLC30A8基因（编码锌离子转运蛋白，以下简称S基因）对于糖尿病疾病的产生有影响。通过对这个特定基因进行分析，假设检测出来的序列如图6-1所示，但是通过大数据分析，基于先前的基因库基因样本的对比，碱基排列为这种顺序的基因，有70.9%的概率患病。再结合用户体质、喜好等特征综合得出一个治疗方案，这些指标都是很难通过表象看出来的，基于基因的大数据却能够很好地分析出来。

AAGCUTTGGGC

图6-1 碱基排列

这个基因不但会直接导致疾病，它的变异还会间接影响多个基因编码，而影响S基因变异的触发条件不同也会导致影响基因的不同，我们简单地列举其中三个（见图6-2）。例如，吃冰激凌会影响A，吃巧克力会影响B。接下来，我们来看A、B、C三个基因，它们有的表示一个人完全无法产生胰岛素，有的表示一个人比较缺乏胰岛素，那么，对于不同的症状，相应的治疗方案也得有所区别。对于完全缺乏胰岛素的病人，就必须注射胰岛素；对于比较缺乏胰岛素的病人，其实并不需要注射胰岛素，通过一定的药物和饮食调节就可以。而对于注射的浓度、饮食含糖量的多少，这些也都要根据不同人的基因特征来制定方案。这里我们只是举个例子，其大数据分析的精确度甚至达到小数点后几位数。在这里我们仅仅列举了很小的一部分，S基因能影响到的基因超过30个，而这些基因也可能同时变异，从而产生新的病状，这些情况排列组合，又是个难以想象的数字。因此，我们必须借助大数据，不断地录入病人数据，像这个例子一样，一步步往下比较分析，找出一个又一个基因组。

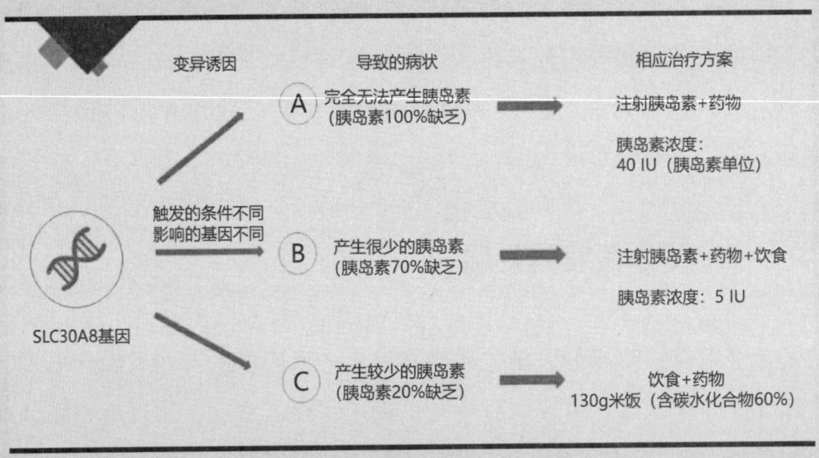

图6-2 基因导致的病因（例）

目前，中国已确诊的糖尿病患者就有 1.14 亿，而根据数据显示，30% 取决于基因，70% 取决于后天环境。因为问题往往是从根源发展，并逐渐累积的，基因的错误会更优先于病症的产生。之前糖尿病疗法很多都是“一刀切”，能做到依据病人情况调整注射胰岛素浓度、告诉病人要少吃哪些食物已经不错了，然而还是会出现相同症状的病人面对同样的疗法治疗效果天差地别。现在通过大数据的基因分析，对用户进行个性化的细分，并且更早、更专业地制订相应计划，对于社会非常有意义。通过基因测序，药物公司可以根据每个病病人的基因特征，更加全面地了解什么样的药物含量更适合患者。一项实验表明，对糖尿病病人进行针对性的干预治疗，其治疗效果提高了 70%。

总的来说，大数据是一种工具，是对用户进行细分的一种手段。传统的、企业可操作的消费者细分一般以地理位置、人口统计特征为依据，而大数据可以实现越来越接近消费者真实需求的细分方式。

6.2　大数据对客户的精准定位

在客户需求的精确锁定方面，大数据给保险业带来了很多便利。以前，对于客户的分类局限于客户属于哪一类，而现在，则扩展到客户是哪一类。传统的精算技术只在一定纬度量化风险，很难充分反映风险的复杂性。而在互联网大数据时代，则前所未有地创造了风控每个投保标的的可能，从未有过如此多纬度、低成本的数据，如此系统、新鲜地提供给保险业。

什么星座的人最喜欢买保险？哪个地区的人最喜欢给自己买保险？这些曾经看起来无关乎保费的问题，在互联网大数据时代背景下，也成为险企定位客户的另一种视角。在泰康人寿的保单中，最喜欢买保险的是天秤座，而最不喜欢买保险的是白羊座；最喜欢给自己买保险的是宁波人，而最不喜欢给自己买保险的则是陕西人。

6.2.1 客户画像精准定位

6.2.1.1 客户画像

保险公司通过完成内部数据整合建成全面、系统的数据库，一般都包含业务订单数据、用户属性数据、客户查询数据、理财产品交易数据、用户行为数据等。通过这些数据信息可以初步建立用户标签，并根据交易记录和个人基本信息可将客户初步分为理财客户、教育保险客户、寿险客户、意外险客户、保障险客户、车险客户、女性保险客户等。但由于这些数据中缺乏如理财需求、文化需求、游戏爱好、体育爱好等客户外部的基本数据标签，所以无法进行客户需求和产品、兴趣偏好等方面的用户画像描绘。在这种情况下，保险公司可以通过购买或合作等方式来获取这些外部数据，并结合内部数据来完善客户画像。

通过内外部数据的整合，保险公司根据客户的年龄、收入、行为习惯、需求偏好等多维度数据信息，就可以比较全面地描绘出客户画像。但要注意的是，为保证相关数据的时效性，一定要对客户画像信息进行及时更新，因此相关的标签体系和数据，包括引入的外部数据都应该是动态的。

值得一提的是，保险公司对来自互联网的相关客户数据如搜索关键词、购物习惯、网页浏览记录、社交媒体上的互动评论等的分析，不仅可以在保险产品消费中实现偏好定向，还有助于保险公司识别消费者潜在风险。

例如，美国 ZestFinance 通过对贷款申请人超过一万条的互联网数据进行分析，为银行贷款、信用卡及保险提供高质量的担保评估，使违约率比行业平均水平低60%左右。而中国平安相关负责人日前也透露，未来旗下的前海征信将会联手保险机构，帮助识别投保人的潜在风险，以进行精准定价、识别欺诈行为，这对于高度重视风险评估的保险行业来说是极具现实意义的。

6.2.1.2 精准定位

在当前时代背景下，可以运用大数据分析法来整合分析金融保险需求的关联度，在不同方向、专业形式的共同配合下，做好大数据升级分析整合的系统工程，从客户的角度，综合统筹各种信息，捕捉各种需求，从而寻找潜在的客户，并预测客户的具体需求。从保险业来看，在客户需求的精确锁定方面，大数据给我们带来了很多便利。

在大数据背景下，除了对数据的纵向分析之外，还可以从横向来分析消费者的需求。

客户的具体收入水平、文化程度、价值观念，也会影响其对保险的态度，通过对网络消费的数额、职业、学历等数据所进行的分析，也可以作为保险需求分析的重要部分。还可以通过搜集互联网用户的地域分布，搜索关键词、购物习惯、浏览记录和兴趣爱好等一系列的数据，在保险产品消费中实现需求定向、偏好定向，真正做到精准化、个性化营销。

以“双十一”当天卖出 1.86 亿单的退运险为例，据统计，此类产品索赔率在 50% 以上，对保险公司的利润只有 5% 左右，仅从保险公司的角度，这类产品并不是很成功，但有很多保险公司都有意、愿意去开发这类保险。原中国保监会副主席魏迎宁分析道：“客户购买退运险后，保险公司就可以获得该客户的基本信息，包括手机号和银行账户信息，并能够了解该客户购买的产品，从而实现精准推送。假设该客户购买并退货的是婴儿奶粉，保险公司就可以估计该客户家中有婴儿，可以向其推荐关于儿童疾病、教育等相关的保险产品，这显然比 5% 的利润更有吸引力。”

6.2.2　用户画像在精准营销中的应用

用户画像在实际业务中的应用，具有深远的意义和广泛的用途。其中，最为直接且显著的应用场景便是精准营销。精准营销，顾名思义，是指针对特定用户群体进行精确、有针对性的营销活动，旨在提高营销效率和效果。而用户画像，作为精准营销的重要工具，发挥着不可或缺的作用。

在实际业务中，用户画像的构建需要依据具体业务需求来拓展维度。这些维度可能包括用户的基本信息、兴趣爱好、消费习惯、行为特征等多个方面。通过对这些维度的深入挖掘和分析，我们可以构建出一个个立体、生动的用户画像，为精准营销提供有力的数据支持。

以电商行业为例，我们可以通过用户画像来识别不同用户群体的购物偏好、消费能力和购买行为等特征。基于这些特征，我们可以为用户推荐符合其需求的商品，提高转化率和客户满意度。同时，我们可以根据用户画像来制定个性化的营销策略，如定向优惠券、会员权益等，进一步增加用户的忠诚度和黏性。

此外，用户画像的应用不仅仅局限于精准营销。随着业务的发展，用户画像可以在更多领域发挥作用。例如，在产品设计中，我们可以借助用户画像来洞察用户需求，从而设计出更符合用户期望的产品。在客户服务中，我们可以通过用户画像来快速识别用户问题，提供个性化的解决方案。这些应用场景的拓展，进一步证明了用户画像与实际业务之间的相互促进关系。

综上所述，用户画像在实际业务中的应用具有广泛的适用性和深远的影响力。通过构建多维度、立体化的用户画像，我们可以更好地了解用户需求，提供个性化的服务和产品，从而实现精准营销和业务增长。随着技术的不断发展和应用场景的不断拓展，用户画像将在未来发挥更加重要的作用。

【专栏 6－2】 案例：百分点精准营销

在市场营销中，百分点公司可以利用忠诚度和影响力的标签来精准定位目标用户群体，进行新产品的预售推广（见图 6－3）。在销售过程中，百分点公司可以通过推荐系统向用户推荐他们可能感兴趣的商品，提高销售转化率。在销售后，百分点公司需要关注用户的反馈，以了解他们对产品和品牌的口碑评价。这些反馈可以用于改进售后服务，提升用户体验和忠诚度。因此，在售前、售中和售后阶段，了解用户的反馈和需求是非常重要的，这将有助于百分点公司提供更好的产品和服务。

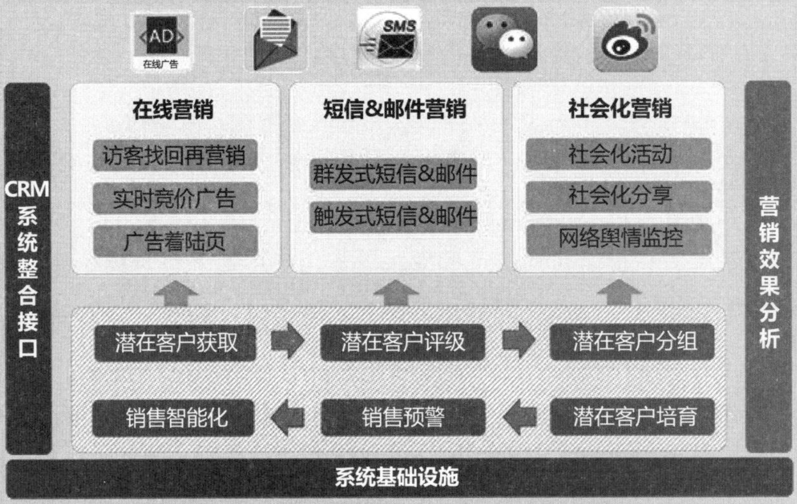

图 6－3 百分点精准营销案例——“售前”精准营销

在完成用户画像构建后，由于营销渠道的多样性，包括短信营销、在线营销等，专业营销公司会基于企业的三方数据来进行营销（见图 6－4）。第一方数据主要是指企业的 CRM 数据和销售数据，这些数据属于企业自身拥有。第二方数据则是在广告投放过程中产生的数据，如广告曝光量、点击率和转化率等。第三方数据是由第三方数据服务公司提供的补充数据，帮助企业寻找到更多的潜在客户。

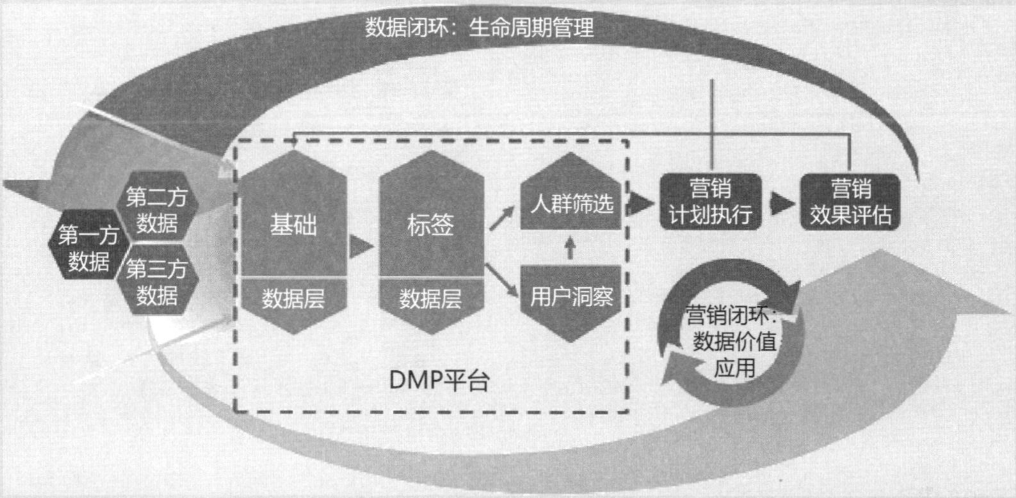

图6－4　大数据数字营销闭环

资料来源：百分点营销案例。

在获取三方数据后，百分点公司将这些数据进行整合，进一步加工为完整的用户画像（见图6－5）。接着，根据这些画像，百分点公司可以筛选出潜在的目标客户群体。这种数据闭环不仅包含了用户画像的生成过程，还涵盖了营销活动的整个流程（见图6－6）。

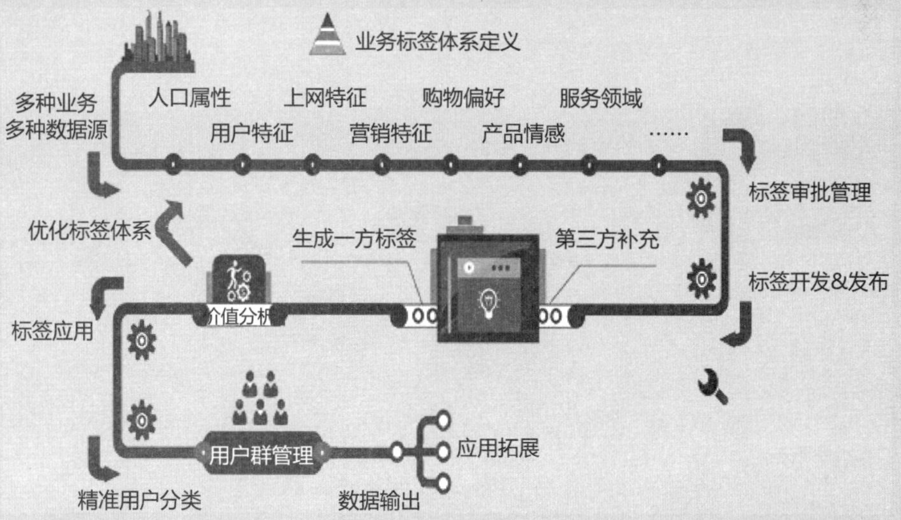

图6－5　大数据数字画像运营

资料来源：百分点营销案例。

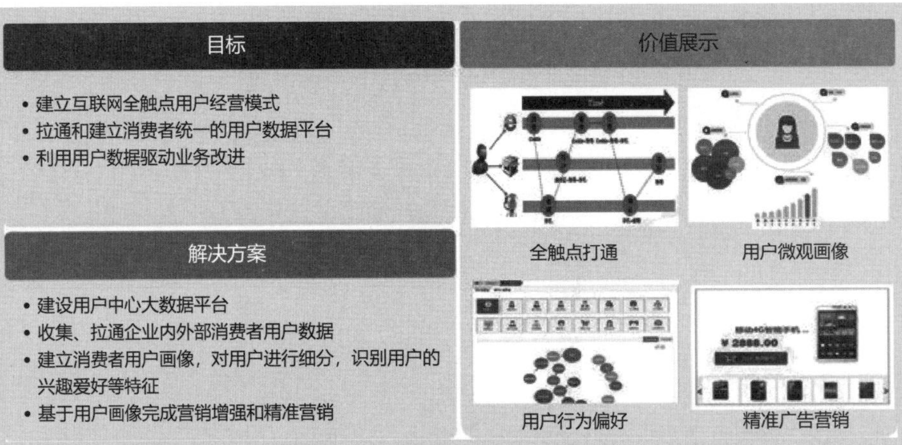

图 6-6　大数据营销企业应用

资料来源：百分点营销案例。

如果在营销过程中，发现初步筛选出的目标客户群体效果并不理想，根据实际的数据分析结果，企业可以不断调整其营销策略。因此，整个营销过程实际上是一个不断循环调整的闭环过程。

传统的用户画像主要依赖结构化数据，如 CRM 系统或销售数据，但这类数据在多个维度上常常存在不足。为了克服这一局限性，百分点公司积极整合各类相关数据，包括浏览数据、访问数据、微博数据和论坛数据，以构建一个更为完整、全面的用户画像体系（见图 6-7）。凭借这一完善的用户画像，百分点公司能够更准确地制定营销策略，提高营销活动的针对性和有效性。

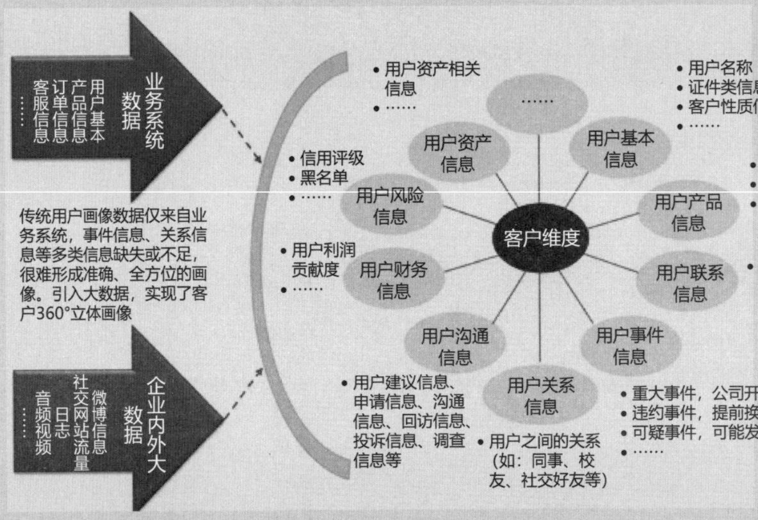

图 6-7　360°用户画像体系

资料来源：百分点营销案例。

此外，百分点公司运用四个核心标准对约 60 万的潜在消费者进行了科学分类，并实施了精准的广告投放策略。这种定向投放方式相较于传统的盲目投放方式，其效果提升了高达 10 倍，充分展现了百分点公司在精准营销领域的专业能力和卓越成果。

在社会化营销领域，某家电制造企业为新品发布活动寻求目标粉丝群体。为了精准识别并吸引潜在参与者，百分点公司依托企业的销售数据，进行了用户忠诚度的建模分析。在模型构建中，百分点公司全面考量了用户接受渠道、购买品类、购买频次等多维度数据。经过深入分析，成功筛选出高忠诚度的用户群体，并以较低的成本实现了超过半数的粉丝招募（见图 6－8）。此案例再次验证，通过结合数据分析和精准定位策略，企业在社会化营销活动中能够实现更高的效益。

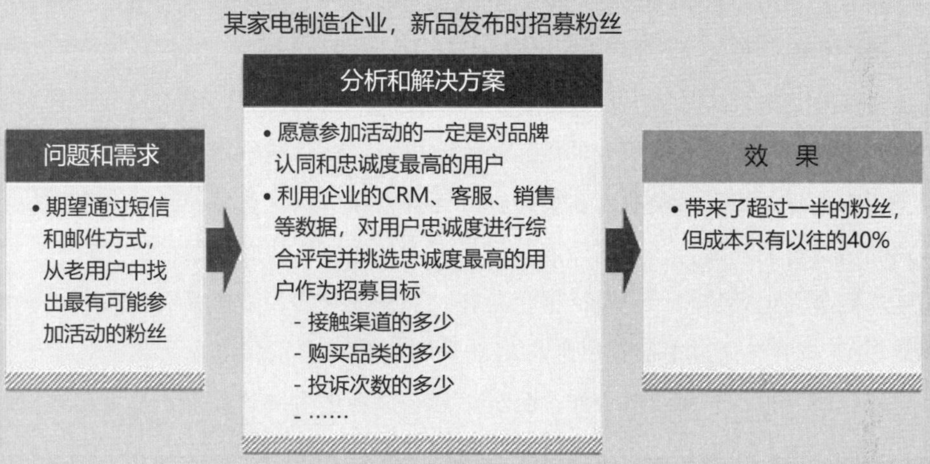

图 6－8　大数据社会化营销案例

资料来源：百分点营销案例。

6.3　精准营销的主要内容

保险公司在完成客户画像后，便可以根据客户特点和保险需求，策划精准营销活动，进行精准的数字化广告投放，提高客户渗透率、客户转化率和保险产品转化率。并根据客户需求来设计简单标准的保险产品，减少客户了解、购买保险产品所需的时间，让保险产品像其他金融产品一样，一目了然、购买简单，以提高保单的签单率。

同时，保险公司在获取完善的客户画像后，就可以进行客户细分，完成客户洞察，精确了解其关键需求，大幅提升交叉销售的准确率，促进各类型保单业务的协同，使保险产品的交叉销售提质增效。具体来看，保险公司可以根据自身的业务需要来建设分析型客户关系平台，对客户的交易及行为数据进行统一管理，并建立客户分析模型，洞察客户需求，充分发挥集约优势，实现数据价值的共享。

6.3.1 获取新客户

收集客户个人属性、客户线上浏览行为偏好和线下活动轨迹，分析了解用户的消费行为与消费能力，利用大数据预测用户的消费需求和倾向，定制保险的推出流程和传统产品推出模式刚好相反，是需求引致供给。

传统的保险营销模式是线上投放广告、线下铺设网点、招募代理人进行新客获取。大数据使面向新客户的精准营销成为可能。保险公司可以综合利用内外部数据，收集客户的线上浏览行为偏好、线下活动轨迹、交易行为等各方面信息，对客户进行多维分析，既能了解客户的消费行为与能力，也能预测其消费需求与倾向，从而开展精准营销。

与互联网等其他渠道相比，银行平台的客户群是理想的保险产品目标人群。例如，某平人寿从 2017 年开始通过银保渠道进行精准营销的初步尝试，依托大数据技术，通过与工行、建行、浦发银行等银行的合作，分析银行客户管理系统的数据，更准确地定位目标客户及其资产配置和保险需求，将传统寿险粗放式盆里捞针精细化为碗里捞针。在经过 1 年的尝试后，该公司 2018 年的银保期缴业务一半以上来自精准营销，同时，客户的签单成功率显著提升，且件均保费比非精准营销件增幅更大。

6.3.2 转化准客户

针对准客户（如短险、赠险客户）的转化，保险公司可以利用大数据技术，追踪准客户的行为，推出个性化营销手段，把让客户最可能动心的产品展现在其面前。保险公司也可以利用客户健康、财务、信用等状况作出更合理的分析，提升营销效率和效益。

目前，许多保险公司虽然拥有庞大的客户群，但大多数是准客户（即短险客户、赠险客户），这些客户的转化成本远低于新获客成本。可以利用外部数据建立预测模型，追踪准客户的行为，进行个性化营销。

通过数据分析，可能掌握客户的喜好与保险需求信息，根据模型找出最佳险种组合。或者通过和其他平台合作，整合供应链，使保险公司成为风险管理服务方案提供商。例如，和汽车销售处合作，将保险完全嵌入平台现有场景，实现承保理赔和后续服务环节无缝衔接。

我们以市面上的产品步步保为例，其理念是让用户健康起来的健康险。这是国内首款用运动数据买单的保险，其产品特点是基于大数据的主动健康管理，千人千面的智能保险定价，最大的产品亮点是运动步数可以抵扣保费，其本质是与可穿戴设备、运动科技 APP 深度合作。

6.3.3　存量客户的营销

大数据技术在保险行业的应用具有显著价值。它助力保险公司深入挖掘现有客户的需求，实现加保和交叉销售，进而提供全方位的服务，提升客户忠诚度。通过设计针对不同险种的动态定价模型，摒弃传统的费率表形式，依据风险预测进行差异化定价，保险公司能够实现精准营销。

借助大数据平台，保险公司可以细分现有客户，精确了解其关键需求，进一步开展加保，实现客户价值最大化，提供全方位的保险服务。这种策略有助于提高客户忠诚度，因为客户在同一保险公司购买的保险产品越多，其更换保险公司的成本越高。

保险公司还可借助大数据了解客户的互联网行为偏好，开展有针对性的营销。例如，针对关注母婴产品的客户推荐少儿重疾险；针对资产水平良好且关注财经、理财信息的客户推荐理财型保险产品。

传统保险营销模式主要依赖中介完成客户对接，这导致保险公司需支付较高的中介佣金成本，并在确保不亏损经营的前提下，无法将更多资源投入客户前端服务。同时，由于信息不对称、中介管理不规范和保险交易低频等，客户与保险公司的黏性较弱。

大数据的应用改变了这一局面。通过精准分析现有客户的购买习惯、潜在需求和流失原因，保险公司能够实现客户群体的精细化管理。同时，构建互联网直销渠道，实现线上投保、缴费、打印等全流程运营，降低中介成本，将节约的成本直接让利客户或转化为高质量的增值服务。

综上所述，借助大数据技术，保险公司能够提升客户满意度，实现公司可持续发展，最终形成优质低价的产品销售服务体系，实现客户与公司的双赢。

美国前进保险公司（Progressive Insurance）在数据研究分析中发现，理赔周期与理赔费用成反比关系。为了加速解决客户理赔问题，公司投入约 3000 多万美元建设自动理赔管理系统。该系统不仅将前进保险公司的理赔周期自行业平均水平的 42 天缩短至 6 天，还显著提升了客户满意度，使客户流失率降低了三分之二，续保率超过 90%。太平洋保险采用专业数据分析工具 omniture，在商业险报价、交强险报价、提交核保、核保通过、在线支付等关键环节进行后台监控，记录客户访问情况。通过客户调研、座席回访等方式收集真实客户声音，建立客户全视图数据库，运用大数据技术分析客户流失原因，并评估解决方案的实际效果，以高效挽留客户。

保险公司可利用关联规则找出最佳险种销售组合，以及顾客生命周期中购买保险的时间顺序，把握提高保额的时机，建立既有保户再销售清单与规则，促进保单销售。借助大数据，保险业可直接锁定客户需求。以淘宝运费险为例，尽管该产品对保险公司的利润贡献较低，但多家保险公司仍愿意提供此险种，因为购买运费险的客户将向保险公司提供个人基本信息，包括手机号和银行账户信息等，以及购买产品信息，便于保险公司精准推送其他产品。

允许寿险代理人销售财产险或理财产品，深度挖掘自有客户资源，实现价值最大化。数据部门可利用大数据分析工具，了解客户潜力、需求和偏好，为交叉销售提供技术支持。建立分析型客户关系管理平台（ACRM），对客户数据进行统一管理，并建立客户分析模型。同时，保护客户数据隐私性至关重要，需建立严格的数据保护制度。

客户资源共享模式相对简单，但效果显著。BCG 研究发现，对于业务结构不均衡的集团，由强势业务带动弱势业务发展更合适。实现客户资源跨法律实体共享，可挖掘 10%—20% 的潜在市场价值。综合拓展模式下，交叉销售的关键成功要素为监管政策支持和经营实体间达成一致、合理的利益分配制度。

保险公司可通过多种渠道增加销售模式，如开发手机端销售平台，针对社会兼职营销员和分散性客户；建立年轻客户群大数据信息库，在微信、微博等自媒体开展多样化营销活动，扩大年轻主力消费群体影响范围，实现品牌价值营销。通过场景化、社群化收集客户数据，分析以制定针对性销售策略。

【专栏 6-3】 案例：推荐算法——大数据时代的营销利器

在如今的大数据时代，数据的价值日益凸显，而如何从海量的数据中挖掘出有价值的信息，成为企业和商家们关注的焦点。推荐算法作为一种有效的数据挖掘技术，正逐渐成为营销领域中的利器。

推荐算法的核心思想是通过分析用户的行为和偏好，为用户推荐符合其兴趣和需求的内容或产品。这种技术能够实现对用户需求的精准把握，提高营销效率和用户满意度。

首先，推荐算法能够帮助企业更好地了解用户需求。通过分析用户的浏览记录、购买记录等数据，推荐算法能够挖掘出用户的兴趣和偏好，从而为企业提供更加精准的产品推荐。这样一来，企业就能够更好地满足用户需求，提高用户的购买意愿和忠诚度。

其次，推荐算法能够提高营销效率。传统的营销方式往往需要投入大量的人力、物力和财力，而效果却往往不尽如人意。而推荐算法则能够通过对用户数据的分析，实现精准营销，将产品和服务推荐给最有可能感兴趣的用户，从而提高营销效果，降低营销成本。

最后，推荐算法还能够提升用户体验。在推荐算法的帮助下，用户能够更加方便地找到自己感兴趣的内容或产品，节省了大量的时间和精力。同时，推荐算法还能够根据用户的反馈和行为，不断优化推荐结果，提高推荐的准确性和个性化程度，从而为用户带来更加优质的体验。

推荐算法作为大数据时代的营销利器，具有巨大的潜力和应用价值。随着技术的不断发展和完善，相信推荐算法将在未来的营销领域中发挥更加重要的作用。

销售，作为企业与客户间的桥梁，其重要性不言而喻。随着销售渠道的不断拓宽，所触及的客户群体也日益庞大，这自然对数据处理提出了更高的要求。

企业在开展销售活动时，会根据客户的业务需求，精准划分不同的销售渠道。经过分析，大客户渠道涉及的客户群体规模相对较小，而中小客户及潜在客户渠道则可能出现一名销售人员需同时应对大量客户的情况。在这一业务背景下，销售人员将面临两大核心挑战：

其一，如何有效筛选并锁定高价值客户。鉴于人力资源和时间成本的有限性，唯有对优质客户进行精准拜访，方能最大化提升盈利潜力。

其二，如何精准地为陌生客户推荐契合其需求的产品。在营销活动中，漫无目的地推介往往难以获得客户的青睐。通过精准的产品推荐，可以有效提升销售转化率。

若存在一种方法，能够协助销售人员准确预测客户的产品需求，那么无论是客户筛选还是产品推荐的问题，都将得到根本性的解决。这种方法对于改善上述业务场景、推动业绩提升具有重大意义。

在众多算法和技术中，推荐算法以其广泛的应用和显著的成效，成为各大互联网公司的重要工具。其核心在于，通过用户数据、行为数据和商品等特征数据，精准预测用户对公司产品的需求，直击销售的核心问题。

推荐算法在各类互联网公司中的广泛应用，不仅证明了其在实际业务中的强大推动力，也反映了其普适性和实用性。您在网购时看到的推荐商品、在听音乐时遇到的推荐歌曲、在刷微博时被推荐的关注对象，以及在获取资讯时被推荐的页面，这些背后都是推荐算法在发挥作用。同样，这种方法在销售过程中也具有广阔的应用前景。

推荐算法的实施过程通常包括特征值筛选、建模、预测结果应用和算法调优四个关键步骤。在销售过程中应用推荐算法，同样需要经历这四个环节。通过精心设计和实施推荐算法，企业可以更加精准地满足客户需求，提高销售效率，实现业务增长。

随着技术的发展，推荐算法也在不断地迭代更新，图6－9是一些目前主流、实用且相对简单的推荐算法及其基本原理。

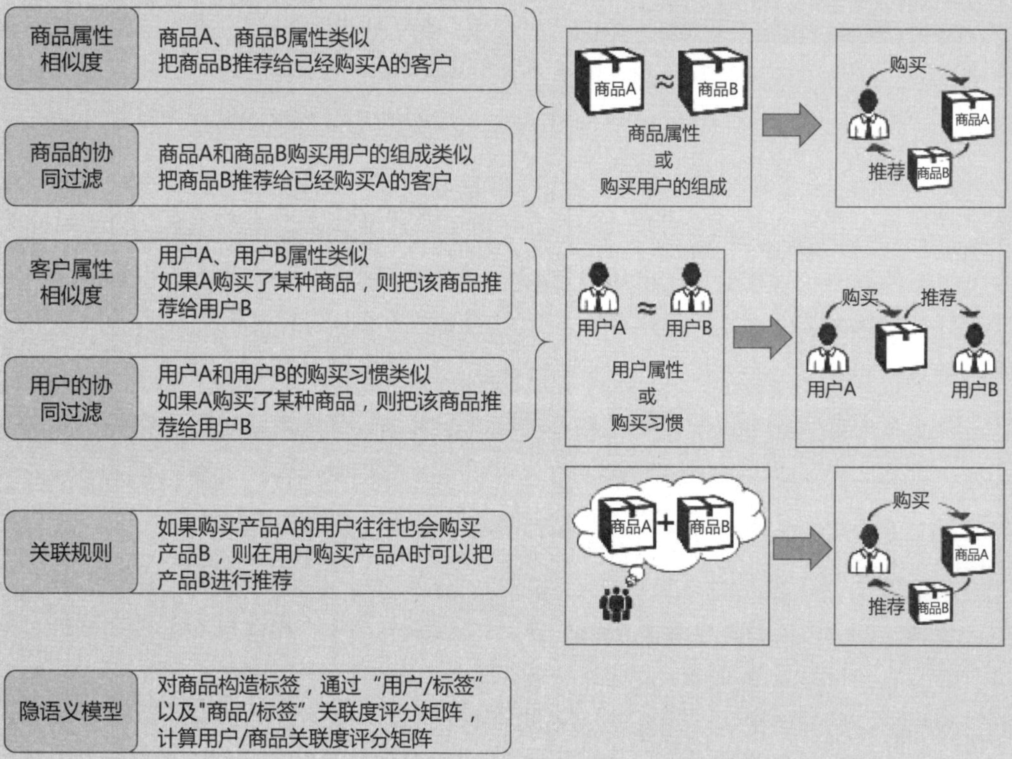

图6－9 推荐算法介绍

在实际应用中，需要把上述的原理转化为数学模型输入实际数据，对用户的需求进行分析及预测（见图6－10）。

在实际业务操作中，选择合适的推荐算法是一项至关重要的任务，这不仅要基于上述原理和数学模型，更要紧密结合具体业务场景。举例来说，当客户购买可乐后，推荐其他品牌饮料是合理的；若客户购买电视后，继续推荐其他品牌电视，可能对企业的利润增长并无实质性帮助。

考虑到客户偏好和市场环境的不断变化，为确保推荐算法的精准性，投产后需持续对算法进行优化调整。推荐算法融合了数理统计、计算机技术以及与业务场景的紧

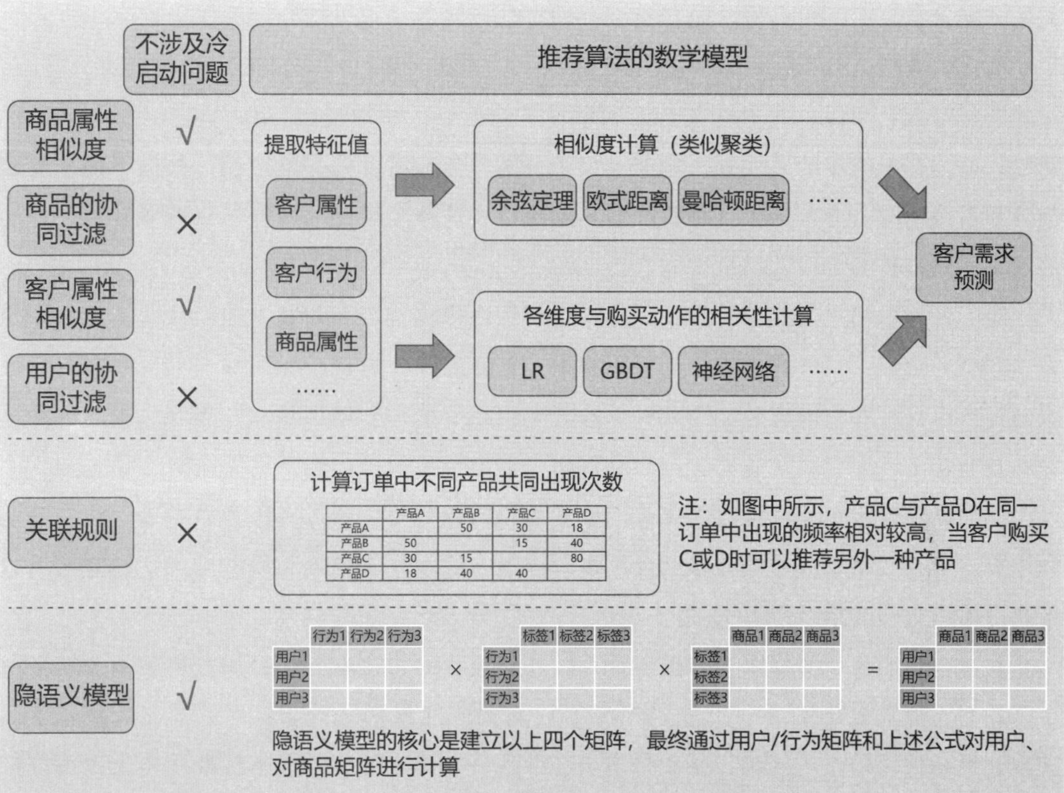

图 6－10　推荐算法数学模型

密结合。尽管本文着重探讨推荐算法在传统销售渠道的应用，但其原理和方法同样适用于生产、客服、售后等环节。

面对不同行业和各环节的挑战，除了传统解决方法外，引入大数据相关技术可能为我们提供新的视角和解决方案，为利润增长开辟新的途径。

6.3.4　精准营销派生的产品创新

在保险行业，随着科技的不断发展，保险公司正面临着巨大的机遇和挑战。为了在这个竞争激烈的市场中脱颖而出，保险公司必须不断提升服务质量和效率。而采用现代化的技术手段，如人工智能、大数据等，成为保险公司提升竞争力的关键。

首先，人工智能技术为保险公司带来了许多便利。通过自动化处理一些常规的保险业务，如理赔申请、保单查询等，可以大大减少人工操作，提高处理效率。这不仅降低了成本，还为客户提供了更加快速、准确的服务体验。此外，人工智能技术还可以应用于风险评估和定价模型中，帮助保险公司更准确地评估风险，制定更加合理的保费策略。

其次，大数据分析在保险行业的应用也日益广泛。通过对大量的客户数据进行分析，保险公司可以更加深入地了解客户的需求和风险偏好，从而提供更加个性化的保险服务。例如，根据客户的年龄、性别、职业等因素，为其推荐适合的保险产品；根据客户的驾驶行为和车辆状况，为其提供更加精准的车险定价。这种个性化的服务不仅能够满足客户的需求，还能够提高客户的满意度和忠诚度。

除了采用现代化的技术手段外，保险公司还应该注重培养和提升保险从业人员的专业素养和服务意识。只有具备专业的保险知识和良好的服务意识，保险从业人员才能更好地服务客户，提高客户满意度。为此，保险公司可以定期举办培训活动，提升员工的保险知识和技能水平，同时，建立完善的激励机制，鼓励员工积极为客户提供优质的服务。

此外，保险公司还应该建立完善的服务质量监控机制。通过对服务质量进行定期评估和监督，可以及时发现问题并采取措施进行改进。这不仅可以提高服务质量，还能够增强客户对保险公司的信任感。

对于客户而言，实现客户数据单证及其处理流程的优化也是提升服务质量的关键。通过采用基于计算机视觉（CV）的碎屏识别、车辆照片甄别等技术，可以简化承保、核保流程，提高处理效率。同时，基于自然语言处理（NLP）的医疗文本标准化操作也可以帮助保险公司更快速地处理医疗相关的理赔申请，为客户提供更加便捷的服务体验。

综上所述，提升服务质量是保险公司赢得客户信任和忠诚度的关键。通过采用现代化的技术手段、培养和提升保险从业人员的专业素养和服务意识、建立完善的服务质量监控机制以及优化客户数据单证处理流程等多种措施，保险公司可以有效地提升服务质量，提高客户满意度，从而促进公司的长期发展。在未来的发展中，保险公司应继续关注科技创新和服务质量提升，努力为客户提供更加优质、高效的保险服务。

【专栏 6-4】 案例：手机碎屏险

随着科技的不断发展，智能手机已经成为我们日常生活中不可或缺的一部分。然而，随着手机使用的普及，手机屏幕碎裂的风险也随之增加。为了解决这个问题，手机碎屏险应运而生。手机碎屏险是基于远程身份识别和智能碎屏识别技术的一种保险服务，它能够在一定程度上降低手机屏幕碎裂带来的经济损失。

首先，手机碎屏险通过远程身份识别技术确保用户上传的照片属于待投保设备。这一技术利用算法生成身份识别标识图片，并监听终端可疑操作，自动刷新身份标识照片。这样，保险公司就能够准确地确认投保设备的身份，预防欺诈行为的发生。同时，远程身份识别技术还提高了投保过程的便捷性，用户无须亲自前往保险公司或维修中心，只需通过手机拍照上传相关信息即可完成投保。

其次，手机碎屏险采用智能碎屏识别技术，能够自动识别可疑碎屏。这一技术基于深度学习模型，通过照片判断手机屏幕是否破碎。智能碎屏识别模型的演进不断优化，提高了识别的准确性和效率。相较于传统的人工审核方式，智能碎屏识别减少了人工干预，降低了人工审核成本，使核保理赔流程更加高效和便捷。

除了提供便捷的投保和理赔服务外，手机碎屏险还注重个性化服务。针对不同的业务场景，手机碎屏险提供具体的核保理赔流程。这种个性化的服务方式能够更好地满足客户的需求，提高用户体验。同时，针对业务人员方面，手机碎屏险也提供了高效的工作流程，帮助他们更好地处理客户的投保和理赔请求，提高工作效率。

在实际应用中，手机碎屏险已经取得了显著的效果。许多用户在购买手机碎屏险后，不再担心手机屏幕碎裂带来的经济损失。当手机屏幕出现碎裂时，他们只需通过手机拍照上传相关信息，即可完成理赔申请。智能碎屏识别技术能够快速、准确地判断手机屏幕是否破碎，从而实现了快速理赔。这种便捷的服务方式受到了广大用户的欢迎和好评。

此外，手机碎屏险的推广和应用也促进了相关产业链的发展。随着碎屏险市场的不断扩大，手机维修行业也迎来了新的发展机遇。许多手机维修中心开始提供专业的碎屏维修服务，并与保险公司合作，为用户提供更加便捷的维修和理赔服务。这种合作模式不仅提高了手机维修行业的服务水平，还推动了整个行业的健康发展。

总之，手机碎屏险基于远程身份识别和智能碎屏识别技术，通过提供便捷的投保和理赔服务以及个性化的服务方式，降低了手机屏幕碎裂带来的经济损失，提高了用户体验和工作效率。随着科技的不断进步和市场的不断扩大，手机碎屏险有望在未来发挥更加重要的作用，为更多用户提供更加优质的保险服务。

6.4　精准营销的大数据应用

6.4.1　大数据应用条件

大数据营销，鉴于其对公司数据库的建立、运营及维护提出了高昂的成本要求，不仅涉及硬件设备的持续运营与维护，还需承担聘请专业的数据分析师的费用，故并非所有行业均适宜采用此模式。然而，保险业作为金融服务业的重要支柱之一，凭借其雄厚的财力与庞大的数据量，为大数据营销提供了坚实的基础。

一方面，保险公司在承保与签发保单的过程中，已积累了大量的客户数据信息。另一方面，可保风险的低频出险特性确保了保险业的高边际收益，使较大的成本支出变得相对合理。此外，大数据营销有助于公司制定更为精确和直接的客户营销策略，有效避免与竞争对手的正面冲突。尤为重要的是，考虑到在保险行业中，约 20% 的黄金客户贡献了近 80% 的企业利润，大数据营销不仅能够深度挖掘这些客户的购买力，还能够培养他们的忠诚度，实现双重效益。

当公司决定采纳大数据营销机制后，必须对其他规划进行相应调整。首要之务是提升数据分析师在公司业务中的地位。目前，北美和欧洲正逐渐形成一种趋势，即设立与 CEO 地位相当的 CIO（首席信息官）职位。这些 CIO 需具备数据技术、保险业务及数据信息管理的专业知识，将独立于公司各部门，其主要职责涵盖选拔和培训专业人员、调试设备与开发软件、整理与筛选代理人手中的客户资料，以及不断完善和扩充数据仓库。为确保大数据营销机制的有效实施，公司还需在多个方面作出适应性调整。

其一，必须加强与技术供应商的合作关系，以保证公司在数据分析和技术应用方面的领先地位。与领先的技术供应商建立长期稳定的合作关系，可以帮助公司及时获取最新的技术解决方案，并不断优化现有的数据分析工具和系统。

其二，公司需要建立一套完善的数据治理体系，确保数据的准确性、完整性和安全性。这包括制定严格的数据采集、存储、处理和共享标准，建立数据质量管理机制，以及加强数据安全保护，防止数据泄露和滥用。

其三，公司应重视员工在大数据营销方面的培训和教育。通过组织定期的培训课程、研讨会和分享会，提高员工对数据驱动营销理念的理解和认同，培养一个具备数据分析能力的专业团队，以支持大数据营销策略的实施。

最后，公司应持续关注大数据营销的市场动态和技术发展趋势，不断调整和优化自身的营销策略。通过与行业内的专业人士保持密切联系，参与行业交流会议和研究项目，公司可以及时了解最新的市场趋势和技术动态，为大数据营销的长远发展奠定坚实基础。

通过以上措施的实施，公司可以更好地适应大数据营销带来的挑战和机遇，实现业务增长和市场竞争力的提升。

【专栏 6－5】 案例：泰康在线

以泰康在线为例，该公司的技术涵盖了人工智能、大数据、区块链、云计算和GPS 定位等新兴领域，这些都是当前互联网保险公司积极探索的研究方向。其数据技术包括反欺诈平台和语音识别技术，这两项技术在健康险和车险领域中具有广泛应用。语音识别技术可以通过用户语音智能地提取用户需求，实现精准营销，而反欺诈平台则可通过大数据识别欺诈骗保行为，判断案件真实程度，并基于欺诈风险判断结果进行核查资源的配置，实现降本增效。

泰健康项目的主要目的是帮助用户预防各类疾病，降低患病风险。其参考的数据来源包括理赔核保、健康测试、用户行为和体检数据、智能硬件数据等，基于这些数据，泰健康能够为用户提供更全面的疾病预防方案和办法，并建立完整的用户管理系统。该体系主要包括资料完整度、健康指数、健康保障、健康活跃度、人际健康度五个方面，通过对用户的这些方面进行测评，能够得出用户的健康评分，从而为他们提供相应的健康管理方案。

此外，泰康在线还通过多维度的调查测评和分析，获取用户的各类数据，包括资料完整度、健康指数、健康保障、健康活跃度、人际健康度等，以便更清楚地了解用户的健康状况等级，并针对不同细分结果提供相应的保险产品。这种综合运用多种新兴技术和数据技术，以及对用户健康状况的全面了解，使泰康在线在保险行业中具有独特优势，能够更好地满足用户的需求并提供优质的服务体验。

6.4.2 大数据应用的正面影响

6.4.2.1 大数据有利于改善客户关系管理

在保险行业，客户关系管理一直是营销的核心要素。然而，传统的营销方式在客户关系观念上并未做足功夫，导致营销观念未能深入人心。传统的营销模式中，保险代理人的业绩与保费收入直接挂钩，这种激励机制虽然可以激发代理人的销售热情，但也容易导致代理人过于关注保费数额，而忽视客户的实际需求。

这种以保费为导向的销售模式，不仅使许多有购买需求的潜在客户未能购买到真正符合自己需求的保险产品，还可能导致客户对保险产品的依赖度降低。客户购买的保险产品可能只是代理人提成佣金较高的产品，而非真正符合其需求的保险。这样一来，客户对于保险公司的忠诚度自然会降低，进而增加保险公司失去客户的风险。

尽管各大保险公司都宣称以客户为中心、以市场为导向的营销观念，但在实际操作中，这种观念往往只是流于形式。由于保险产品具有附和性质，保险公司在与客户处理关系时，往往只是单方面地推动销售，而缺乏对客户关系中各种制约因素的持续、经常性的维护和协调。这种单向的销售模式不仅无法建立稳定的客户关系，还可能导致客户流失。

随着大数据时代的到来，大数据营销逐渐成为新时代的营销方式。大数据营销的运用将大大减少保险公司传统的扫楼、陌生拜访、陪同拜访等现象。取而代之的是，通过对大量数据的分析，精准地识别出潜在客户，并进行有针对性的营销。这种营销方式不仅提高了营销效率，还能更好地满足客户的实际需求。

大数据营销对于代理人素质的甄别和选拔也具有推动作用。通过对代理人的销售数据、客户反馈等信息的分析，可以更加准确地评估代理人的素质和能力，从而为保险公司选拔出更加优秀的代理人。这不仅可以提高保险从业人员的整体素质，还能为客户提供更加专业、周到的保险规划。

大数据营销对于重塑保险业形象也具有积极意义。通过提供更加精准、个性化的保险产品和服务，保险公司可以展现其专业、可靠的形象，从而赢得客户的信任和忠诚。同时，大数据营销还有助于保险公司建立更加紧密的客户关系，提高客户满意度和忠诚度，进而促进保险业的健康发展。

综上所述，传统营销在客户关系管理上的不足已经成为制约保险业发展的重要因素。而大数据营销作为一种新型的营销方式，其运用不仅可以解决传统营销中的问题，还能为保险业带来新的发展机遇。因此，保险公司应积极探索并应用大数据营销，以推动保险业的持续、健康发展。

6.4.2.2 大数据有利于提高代理人的签单量和质量

代理人在过度承担客户开拓任务后，出现了消极反应，这在当前市场环境下尤为明显。代理人的整体素质出现下滑，且已陷入两个相互交织的恶性循环之中。一方面，过度依赖人海战术导致平均产能低下，而产能的下降又进一步加剧了对人海战术的依赖。另一方面，代理人面临的压力增大、收入减少，进而影响到行业的整体素质，形成了一种恶性循环。这两个循环相互作用，最终可能导致优质代理人被劣质代理人所淹没，形成劣币驱逐良币的现象。

此外，受限于代理人的个人能力和社交圈子，他们难以有效开拓新客户，这成为他们面临的主要困扰之一。问题的根源在于，代理人承担了过多本应由公司承担的收集客户名单的任务，这在超出他们能力范围的情况下引发了消极的客户反馈。由于绝大多数客户由代理人自行开拓并掌控，客户资源实质上已成为他们的个人资源，这使公司难以实施有效的管理措施。这种情况给保险公司带来了巨大的营销风险。

随着销售方式向大数据营销转变，销售支持系统也有望迎来重大变革。在客户资源方面，客户将不再仅属于代理人个人，而是与代理人的业绩评估和综合水平紧密相连。公司将通过数据库提供客户名单，这既能降低代理人开拓新客户的成本，也有助于降低公司的运营成本。佣金的数额将根据客户名单等级和签约保单质量等因素进行确定。从销售管理的角度看，代理人借助强大的数据支持，将更有助于提升保单的签单量和质量，这也是大数据营销方式最具活力和吸引力的地方。事实上，一些外资保险公司已经利用大数据技术在保险营销方式和客户挖掘技术等方面取得了市场领先地位。

【专栏 6-6】　案例：友邦保险公司的安心保终身寿险

这个产品的目标客户群是老年客户，而友邦保险公司以前并没有现成的老年产品的数据可供参考。随着人口老龄化的加剧，老年客户群体的保险需求日益凸显。对于保险公司而言，如何有效地挖掘老年客户群，成为一个亟待解决的问题。友邦保险公司作为一个具有悠久历史的保险公司，一直致力于为客户提供优质的保险产品和服务。然而，面对老年客户群体，公司并没有现成的老年产品数据可供参考，这无疑增加了挖掘目标客户群的难度。经过全面考虑，友邦保险公司决定从两个方面进行目标客户的挖掘。

第一，公司从已经购买过本公司产品的被保险人入手。这些被保险人的年龄已经达到或超过 50 周岁，且产品目前仍然有效。换句话说，他们符合安心保终身寿险的投保条件，是潜在的直接客户。通过对这些客户的深入分析和挖掘，友邦保险公司可以更好地了解他们的保险需求和偏好，进而为他们提供更加贴心和个性化的保险产品和服务。

第二，公司扩大了检索范围，寻找年龄层在 25—40 岁，已经购买过本传统寿险保单且保额达到一定数额、保单年度较长的投保人。这个群体往往具备较强的保障意识和经济基础，他们为父母长辈购买保险的可能性较大。通过挖掘这部分潜在客户，友邦保险公司可以进一步扩大老年客户群，提高公司的市场份额和竞争力。

友邦保险公司通过对大量数据的收集、整理和分析，可以更准确地把握客户的需求和偏好，为其提供更加精准的保险产品和服务。然而，大数据营销并不是一种立竿见影的营销策略。在短期内，它可能会增加公司的运营费用，进而影响到公司的账面利润。同时，对客户的跟踪、培养和对潜在客户的挖掘都需要很长的时间，需要公司具备足够的耐心和毅力。

因此，对于友邦保险公司而言，大数据营销应该作为公司长期的营销战略转变规划。通过持续不断地收集和分析数据，公司可以更好地了解客户的需求和偏好，为其提供更加优质的保险产品和服务。同时，通过不断地优化和创新营销策略，公司也可以逐步提高老年客户群的满意度和忠诚度，实现可持续发展。

通过运用大数据营销法挖掘老年客户群，友邦保险公司可以更好地满足客户的需求和偏好，提高其市场份额和竞争力。然而，为了实现长期的可持续发展，公司需要将其作为长期的营销战略转变规划，并持续不断地优化和创新营销策略。

6.4.2.3 有利于实现精准营销，提升服务水平

保险公司积极运用大数据技术，旨在深化以客户为中心的服务理念，构建基于大数据分析的保险产品体系，以优化成本结构，降低不必要的中间支出，进而减少客户流失。通过大数据系统，保险公司能够精准分析客户的在线行为数据，洞察其真实需求，为产品开发提供有力支持。同时，利用大数据技术，保险公司可以精细描绘用户画像，构建分析模型，为客户提供个性化的保险产品推荐，实现精准营销。这不仅有助于保险产品的差异化定价，更能满足不同客户的需求。

此外，大数据的广泛应用还使保险公司能够进行精细化的风险评估和定价，提高运营效率，为新老客户提供更优质的服务和保障。这一转变对保险公司的长远发展具有深远的影响。因此，大数据技术的应用不仅有助于保险公司的业务发展，更能提升保险消费者的保障体验。

【专栏6－7】 案例：大数据信息服务平台

1. MetLife 保险公司

MetLife 保险公司近日斥资3亿美元打造了一款引领行业潮流的新式系统。这款系统的首款产品是基于 MongoDB 的应用程序设计的，它彻底改变了保险公司处理客户信息的传统方式。这一创新应用的亮点在于，它将原本分散在70多个遗留系统中的客户信息统一集中在一个地方，使数据的查询、分析和管理变得更为高效和便捷。

MongoDB 作为一种非关系型数据库，具有强大的数据存储和整合能力。它成功地将这些遗留系统中的数据汇聚起来，通过智能算法将不同来源的数据进行清洗、整合和标准化，最终生成一份完整的客户记录。这一创新性的解决方案不仅大大提高了数据的一致性和准确性，还为保险公司提供了更为全面和深入的客户洞察。

这款基于 MongoDB 的应用程序运行在两个数据中心的6个服务器上，目前存储了

高达 24TB 的数据量。这些数据涵盖了 MetLife 在美国的全部客户，为保险公司提供了丰富的客户信息和市场数据。未来，随着系统的不断升级和完善，MetLife 计划将这一系统扩展到国际市场，支持多种语言，并可能推出一个面向客户的版本，以便客户能够更方便地查看和管理自己的保险信息。

值得一提的是，这款系统的数据更新速度几乎达到了实时级别。每当有新的客户数据输入时，系统都能够迅速处理并更新相关信息，就像 Facebook 的社交动态墙一样。这种实时更新的特性使保险公司能够迅速响应市场变化和客户需求，提高服务质量和客户满意度。

总的来说，MetLife 保险公司通过投资 3 亿美元建立的新式系统，不仅实现了客户信息的集中管理和高效利用，还提高了数据的一致性和准确性，为保险公司提供了更为全面和深入的客户洞察。这一创新性的解决方案无疑将推动保险行业的技术进步和服务升级，为客户带来更好的体验和价值。

2. 中英人寿

2017 年以前，中英人寿内部就在进行数据平台的建设，包括对于自身能力与行业合作方面数据的收集积累，进行数据建模分析与应用。数据平台的建设能够优化自身运营、提升行业合作，以及为客户提供更加精准的服务。

中英人寿在数据平台建设方面，采取了多渠道、多通路的策略，全面收集客户信息。这些信息不仅涵盖了客户的基本资料，还包括他们的购买行为、偏好、反馈等各方面的数据。通过这些数据，中英人寿得以深入了解客户的需求和习惯，从而为他们提供更加个性化的服务。

同时，中英人寿对经营方面的数据进行了整合和分析。这些数据包括公司的财务状况、产品销售情况、市场竞争态势等。通过对这些数据的分析，中英人寿能够及时调整自己的经营策略，优化产品组合，提升市场竞争力。

在行业合作方面，中英人寿更是通过积累数据搭建平台，与多家合作商共同推进项目合作与推进。这些合作项目不仅有助于中英人寿拓展业务范围，还能够为客户提供更加全面的服务。例如，中英人寿基于微信建立了爱健康服务平台，与多家企业合作，提供涉及身体、饮食、生活等多方面的线上线下融合服务。这个平台不仅为客户提供了便利，还帮助中英人寿构建了消费者画像，收集了更多的消费者行为轨迹，从而积累了更加丰富的大数据信息。

值得一提的是，中英人寿在数据应用方面的创新不仅局限于内部运营和行业合作，还通过大数据分析技术，为客户提供更加精准的个性化服务。例如，通过对客户数据的分析，中英人寿能够预测客户的需求和风险，从而为他们提供更加合适的保险产品和风险管理建议。这种个性化的服务模式不仅提升了客户满意度，还为中英人寿赢得了更多的市场份额。

此外，中英人寿还注重数据安全和隐私保护。在收集和使用客户数据的过程中，他们严格遵守相关法律法规和行业标准，确保客户信息的安全性和隐私性。这种负责任的态度也为中英人寿赢得了良好的社会声誉和客户信任。

中英人寿在数据平台建设和应用方面的探索和实践，不仅提升了自身的运营效率和市场竞争力，还为客户提供了更加优质、个性化的服务。这种以数据驱动的发展模式无疑为保险行业的未来发展提供了有益的借鉴和启示。

6.4.2.4　有利于人员数据化管理

在间接营销中，大数据已经成为保险公司不可或缺的支撑力量。其重要性首先体现在对代理人和经纪人的人员选择与管理上。保险公司运用大数据对保险代理人的历史数据进行深度挖掘和分析，这些数据包括工作绩效、年龄、性别、性格等多方面的信息。通过对这些数据的统计分析，保险公司能够刻画出理想代理人的形象，为招聘和选拔提供更为明确的标准。这样，保险公司就能够更加精准地找到最适合的代理人，从而实现人力资源的最大化利用。

在代理人的管理方面，大数据同样发挥着重要的作用。通过对代理人绩效数据的分析，保险公司可以了解每个代理人的优势和不足，从而为他们提供更具针对性的培训和发展方向。此外，数据分析还能够帮助保险公司合理分配资源，确保每个代理人都能够得到足够的支持和帮助。这种精细化的管理方式不仅能够提高代理人的工作效率，还能够增强他们的归属感和忠诚度。

除了代理人之外，大数据在经纪人的管理上也同样发挥着重要作用。银行、邮政、航空公司、汽贸公司等作为保险公司的经纪人，可以通过建立数据资源共享中心来提高保险营销的效率。这些中心可以将各自掌握的客户数据进行整合和共享，从而为保险公司提供更加全面和准确的客户画像。这样，保险公司就能够更加精准地制定营销策略，提高营销效果。

综上所述，大数据已经成为间接营销中保险公司不可或缺的支持力量。通过代理人和经纪人的选择、管理和营销策略的制定等方面的应用，大数据不仅能够提高保险公司的工作效率，还能够增强客户的满意度和忠诚度。随着技术的不断发展和进步，相信大数据在保险行业的应用将会越来越广泛和深入。

【专栏 6－8】　案例：中英人寿的代理人管理

在当今这个数字化快速发展的时代，积累客户信息已经成为企业生存和发展的关键。为了在这个竞争激烈的市场中脱颖而出，中英人寿不仅注重客户信息的积累，还通过多渠道、多通路积累代理人相关信息，以提供更加精准和差异化的服务。

中英人寿深知，代理人是企业与客户之间的桥梁，他们的专业素养和服务质量直接关系到企业的声誉和市场地位。因此，中英人寿在客户信息积累的基础上，进一步对代理人信息进行了深入挖掘和分析。他们通过大数据技术，对代理人的销售业绩、客户需求、市场趋势等进行了全面而细致的研究，从而为代理人提供更加精准的产品推送和营销场景。

在产品推送方面，中英人寿根据代理人的销售特点和客户需求，为他们定制了一系列差异化的保险产品。这些产品不仅符合市场趋势，还充分考虑了代理人的个人特长和优势，从而提高了他们利用互联网保险产品获取客户的效率。例如，对于擅长理财规划的代理人，中英人寿会推送更多关于养老、教育等方面的保险产品；对于擅长健康保险的代理人，则会推送更多关于医疗、重疾等方面的保险产品。

在营销场景方面，中英人寿也根据代理人的诉求和市场需求，为他们打造了多样化的营销场景。这些场景不仅涵盖了线上线下的各种渠道，还充分考虑了代理人的个人特点和目标客户群体。例如，对于擅长社交媒体的代理人，中英人寿会提供更多的线上营销工具和支持；对于擅长面对面沟通的代理人，则会提供更多的线下活动和培训机会。

通过以上的差异化服务和支持，中英人寿不仅提高了代理人的工作效率和客户满意度，还进一步提升了企业在市场中的竞争力和影响力。这种以客户为中心、以代理人为基础的服务理念，正是中英人寿能够在激烈的市场竞争中立于不败之地的关键所在。

中英人寿通过积累客户信息和代理人信息，为代理人提供了更加精准和差异化的服务。这种服务模式不仅提高了代理人的工作效率和客户满意度，还进一步提升了企业在市场中的竞争力和影响力。在未来的发展中，中英人寿将继续坚持这种服务理念，不断创新和完善服务模式，为客户提供更加优质、高效、个性化的服务。

6.4.2.5　大数据助推多样化营销模式

（1）手机端销售平台。针对社会兼职营销员和分散性客户开发手机端销售平台，利用移动终端展业便捷、传播速度快等特点，配以实时结算佣金管理机制，实现线上签单和线下增员的有机融合，大力推动个人分散性业务的销售拓展。

这种平台不仅可以提高销售效率，还可以为客户提供更加便捷的服务体验。

首先，移动端销售平台具有便捷性。相比于传统的销售方式，移动端销售平台可以随时随地进行操作，不受时间和地点的限制。这意味着销售人员可以在任何时间、任何地点进行销售活动，从而更加灵活地应对市场需求。同时，客户也可以更加方便地了解产品信息、下单购买，提高了购物体验。

其次，移动端销售平台具有传播速度快的特点。通过社交媒体、短信、邮件等多种渠道，销售人员可以迅速将产品信息传递给潜在客户，吸引更多的人关注和购买。这种快速传播的方式不仅可以提高销售效率，还可以帮助企业更好地推广品牌和产品。

再次，移动端销售平台还可以配以实时结算佣金管理机制。这种机制可以确保销售人员在完成销售活动后能够及时获得佣金，提高了销售人员的积极性和工作动力。同时，企业可以更加准确地掌握销售数据和佣金支出情况，为未来的销售策略制定提供更加有力的支持。

最后，移动端销售平台还可以实现线上签单和线下增员的有机融合。通过线上签单，销售人员可以更加便捷地完成销售流程，提高销售效率。而线下增员则可以通过移动端销售平台吸引更多的销售人员加入，从而扩大销售队伍，提高销售能力。这种有机融合的方式不仅可以提高销售效率，还可以为企业带来更多的商业机会和发展空间。

综上所述，移动端销售平台是一种非常有前途的销售方式。通过利用移动终端展业便捷、传播速度快等特点，配以实时结算佣金管理机制，实现线上签单和线下增员的有机融合，可以大力推动个人分散性业务的销售拓展。同时，这种平台也可以为企业带来更多的商业机会和发展空间，是一个值得关注和推广的销售方式。

（2）扩大年轻主力消费群体影响范围。为了抓住年轻消费群体的注意力，提升品牌影响力，保险公司需要紧跟时代潮流，运用大数据和社交媒体的力量，打造全新的营销服务模式。通过建立年轻客户群大数据信息库，在微信、微博等大流量自媒体开展多样化的营销活动，实现平台化、社交化的营销服务模式，帮助保险公司不断扩大年轻主力消费群体影响范围，实现品牌价值营销。

首先，保险公司应建立年轻客户群大数据信息库。这个信息库不仅包含了客户的基本信息，如年龄、性别、职业等，还应涵盖他们的消费习惯、兴趣爱好、社交行为等多维度数据。通过对这些数据的深度挖掘和分析，保险公司可以更加精准地了解年轻客户的需求和偏好，从而为他们提供更加个性化的保险产品和服务。

其次，保险公司应在微信、微博等大流量自媒体平台上开展多样化的营销活动。这些平台拥有庞大的用户群体和活跃的社交氛围，为保险公司提供了与年轻客户互动交流的绝佳场所。通过发布有趣、有料的保险知识普及文章、推出富有创意的互动游戏、举办线上线下相结合的保险知识竞赛等形式多样的活动，保险公司可以吸引年轻客户的关注，提升他们的参与度和黏性。

在此基础上，保险公司还应实现平台化、社交化的营销服务模式。这意味着保险公司需要打破传统的营销方式，将营销活动融入客户的日常生活中，让他们在享受服务的同时感受到品牌的温度和力量。例如，保险公司可以通过微信公众号、小程序等渠道，为客户提供便捷的保险查询、理赔、续保等服务，同时，可以通过社交媒体平台上的用户评价、分享等功能，让客户的声音被更多人听到，进一步扩大品牌的影响力。

通过这一系列措施，保险公司不仅可以不断扩大年轻主力消费群体的影响范围，还可以实现品牌价值的最大化。在这个过程中，保险公司需要不断创新和优化营销策略，以适应年轻客户日益多样化的需求和不断变化的市场环境。同时，保险公司还应关注客户体验和服务质量，确保他们在享受保险产品的同时也能感受到品牌的关怀和温暖。

（3）大数据的应用催化产品创新。大数据在车联网、可穿戴设备、智能家居及平台生态圈建设方面扮演了至关重要的角色。例如，通过车联网收集客户的驾驶习惯数据，对这些数据进行深入分析，进而构建风险因子定价模型。该模型能够依据驾驶里程、行为、方式及路况等因素进行精细化定价，并对安全驾驶的客户提供保费优惠。同时，结合新技术和精准数据采集，保险公司能够实施更有针对性的营销策略，提高保费收入和渗透率，进而增强个人家庭自用车险业务的盈利能力。

随着大数据的广泛应用，保险行业面临业务转型的新挑战。大数据因其多样性、庞大性和快速处理能力，在保险业的营销、客户管理等领域发挥重要作用，创造了巨大的商业价值，推动了保险业务的创新与变革。在未来保险行业的竞争中，大数据的挖掘与应用将成为决定保险公司成败的关键因素。因此，在当前经济新常态下，保险公司应提升大数据的应用水平，建立大数据管理理念，加强大数据人才的培养，以大数据驱动企业的创新与发展。

6.4.3　大数据应用的负面影响

6.4.3.1　传统营销方式受到冲击

大数据时代数据资源的丰富性、准确性和透明度日益提高，为各行各业带来了前所未有的机遇与挑战。大数据的广泛应用使保险公司能够更精准地了解消费者需求，加强与消费者之间的直接联系，信息沟通更加高效、畅通。然而，随着大量新进者的涌入，市场竞争愈发激烈，市场稳定性受到挑战，一系列问题也随之浮出水面。

大数据的普及和应用为保险公司提供了更为广阔的市场空间。在数据驱动的市场环境下，保险公司能够更加精确地分析消费者行为，挖掘潜在需求，从而推出更具针对性的保险产品。这种直接营销的方式不仅提高了保险公司的运营效率，也为消费者带来了更加个性化的服务体验。然而，随着新进者的不断涌入，市场竞争变得愈发激烈。新竞争者往往拥有更为先进的技术和更为灵活的市场策略，这给传统保险公司带来了巨大的压力。

随着市场的不断开放和技术的飞速发展，新进者如雨后春笋般涌现，市场竞争的激烈程度日益加剧。这些新竞争者往往具备更为尖端的技术和更为灵活多变的市场策略，使传统保险公司面临着前所未有的压力。

随着大数据保险精准营销的发展，传统的保险销售人员和保险经纪代理人的角色可能会受到冲击。在数据驱动的市场环境下，保险公司能够更直接地与消费者建立联系，传统的中介角色可能会逐渐被削弱甚至取代。这将给保险行业带来一系列的劳动力问题，如就业结构的调整、职业培训的需求等，需要行业内外共同思考和解决。

在这个过程中，保险公司还需要关注劳动力市场的变化，积极应对由此带来的挑战。一方面，保险公司可以通过加强职业培训、提升员工技能等方式，帮助传统销售人员和代理人适应新的市场环境；另一方面，保险公司可以积极探索新的用工模式，如利用人工智能、大数据等技术手段，提高运营效率，降低人力成本。

6.4.3.2 信息安全受到威胁

在信息化浪潮席卷全球的今天，信息安全的重要性已无须赘言。尤其对于保险产业而言，其与大数据的紧密相连，以及网络信息技术的飞速发展，使线上网络保险模式逐渐成为主流。这一变革在推动保险业创新发展的同时，也对信息安全提出了更高的要求。保险企业在享受大数据带来的便利和机遇时，必须深刻认识到保障信息安全的首要性和紧迫性。

然而，现实情况却不容乐观。由于大数据、云计算等新技术发展尚未成熟，安全机制建设亦存在诸多不足，用户信息安全正面临严峻挑战。保险企业作为信息数据的重要持有者，一旦信息安全防线被攻破，不仅可能导致客户隐私泄露，还可能引发信任危机，给企业带来不可估量的损失。因此，保险企业在追求业务创新的同时，必须加大对信息安全的投入和关注，确保在数字化浪潮中稳健前行。

以美国第二大医疗保险公司 Anthem 为例，该公司曾在 2015 年遭遇黑客攻击，导致数百万公司职员和客户的个人资料曝光。这一事件不仅震惊了美国保险业，更引发了社会各界对信息安全的广泛关注。Anthem 公司的总裁兼首席执行官约瑟夫·斯维的什在事后表示："黑客未经许可进入了 Anthem 的 IT 系统，盗取了我们现成员和前成员的个人信息，包括名字、生日、医疗 ID、社会安全码、街道地址、电邮地址和收入等敏感信息。"这一事件不仅给 Anthem 带来了巨大的经济损失，更对其品牌形象和客户关系造成了难以挽回的影响。

从 Anthem 事件中，我们可以看到信息安全对于保险企业的重要性。保险企业作为信息数据的集散地，一旦信息安全出现问题，后果不堪设想。因此，保险企业在推进数字化转型的过程中，必须始终坚持信息安全第一的原则，加强技术研发和创新，完善安全机制建设，确保客户信息和业务数据的安全可靠。

在大数据时代，随着数字化技术的快速发展和广泛应用，保险公司在获取、处理、利用个人数据方面取得了前所未有的便利。然而，这种便利性的背后，也伴随着个人隐私泄露和滥用的风险。近年来，关于保险行业个人隐私等私人信息受到侵害的例子屡见不鲜，引发了广泛的社会关注和深思。

在保险行业中，个人隐私主要包括个人身份信息、健康状况、家庭背景等敏感信息。这些信息对于保险公司来说具有极高的商业价值，可以用于风险评估、产品定价、客户细分等方面。在收集和使用这些个人信息时，保险公司必须严格遵守相关法律法规，确保个人隐私得到充分保护。

然而，在实际操作中，一些保险公司为了追求商业利益，往往忽视了个人隐私保护的重要性。它们可能通过不正当手段获取个人信息，或者在未经客户同意的情况下将个人信息泄露给第三方。这些行为不仅侵犯了客户的隐私权，还可能导致客户遭受诈骗、骚扰等不法侵害。

为了应对这一挑战，保险行业需要采取一系列措施来加强个人隐私保护。首先，保险公司应该建立健全的隐私保护制度，明确收集、使用、存储和共享个人信息的规范和流程。其次，加强对员工的教育和培训，提高他们对个人隐私保护的认识和重视程度。

在信息化时代背景下，保险企业应始终将信息安全放在首位，加强技术研发和创新，完善安全机制建设，确保客户信息和业务数据的安全可靠。只有这样，才能在激烈的市场竞争中立于不败之地，为客户提供更加优质、安全的保险服务。

6.5 大数据保险营销带来的变化

大数据时代的到来改变了数据的采集、传输、存储、处理方式，引起了生活方式和社会经济的变革，也给保险业带来了全面和深刻的影响。保险公司纷纷利用大数据来进行保险营销、保险服务方面的尝试和创新，但目前的保险大数据环境尚不成熟，现有的保险消费方式还处在由传统到新型、由被动到主动的一个变化期，大数据环境下的保险营销需要适应新的保险消费特征。

6.5.1 线上保险销售碎片化

在过去，保险行业的数据收集和分析主要依赖于人工操作，不但效率低下，而且难以做到全面、准确。如今，通过大数据技术，保险公司可以实时收集和分析海量的用户数据，包括个人信息、消费习惯、健康状况等，从而更准确地评估风险和制定保险策略。这种创新不仅提高了保险公司的业务效率，也为消费者提供了更加个性化和精准的保险产品。

除了创新，大数据技术还为线上保险产品销售带来了精准营销的机会。通过对用户数据的分析，保险公司可以了解消费者的需求和偏好，从而为他们推荐最适合的保险产品。这种精准营销不仅提高了销售效率，也增强了消费者的购买体验。例如，一个年轻人可能会收到关于旅行保险的推荐，而一位中年人可能会收到关于健康保险的推荐。

尽管大数据技术能够助力线上平台实施精准营销，但在选择哪些产品适合线上销售时，仍面临诸多考量。在线上，存在以下两种主要的销售模式：

第一，为了提升销售效率，一些互联网平台致力于提高保险需求与产品之间的匹配度。这包括将复杂的保险产品进行拆分、解构，或是选择优质产品并改进其不足之处。这些平台甚至利用收集的数据重新设计保险产品，以创造出性价比较高的产品，从而更好地满足用户的实际需求，并激发用户的购买意愿。

第二，场景化销售被广泛应用于提高销售转化率。针对特定场景下产生的保险需求，平台会提供相应的保险产品以满足这些需求。例如，保险平台与母婴咨询平台合作，为后者提供相关的保险产品。这种合作方式显著提高了销售转化率，相较于拥有众多产品种类的保险平台，其转化率更高。

由于线上销售主要依赖于互联网平台和移动应用，保险产品的展示和销售往往需要在特定的场景下进行。这种场景化限制了保险产品的多样性和复杂性，使一些复杂的保险产品难以在线上销售。

此外，标准化也是线上保险产品销售的一个挑战。由于线上销售需要满足广大消费者的需求，保险产品往往需要遵循一定的标准和规范。这在一定程度上限制了保险产品的创新性和个性化。

6.5.2　保险消费选择多样化

在传统保险模式运作下，保险公司评估消费者的风险水平、消费能力、消费意愿的能力不强，导致部分领域保险产品定价过高，部分领域成为剩余市场。大数据环境下，保险业可以获得全量、实时、潜在的数据来进行详细分析，进行保险产品细分和个性化设计，保险公司的风险管理和成本管控可以更加精细化，这为保险产品创新带来了广阔空间，长期困扰保险业的产品和服务同质化问题有望从根本上得到解决。

在数字化时代，大数据和人工智能技术的快速发展为保险公司提供了前所未有的机遇。如今，保险公司不再仅仅依赖传统的问卷调查或面对面的咨询来了解消费者的需求，而是可以深入挖掘消费者在互联网上留下的各种痕迹，从而更加精准地洞察其保险需求和风险特质。

通过收集和分析消费者的网站登录痕迹，保险公司能够洞察消费者的兴趣爱好、生活方式和消费习惯。例如，一个经常访问户外运动网站的消费者可能更倾向于购买户外骑行保险，而一个经常浏览医疗整形信息的消费者则可能对医疗整形保险表现出浓厚的兴趣。这样的分析不仅有助于保险公司推出更加符合消费者需求的特色险种，还能提高保险产品的针对性和实用性。

此外，通过挖掘消费者的朋友圈留言和贷款信用记录，保险公司能够更全面地了解消费者的社交关系和经济状况。朋友圈留言可以反映出消费者的生活状态、社交圈子和可能的旅行计划等信息，这有助于保险公司评估消费者在特定场景下的风险水平。而贷款信用记录则能够揭示消费者的还款能力和信用状况，为保险公司提供关于消费者潜在违约风险的重要线索。

基于这些丰富的信息，保险公司可以创新性地设计出各种特色险种，如户外骑行保险、医疗整形保险和变现借款保证保险等。这些特色险种不仅丰富了保险市场的产品多样性，还为消费者提供了更加贴心和个性化的保险解决方案。无论是骑行爱好者在户外活动中可能遭遇的意外伤害，还是整形手术患者可能面临的医疗风险，甚至是借款人在借款过程中可能出现的违约情况，这些特色险种都能为消费者提供及时、有效的保障。

总之，通过运用大数据和人工智能技术，保险公司能够更深入地了解消费者的需求和风险特质，从而推出更加多样化和个性化的保险产品。这不仅有助于提升保险行业的服务水平和竞争力，还能为消费者提供更加全面和高效的保险保障。在未来，随着技术的不断进步和应用场景的日益丰富，我们期待看到更多创新性的保险产品和服务涌现出来，为人们的生活带来更多安全和保障。

6.5.3 保险消费流程简单化

传统保险经营过程中，保险公司与投保人信息不对称的情况较为突出，保险公司要求投保人履行如实告知义务，投保时需要填写内容繁多的投保单，出险后需要提出理赔申请和提供烦琐的证明材料。在大数据环境下，风险特征的描述数据极为丰富，保险公司可以通过各种渠道获取更加全面的风险信息，运用个人信息、交易记录、气象信息等社会数据来分析和掌握客户情况，获得与承保理赔相关的信息，在控制风险的前提下进一步减少投保人的告知责任，有效简化承保理赔手续，保险消费流程变得更加简单。这种转型不仅优化了消费者的保险体验，也为保险公司开辟了更广阔的发展空间。

保险公司运用大数据技术，细致入微地分析网络交易数据，揭示消费者的网购行为和退货模式。这不仅使保险公司能够精准洞察每位消费者的风险状况，还为其提供了制定个性化保费的基础。如今，消费者只需轻松点击，即可根据自身需求购买到合适的退货运费险，既简单又高效。

以航班延误险为例，大数据的运用将保险服务提升到了全新的层次。过去，消费者在遇到航班延误时，需要提供气象证明，甚至主动申请理赔。而如今，借助大数据技术，保险公司能够实时监控航班状态及气象信息，一旦检测到航班延误，即刻为已购买相应保险的消费者自动进行理赔。这种智能、主动的服务模式，不仅大幅提升了理赔效率，也让消费者在旅途中多了一份安心。

综上所述，大数据技术在保险业的应用正逐步改变着消费者的保险体验，为行业带来了无限可能。未来，随着技术的不断进步和创新，我们有理由相信，保险业将为消费者提供更加智能、便捷、个性化的服务。

6.5.4 保险消费理念前沿化

大数据环境下，传统保险业在集合大数方面的优势逐渐弱化，保险技术服务壁垒逐步瓦解。通过使用各种搜索引擎和比价平台，消费者消费洞察力不断提高，保险消费理念也变得更加前沿。

一方面，越来越多的保险消费者脱离了传统柜台业务模式，开始使用各种自助终端购买保险业务。通过手机应用软件就可以轻松完成保险产品的查询和购买，甚至自助完成车险简易案件的查勘工作。

另一方面，保险消费者出现偏好碎片化、谋求资金收益的消费倾向。在透明公开的渠道选择保险产品时，消费者更加偏好设计简单、投保便捷、费率较低的保险产品。保障项目经过分解、条款说明更加简单、产品保费也大大降低的保险产品，更加符合消费者自行挑选的需要。

此外，大数据环境下的保险消费者比较熟悉互联网金融，容易在各类理财产品间进行比较，在购买网上销售的投连、万能型保险产品时更加注重资金收益。

6.5.5　保险消费体验延伸化

传统的保险服务集中于经济赔偿与给付，保险消费体验也只局限于保险公司履行了赔付责任。大数据环境下，保险公司与客户的关系不再是一对一的交互沟通，逐渐形成多维网状交互沟通模式，基于客户数据的客户关系管理变得尤为重要。

保险公司可以利用大数据的积累，对客户的行为、偏好、风险等级等进行深入分析和挖掘，从而为客户提供更加精准、个性化的保险产品和服务。例如，通过整合汽车修理、零配件供应、医疗健康服务等供应链，保险公司可以进一步延伸保险产业链的边界，满足客户的多元化需求。这种模式的实施，不仅有助于保险公司降低经营成本，提高盈利能力，还能不断优化保险消费体验，提升客户的满意度和忠诚度。

以车辆保险为例，保险公司可以通过收集客户的车辆使用数据、驾驶行为数据等，为客户提供更加精准的车辆风险评估和保险建议。同时，保险公司还可以结合汽车修理和零配件供应等资源，为客户提供一站式的车辆维护和保养服务。这些服务不仅可以帮助客户降低车辆使用成本，提高车辆安全性，还能让客户感受到保险公司全方位、贴心的关怀。

此外，基于大数据的风险管理创新服务也是未来保险公司发展的重要方向之一。通过深度挖掘和分析客户数据，保险公司可以为客户提供更加全面、个性化的风险管理方案，帮助客户有效预防和应对各种潜在风险。这种服务模式不仅能够提升保险公司的服务水平和竞争力，还能为客户创造更大的价值，实现双赢。

总之，在大数据环境下，保险公司与客户之间的关系已经从单一的经济赔偿与给付转变为多维网状交互沟通模式。这种模式的转变不仅为保险公司带来了无限的发展机遇，也为客户带来了更加优质、便捷的保险服务体验。未来，随着大数据技术的不断发展和完善，保险公司将能够为客户提供更加全面、个性化的风险管理创新服务，实现保险行业的持续发展和客户的最大价值。

6.6 制约保险业实现精准营销的因素

我国大数据技术正在飞速发展，精准营销策略也在不断推进，但在现有的大数据技术下，我国的精准营销还存在着数据不够丰富、场景不够完善等问题，我国保险业还处在精准营销的初级阶段，未来还有很大的发展空间，本小节从以下方面分析制约我国保险业实现精准营销的因素。

6.6.1 有效数据获得困难

在现今的商业竞争中，精准营销已成为保险公司提升竞争力的关键。这一战略的实施离不开大数据技术的支撑和数据库的构建。然而，对于保险公司而言，获取并整理客户数据是一项艰巨的任务。

大数据技术的快速发展为保险公司提供了海量的客户数据，但如何将这些数据转化为有价值的信息，成为保险公司面临的一大挑战。以车险为例，为了制定精确的保费策略，保险公司需要获取车辆的品牌、车系、车型、产地、使用性质、使用区域、违章记录、投保记录、索赔记录等诸多信息。这些信息的准确性直接关系到保费定价的合理性和风险控制的有效性。

然而，在实际操作中，保险公司往往难以获取到完整的客户数据。一方面，由于数据来源的多样性和复杂性，保险公司需要投入大量的人力和物力进行数据清洗和整合；另一方面，由于客户隐私保护的需求，保险公司需要在合法合规的前提下进行数据获取和使用。

此外，即使保险公司成功获取了客户数据，也并不意味着可以顺利实现精准营销。在数据的采集和使用过程中，保险公司还需要注意以下几点：

首先，要确保数据的真实性和有效性。由于数据来源的不确定性，保险公司需要对数据进行严格的验证和筛选，避免因为数据失真或错误导致营销策略的失误。

其次，要注重数据的隐私保护。在大数据时代，客户隐私保护已成为社会关注的焦点。保险公司需要遵守相关法律法规，确保客户数据的安全性和隐私性。

最后，要不断优化数据分析和处理技术。随着大数据技术的不断发展，保险公司需要不断跟进新技术、新方法，提升数据处理和分析的能力，以更好地实现精准营销。

大数据技术在保险公司精准营销中发挥着重要作用。然而，面对海量的客户数据和复杂的市场环境，保险公司需要不断探索和创新，才能在竞争中立于不败之地。

6.6.2　技术力量尚待加强

随着信息技术的飞速发展，大数据的应用日益广泛，而推荐算法作为大数据营销的核心技术，其优化需求已变得尤为迫切。推荐算法通过深度分析和建模，挖掘出用户可能感兴趣和需要的内容，为用户提供个性化的推荐服务。这种技术不仅极大地提升了用户体验，也使大数据营销更加精准和高效。

陈军、谢卫红和陈杨森（2018）等学者通过深入研究国内外文献和网络资料，发现虽然国内外在大数据推荐算法的研究方向上大体一致，但我国在这方面的技术水平与国外还存在一定的差距。这一差距不仅体现在算法本身的复杂度和精度上，还体现在算法的适应性和创新能力上。因此，加强我国大数据推荐算法的优化，已成为当前大数据领域的重要任务。

我国在大数据领域的人才储备正在逐步增加，但相对于国外的发展历史，我国的大数据技术起步较晚，这在一定程度上限制了我国大数据推荐算法的发展。以抖音为例，这款短视频软件在推荐算法方面已经取得了显著成果，能够根据用户的观看记录推荐相似视频。然而，一部分用户在长时间观看相似视频后，可能会产生审美疲劳，导致用户体验下降，甚至选择卸载软件。这一问题在我国许多软件中都有体现，说明我国的推荐算法仍有待优化。

为了提升我国大数据推荐算法的水平，我们需要从多个方面入手。首先，加强基础研究，提高算法的复杂度和精度，以更好地满足用户的个性化需求。其次，注重算法的创新，不断探索新的推荐算法，提高算法的适应性和创新能力。此外，还需要加强跨学科合作，将推荐算法与其他领域的技术相结合，以拓展其应用范围和提升应用效果。

综上所述，我国大数据推荐算法的优化具有紧迫性和重要性。只有不断优化推荐算法，才能提升用户体验，提高大数据营销的精准度和效率。同时，这也需要我们在技术研究和应用实践上不断创新，以推动我国大数据产业的持续健康发展。

6.6.3 数据孤岛亟待解决

数据孤岛是指在不同组织、部门或公司之间，由于缺乏统一的数据标准和规范，导致数据之间无法实现有效连接和共享，进而形成一个个孤立的数据岛屿。这种现象在各国发展大数据的过程中普遍存在，对行业发展、企业运营和政府决策产生了深远的影响。

首先，数据孤岛现象的存在导致了数据资源的浪费。在各个组织、部门或公司之间，大量的数据资源被孤立存储和处理，无法形成统一的数据池，从而无法充分发挥数据的价值。这些孤立的数据资源无法进行有效的整合和分析，导致很多有价值的信息被埋没，无法为决策提供支持。

其次，数据孤岛现象还阻碍了行业之间、公司之间甚至部门之间的合作与创新。在大数据时代，数据的共享和交换是促进创新和合作的重要手段。然而，数据孤岛的存在使数据无法在不同组织之间流动，限制了数据的共享和交换，从而阻碍了创新和合作的进程。这种阻碍不仅影响了企业的竞争力，也限制了整个行业的发展和进步。

此外，数据孤岛现象还给数据安全和隐私保护带来了挑战。在数据孤岛中，各个组织、部门或公司独立处理和管理数据，缺乏有效的数据安全和隐私保护措施。这种分散的数据管理方式增加了数据泄露和滥用的风险，给个人和组织的隐私保护带来了严重威胁。

数据孤岛现象是大数据时代必须面对的问题。我们需要通过制定统一的数据标准和规范、加强数据安全和隐私保护以及推动数据治理体系的建设等措施，打破数据孤岛，实现数据的有效整合和利用，为行业发展、企业运营和政府决策提供更加全面、准确和及时的数据支持。

在大数据时代背景下，数据孤岛问题已经成为制约大数据应用和创新发展的瓶颈之一。只有通过建立有效的信息共享机制，加强政府引导和企业合作，借助先进技术手段等多方面的努力，才能打破数据壁垒，实现数据的流通和共享，推动大数据产业的持续健康发展。同时，我们需要认识到，在打破数据孤岛的过程中，保障数据安全和隐私保护同样至关重要，只有实现安全与共享的双赢，才能让大数据真正造福于人类社会。

6.6.4 数据安全需要防控

随着信息技术的迅猛发展，大数据的应用日益广泛，它已渗透到我们生活的方方面面，从购物、社交到政府服务。然而，伴随着大数据的广泛应用，数据安全问题也逐渐浮出水面，成为制约大数据健康发展的重要因素。近几年，几乎每年我们都目睹多起令人震惊的数据泄露事件，包括电商平台、搜索引擎、社交软件、健身应用和某些国家身份认证系统等，这些事件不仅触动了公众对于个人隐私的担忧，更引发了社会各界对数据安全的深度思考。

大数据技术以其强大的信息处理能力，为精准营销带来了无限可能。然而，正如一枚硬币有两面，大数据技术也在某种程度上助长了精准诈骗的蔓延。诈骗分子利用大数据技术，可以更加精准地锁定目标，实施诈骗行为。这种新型诈骗方式不仅具有高度的隐匿性，而且其精准性也大大增强，使公众在防范时面临更大的困难。

目前，我国在控制数据泄露方面尚未形成有效的策略和方法。这种现状导致许多用户在网上填写信息时产生了疑虑，甚至选择了填写虚假数据。这种行为无疑会对大数据的分析结果产生干扰，使分析结果与用户的真实需求之间存在偏差，进而影响到大数据营销的精准性。

为了解决这个问题，我们需要从多个层面入手。首先，政府应加强对大数据产业的监管，制定更加严格的数据安全法规，并加大对违法行为的惩罚力度。其次，技术层面也需要不断创新，研发出更加高效的数据加密和防护技术，以提高数据的安全性。最后，公众也应提高自身的信息安全意识，学会正确使用和保护个人信息。

6.6.5　平台布局尚未完善

互联网保险行业作为新兴的产业，正吸引着众多科技巨头的目光。百度、阿里巴巴、腾讯和京东等科技巨头纷纷进军互联网保险行业，通过众安保险、微民保险等平台的建立，保险精准营销的推荐平台正在逐步增多。这些科技巨头的进入，无疑为互联网保险行业注入了新的活力，推动了行业的发展。

然而，尽管科技巨头们在互联网保险领域投入了大量的资源和精力，但它们对保险业务的熟悉程度和重视程度仍然不够。互联网保险的布局尚未完善，与保险公司的合作还不够紧密，涵盖的产品范围相对狭窄，推广力度也不强。以微信为例，虽然微信已经增加了保险板块，但目前只对部分用户开放，仍有很多用户并不知道微信已经开通了保险服务这项功能。

此外，部分保户对互联网保险存在疑虑和不信任。相对于互联网保险而言，他们更信任线下的销售人员和实体保单。这主要是因为许多互联网保险公司起步较晚，虽然发展迅速，但后端的售后服务能力和相关经验仍不如线下的保险公司。这种信任缺口的存在，导致一部分保户不愿意选择互联网保险，从而降低了这部分保户的接受意愿。

为了弥补这一信任缺口，互联网保险公司需要加强与线下保险公司的合作，提升后端的售后服务能力，积累更多的相关经验。同时，它们还需要加大推广力度，提高公众对互联网保险的认知度和接受度。例如，可以通过社交媒体、广告等多种渠道进行宣传，让更多的人了解互联网保险的优势和便利性。

因此，互联网保险公司还需要不断创新，开发出更多符合市场需求的产品。它们可以利用大数据、人工智能等先进技术，对用户的保险需求进行精准分析，提供个性化的保险产品和服务。这样不仅可以满足用户多样化的需求，还可以提高用户的满意度和忠诚度。

综上所述，虽然科技巨头们在互联网保险领域取得了一定的进展，但仍面临着许多挑战和问题。只有通过不断创新、加强合作、提升服务质量等方式，才能弥补信任缺口，提高用户的接受意愿，推动互联网保险行业的健康发展。

本章参考文献

[1] 陈军，谢卫红，陈杨森．国内外大数据推荐算法领域前沿动态研究［J］．中国科技论坛，2018（1）：173－181.

[2] 邬维奇．大数据在保险营销中的应用［J］．改革与开放，2013（13）：89－90.

[3] 刘娟，张建强．精准营销的数据隐忧［J］．企业管理，2018（6）：49－50.

[4] 钟吕燕．基于大数据精准营销的服务支撑体系构建与实践［J］．数码世界，2018（6）：135.

[5] 张博．大数据在保险营销中的运用［J］．大东方，2017（9）.

[6] 马向东．大数据时代的保险营销［J］．中国保险，2018（4）：40－42.

[7] 金小钰，陈智淳，赵玉雪．大数据视角下保险领域精准营销探究［J］．时代金融，2020（9）：87－88.

[8] 刘粟．大数据时代公司营销创新研究——以太平洋人寿保险公司为例［D］．西南财经大学，2019.

[9] 唐国艳．大数据与保险业精准营销［J］．市场研究，2019（5）：57－58.

[10] 靳欣欣．基于保险新生态的友邦公司营销创新研究［D］．北京交通大学，2019.

[11] 中英人寿与腾讯共建大数据实验室［Z/OL］．https：//www. shenlanbao. com/zhishi/2－7232，2020－6－29.

[12] 刘敬元．15 家险企成立 48 家科技子公司，保险业金融科技还能怎么玩？［Z/OL］．https：//www. iyiou. com/analysis/2018071376752，2018－7－13.

[13] 海外网．腾讯赋能保险业携中英人寿搭建大数据实验室［Z/OL］．https：//

www. sohu. com/a/211845527_115376, 2017 - 12 - 21.

[14] 小七知保 . 蚂蚁金服推晚点乐航空延误险晚点也能买 [Z/OL]. https://www. csai. cn/study/1096618. html, 2015 - 12 - 29.

[15] 美保险业现史上最大数据泄密 [Z/OL]. https://tech. 163. com/15/0206/15/AHPINO1A000915BF. html, 2015 - 2 - 6.

[16] 跨界科技资讯 . 13 个大数据应用案例，告诉你最真实的大数据故事 [Z/OL]. https://www. sohu. com/a/120522886_472860, 2016 - 12 - 2.

第 7 章　大数据在保险产品创新中的应用

本章重点

1. 大数据在保险产品创新中的作用。
2. 大数据如何改变大数定律。
3. 医疗大数据的应用带来的保险创新。

7.1　基于大数据的保险产品精准开发

随着科技的进步和数据驱动决策的普及，大数据在保险行业的应用也日益广泛。其中，大数据在保险产品创新方面的应用尤为突出。通过大数据技术，保险公司可以更深入地理解客户需求，精准开发出符合市场需求的保险产品，提高产品创新能力和市场竞争力。

传统的保险产品开发方式主要依赖于保险公司的经验和市场调研，这种方式虽然能够为保险公司提供一定的参考依据，但往往难以全面深入了解客户的需求和市场的变化。在信息化、数字化的时代背景下，大数据技术为保险产品开发提供了新的契机。保险公司可以借助大数据技术，深度挖掘客户的行为、偏好、风险承受能力等信息，从而实现保险产品的精准开发和个性化定制。

7.1.1　大数据在保险公司市场调查和运营等方面的应用

保险公司可以通过收集和分析客户的消费行为、浏览记录等数据，深入了解客户的生活习惯和风险偏好。这些数据反映了客户的实际需求，为保险公司提供了极具价值的参考。借助这些数据，保险公司可以有针对性地开发出更符合客户需求的保险产品，提升产品的市场竞争力。

大数据技术还可以帮助保险公司实时掌握市场动态。通过对市场数据的深入分析，保险公司可以及时发现市场趋势和竞争态势，为产品策略的调整和优化提供有力支持。这样一来，保险公司不仅可以紧跟市场步伐，还可以提前布局，抢占市场先机。

大数据技术在保险产品开发中的应用还可以提高保险公司的运营效率。通过数据分析，保险公司可以更准确地评估风险，优化定价策略，降低赔付成本。同时，大数据技术还可以助力保险公司提高客户服务水平，例如，通过智能客服系统为客户提供更便捷、更个性化的服务。

7.1.2　大数据在保险产品方面的应用

大数据技术为保险产品开发带来了全新的可能性。借助大数据技术，保险公司可以实现从传统经验式开发向精准化、个性化的转型，提升保险产品的市场竞争力。同时，大数据技术有助于保险公司及时把握市场动态，调整和优化产品策略，以适应不断变化的市场环境。在未来，大数据技术在保险行业的应用将更加广泛，助力保险业实现高质量发展。

大数据在保险行业的应用日益广泛，不仅有助于提升保险服务的质量，降低运营成本，还可以帮助保险公司对保险产品进行优化和迭代。通过对保险产品的使用情况和客户反馈数据的分析，保险公司可以发现产品的问题和不足之处，及时进行改进和优化，以满足客户不断变化的需求。

在健康险产品中，保险公司可以通过分析客户的理赔数据和健康状况数据，深入了解产品的保障程度和覆盖范围是否充足。这些数据可以帮助保险公司发现潜在的风险点，并根据分析结果对产品进行相应的调整和优化。例如，保险公司可以针对不同年龄、性别、职业等因素，对保费和赔付比例进行差异化设置，以提高产品的针对性和公平性。同时，通过数据分析，保险公司还可以为客户提供更个性化的健康建议，提升客户满意度。

在车险产品中，保险公司可以通过分析车辆使用数据和驾驶行为数据，深入了解车辆的风险等级和驾驶者的风险水平。这些数据可以帮助保险公司为客户提供更精准的车险服务，如根据驾驶者的风险水平制定差异化的保费和赔付政策。此外，保险公司还可以通过数据分析，识别出高风险车主，并采取相应的措施，如增加保费、提醒客户注意安全驾驶等，以降低赔付风险。

在大数据技术的支持下，保险公司还可以对客户行为进行深入分析，以了解客户的需求和偏好。通过客户画像和需求分析，保险公司可以推出更符合客户需求的产品，提高客户的购买意愿。同时，保险公司可以利用大数据技术提升客户服务体验，如实现线上线下一体化服务、优化理赔流程等，提高客户满意度。

大数据在保险行业的应用为保险公司提供了强大的工具，助力保险产品优化和迭代。通过对保险产品的使用情况和客户反馈数据的深入分析，保险公司可以不断改进和优化产品，提高服务质量，降低运营成本，从而在激烈的市场竞争中立于不败之地。同时，大数据技术也有助于保险公司更好地了解和满足客户需求，提升客户满意度，实现可持续发展。在我国政府大力推动大数据产业发展的背景下，保险公司应抓住机遇，充分利用大数据技术，实现保险业务的创新与升级。

综上所述，大数据在保险产品创新中的应用可以提高保险公司的产品创新能力和市场竞争力。通过深入分析客户需求和市场变化，保险公司可以实现保险产品的精准开发和个性化推荐；通过分析保险产品的使用情况和客户反馈数据，保险公司可以及时发现产品的问题和不足之处，进行优化和迭代。未来，随着大数据技术的不断发展，相信其在保险行业的应用也将越来越广泛。

7.2 合理降低保费

价格战历来是企业争夺市场份额的有效手段，但多数情况下，这种策略会给公司带来财务损失。因此，降价销售往往被视为一种短期的营销策略。然而，随着科技的进步，我们发现了新的可能性。通过科技手段，保险公司能够在不损害自身收益的前提下，实现保费的实质性降低，从而建立起价格竞争优势，使降价策略不再是一种单纯的财务投入。

在制定保险产品价格时，生命表、预定利率和公司的运营管理费用是三大核心因素。生命表主要依据用户的寿命、疾病发生率及意外发生率等数据，运用精算方法评估风险成本。预定利率则反映了保险公司对未来资金运用收益的预期，决定了保单的年度收益率，亦可视为消费者的投资回报率。此外，保险公司还需考虑运营成本并追求合理盈利。因此，在纯保费的基础上，会额外增加附加保费以覆盖运营成本和盈利需求。纯保费主要用于补偿保险事故损失，最终将全额返还给投保人，而附加保费则用于维持公司的日常运营和实现盈利目标。

要降低保费，我们可以从降低风险和运营成本两个方面着手。除了传统的方法，如引入医疗机构干预用户健康行为以降低发病风险外，近年来还出现了互助保险等新型模式。尽管互助保险在一定程度上降低了保费，但由于其高度依赖信任关系，在实际操作中面临诸多挑战。

然而，科技的引入为降低保费提供了新的途径。通过大数据和区块链技术，我们可以有效降低成本，主要体现在以下 4 个方面：第一，参与者加入和退出更加灵活，降低了退保损失风险；第二，组织者不直接接触资金，通过第三方支付渠道确保资金安全，降低重复理赔等问题；第三，实现风险共担和分摊，减轻个人负担；第四，确保整个互助保险过程的公开透明和公平公正。

除了干预用户健康行为外，结合软件和硬件（如可穿戴设备）进行风险控制也是一个值得探索的方向。此外，降低公司日常运营成本同样关键。随着人工智能和大数据技术的发展，传统的保险推销员角色可能被机器人所替代，从而降低人力成本。同时，云计算技术的应用有助于降低运营管理费用，提高数据处理效率和团队协同办公能力。

在产品定价方面，大数据也发挥着重要作用。通过可穿戴设备实时监测人体健康状况并据此进行差异化定价，不仅能够吸引更多潜在客户，还能提高客户黏性。在大数据和云计算的支持下，原本不可保的风险逐渐变得可保，这不仅拓宽了保险业务范围，还推动了保险产品的创新开发。同时，传统的一概而论精算定价方法也被差异化的定价方式所取代，进一步满足了市场的多样化需求。

【专栏 7－1】 案例：细分市场新型险种创新

随着互联网的迅猛发展，各个细分领域的垂直型平台如雨后春笋般崭露头角。这些平台针对具有特定需求或属性的用户群体，提供精准化的服务。在提供服务的过程中，这些平台会积累大量的用户行为数据、信用数据和其他相关信息。这些数据的价值日益凸显，为互联网平台提供了新的商业机遇。

互联网平台通过与这些垂直型平台合作，能够获取到宝贵的用户数据。在获取数据后，互联网平台可以运用先进的数据分析技术，深入了解用户的行为模式、消费习惯、风险偏好等，从而为用户量身定制保险产品。这种新型的定制险种，既满足了用户的个性化需求，又提高了保险产品的针对性和市场竞争力。

以小雨伞保险和妈咪知道合作为例，小雨伞保险作为一个基于互联网大数据的保险特卖平台，专注于为具有特定相似属性的人群设计专属保险产品，而妈咪知道作为一个母婴在线问诊平台，积累了大量关于母婴健康的数据。两者合作推出的妈咪保产品，正是小雨伞保险基于妈咪知道平台搜集到的数据所定制的新型险种（见图7－1）。这一险种针对妇儿健康领域的特点，为用户提供了更加贴心、实用的保险保障。

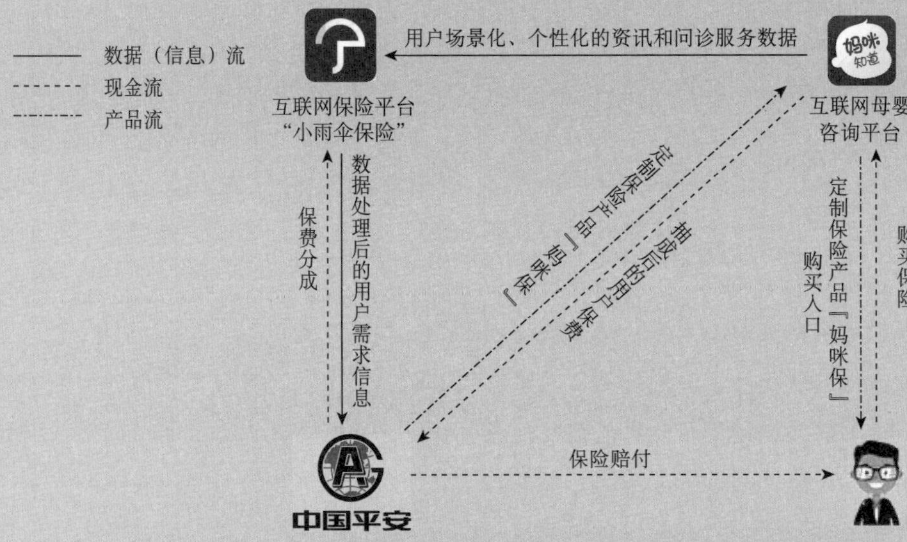

图7－1　小雨伞保险创新

资料来源：Lighthouse 互联网实验室报告。

除了小雨伞保险和妈咪知道的合作案例外，还有许多其他垂直型平台与互联网平台合作的成功案例。例如，健康类垂直平台与医疗保险公司合作，推出针对特定疾病的保险产品；旅游类垂直平台与意外险公司合作，推出针对旅游场景的保险产品等。这些合作不仅为用户提供了更加个性化的保险服务，也促进了保险行业的创新与发展。

总之，随着互联网技术的发展和垂直型平台的兴起，数据驱动的新型定制险种将成为保险行业的重要趋势。通过与垂直型平台合作，互联网平台能够获取到宝贵的用户数据，并运用数据分析技术为用户量身定制保险产品。这种新型的合作模式不仅满足了用户的个性化需求，也推动了保险行业的创新与发展。未来，我们期待看到更多具有创意和实用性的定制险种涌现，为人们的生活提供更加全面、细致的保障。

7.3 大数据应用使保险产品设计多元化

基于点对点（peer－to－peer）的保险模式，即 P2P 保险，已逐渐成为保险行业的一种新兴趋势。在这种模式下，参与者可借助社交功能自主选择风险分担伙伴，并按需缴纳相应保费。这些保费由保险公司（承保人）保管，一旦有成员发生保险事故需赔付，赔付金额将优先从其互助伙伴所缴纳的保费中扣除。若互助伙伴缴纳的保费不足以支付赔付金额，保险公司（承保人）可能会承担剩余费用，具体取决于承保人的盈利模式。若一个保险周期内无成员出险，则成员有望在下一年度获得部分保费退还或留至次年使用。

P2P 保险的诞生，为保险行业带来了新的机遇与挑战。一方面，通过引入社交功能，P2P 保险提升了用户间的互动与信任，增强了保险产品的吸引力与普及率。另一方面，P2P 保险对保险公司提出了更高要求，需具备较强的风险管理能力与技术实力以应对潜在风险与挑战。

作为一种创新保险模式，P2P 保险融合了社交元素，为保险行业注入了新的活力。尽管与传统相互保险存在一定差异，但 P2P 保险在风险分担、保费处理等方面具备独特优势。伴随着科技的发展和市场的持续变革，我们有理由相信，P2P 保险将在未来发挥更为重要的作用，为更广泛的公众提供便捷、高效的保险服务。

P2P 保险与传统保险表面上看似乎并无二致，然而在实际操作和理念上，二者实则存在显著差异。在国际范围内，P2P 保险的发展催生了许多瞩目的新业态，这些创新不仅揭示了其独特魅力，也为我们提供了重新审视保险行业的视角。

P2P 保险的诞生并非偶然，其背后蕴含着深刻的社会背景和原因。传统保险行业以销售为核心导向，中介在此过程中发挥了举足轻重的作用。它负责向客户推销保险产品，阐释产品特性，然而也因此导致了销售成本的水涨船高。这些成本最终转嫁至消费者，使保险产品价格攀升。尽管中介的存在具有一定的合理性，但无疑加大了消费者的负担。

另外，传统保险公司的盈利模式取决于保费与赔付之间的差额。为追求更高利润，部分保险公司可能会选择拒绝赔付或降低赔付金额。这种做法不仅侵害了消费者的权益，还动摇了保险行业的信任基石。当消费者遭遇赔付难题时，往往会感到力不从心，甚至对保险产生抵触情绪。这种恶性循环不仅阻碍了保险行业的健康发展，也制约了消费者对保险产品的信任度和需求量。

P2P 保险的诞生，旨在颠覆传统保险模式，实现保险交易的公平、透明和高效。通过运用互联网技术，P2P 保险平台直接将保险产品的供需双方连接在一起，去除中间环节，降低交易成本。同时，借助大数据、人工智能等先进技术，P2P 保险提高了风险评估和定价的精准度，使保险产品更加契合消费者的实际需求。

此外，P2P 保险平台高度重视用户体验和服务质量。它提供便捷、高效的在线服务，让消费者能更简易地购买和理解保险产品。通过引入用户评价和反馈机制，P2P 保险平台增加了透明度和信任度，使用户能更安心地选择保险产品。

作为一种创新的保险模式，P2P 保险正在逐步改变传统保险行业的格局。它通过降低交易成本、提升风险评估准确性、优化用户体验等途径，为消费者带来更公平、透明和高效的保险服务。随着科技的发展和消费者需求的不断变化，P2P 保险未来将继续探索更多富有创意和创新的业务模式，为保险行业注入新的活力。

国外主要的 P2P 保险公司如表 7－1 所示。以美国 Lemonade 公司为例，其成功运用了创新的 P2P 保险模式，吸引了大量年轻用户。该公司借助大数据和人工智能技术简化了保险购买流程，提供了个性化的保险产品。同时，通过社交媒体等渠道与用户积极互动，增强了用户黏性。因此，Lemonade 在短时间内获得了多轮大额融资，并在 P2P 保险领域取得了卓越成绩。

表 7－1　　国外主要的 P2P 保险公司

名称	网址	国家及地区
Friendsurance	www. friendsurance. de	德国
Gather	www. gatherins. com	美国
Worldcovr	wordcovr. com	美国
InsPeer	www. inspeer. me	法国
Broodfonds	www. broodfonds. nl	荷兰
Commoneasy	www. commoneasy. nl	荷兰
Guevara	www. heyguevara. com	英国
PeerCover	www. peercover. co. nz	新西兰
Riovic	riovic. com	南非
Lemonade	www. lemonade. com	美国
Jointly	www. jointly. co	美国
Insure A Peer	www. insureapeer. com	美国
Dynamis	www. dynamisapp. com	美国
Uvamo	www. uvamo. com	美国
Zero	unbouncepages. com	美国

续表

名称	网址	国家及地区
Lfn/TribaCha. in	lfn. com	法国
Brolly	www. heybrolly. com	英国
Inspool	inspool. com	英国
Gaggel	www. gaggel. com	英国
Allied Peers	www. bitsilk. com	英国
Hudddle	hudddle. com. au	澳大利亚
Peersure	—	南美洲

资料来源：Lighthouse 互联网实验室报告。

国外 P2P 保险模式的成功主要归功于以下 3 点：技术创新方面，P2P 保险企业利用大数据、人工智能等先进技术实现了保险产品的个性化和定制化，提高了交易效率并为用户提供了更贴心的服务；用户体验至上方面，这些企业注重用户体验，通过简洁明了的界面、快速响应的客服和丰富的互动活动赢得了用户青睐；风险控制方面，P2P 保险企业采用先进的风险评估模型对保险标的进行精准定价，既保证了盈利能力又降低了用户保险费用。

与国外的 P2P 保险模式相比，国内互助模式在发展过程中也取得了一定成绩。例如，水滴互助、轻松互助等平台在短时间内吸引了大量用户参与。然而，随着监管政策的收紧和市场竞争的加剧，国内互助模式也暴露出了一些问题。合规风险方面，部分互助平台在运营过程中存在合规问题，如未经许可开展保险业务、违规使用资金等，这些问题可能导致平台受到监管处罚甚至倒闭；信任危机层面，由于互助模式的透明度不高，一些用户对其真实性和可靠性产生了质疑，部分平台在处理用户纠纷时的不当处理进一步加剧了信任危机。

然而，P2P 保险更多地体现了保险与社交的结合。在这种模式下，成员可以通过社交功能自行选择互相分担风险的成员，并缴纳一定的金额。保险公司（承保人）保存这部分费用，并在有人出险需要赔付时首先从与之建立互助联系的成员的缴纳金额中支付。如果这部分金额不足以支付赔付金额，保险公司（承保人）可能会承担剩余的费用，这取决于承保人的盈利模式。如果没有人出险，小组成员可以拿回部分费用或留待下一年使用。

因此，尽管 P2P 保险与国内的相互保险在某些方面具有一定的相似性，但两者也存在明显差异。首先，P2P 保险强调社交属性，成员之间通过社交功能建立联系并共同分担风险；传统的相互保险则更多地依赖于大数法则来分散风险。其次，P2P 保险的赔付顺序是先由成员间的互助金承担，不足部分再由保险公司补充；相互保险则通常直接由保险公司承担赔付责任。最后，P2P 保险在费用处理上具有灵活性，如未出险情况下小组成员可以拿回部分费用或留待下一年使用；相互保险则通常按照预定规则处理费用。

【专栏 7-2】 案例：Friendsurance

（1）使用流程：投保人缴纳一定的保费之后，与投保人列表上的人建立互助关系。一旦对方出险，分担最多 30 欧元的损失，投保人在该时间段没有出险，则有一定的奖励返还。例如，缴纳保费 100 欧元，其中的 60 欧元进入保险资产池作为大额赔付资金来源，剩下的 40 欧元作为未出险奖励和小额赔付资金来源，平均来讲，返还金额占比 33%。

（2）盈利模式：保费与出险赔付差额

相比于 Friendsurance，InsPeer 还会根据用户的出现概率和赔付支付情况进行打分，分数可以被所有人看到，并且根据分数制定与他人风险分担金额。且 InsPeer 的盈利模式是在保险赔付支付的时候收取佣金。

P2P 保险的品类大多为住房保险、汽车保险、电子产品保险。

【专栏 7-3】 案例：其他创新模式

除了上述经典模式，Lemonade 和 Uvamo 又在此基础上，衍生出了更多有趣的商业模式。Lemonade 前段时间推出了专门针对业主和租赁人的保险产品，投保人可以为自己家中的一些贵重设备购买保险（如电视机、洗衣机），每月只需 5 美元，家庭保险每月低至 35 美元。

（1）Lemonade 产品介绍。

用户所交的保费分成两个部分，一部分保费平台会拿来购买传统保险公司的再保险产品，剩余保费存入组内成员之间的资金池。若在保险期内没有发生索赔，可按特定比例返还资金池内的大部分保费；若发生小额赔付，先使用资金池内的资金进行赔付；若发生重大保险事故，资金池内资金不足以支付索赔时，由传统保险公司进行赔付。

大多数保险公司通过客户支付的保险金来获取收益（当然这是要除去所有索赔的），Lemonade 选择将保险金的 20% 作为其公司的固定收益份额。如果客户支付的保险金总额有剩余，那么 Lemonade 将会把钱捐献给客户自主选择的慈善机构，它可以是自己孩子所在的学校，也可以是一所特定的慈善机构。

而 Uvamo 是将保险者和计划投资保险业的投资者联系到一起的保险平台。

一般来说，绝大部分投保人缴纳的保费并没有完全用于损失赔付，全变成了保险企业的利润。保险公司很赚钱，但普通投资者却无法参与其中。因此，Uvamo 让普通的投资人也能从保险业中获利。

（2）产品流程。

用户可直接在平台上选购财产保险，平台将所有投保人的保险单进行分类，组合成不同的保险资产池。其实可以间接理解为有同质保险需求的用户组成一个小组，缴纳保险费用形成一个共同的基金池；平台会对每个保险资产池（小组）进行风险评级，投资人可以对保险资产池进行投资，补充所需后备资金。当所有索赔案件结束后，资产池中剩下的钱归投资人和 Uvamo 所有。一般而言，资金池中的保险费足以支付所有索赔案件。若不足以支付时，投资人的钱便起到了作用。

【专栏 7-4】　案例：Friendsurance 预防骗保

一直以来，保费高昂、理赔困难和理赔比例较低等问题，使消费者在购买保险时犹豫不决。多数消费者认为，尽管保费逐年攀升，但自身出险率较低，保险公司并未因此给予优惠，大部分保费实质上是为其他理赔客户和保险公司本身提供了福利。这种情况下，消费者购买保险的意愿明显减弱，核心问题在于消费者所付出的与实际获得的效益不符。

保险公司方面，虽然希望降低保费以吸引消费者，但若不以高额保费为基础，如何弥补层层保险代理人的销售成本和审核防骗保的人工成本等各项开支？同时，保险公司也期望优化理赔流程，但骗保行为屡禁不止，只能在理赔环节加强审核力度。

为何消费者会涉嫌骗保？原因在于部分消费者希望通过骗取理赔来弥补所缴纳的高额保费损失。

解决这一难题的方案在于，设计一种保险产品，使消费者认为其所付出的与实际获得的相匹配，从而降低骗保行为的发生。以 Friendsurance 为例，这一德国 P2P 保险平台在传统保险基础上引入 0 索赔奖金模式，实现保险的互联网化。

Friendsurance 将投保人按需分为不同互助小组，如财产保险、个人责任保险、可保产物保险和诉讼保险等，每组不超过 15 人。每个投保人的保费分为两部分，一部分作为传统保险公司保费，另一部分作为互助金额进入风险池。若保险合同到期时，小组内无人出险，风险池全额退还给投保人；若有出险，风险池支付损失部分，并按互助账户分摊。当投保人互助账户支出超过风险池总额时，Friendsurance 承担超出部分的赔偿支付。

Friendsurance 通过独特算法，确定不同类型保险两部分的比例，以实现最高利润。此外，风险池中互助保险金额受限，不得超过保险产品赔偿额度，以往用于理赔的金额如今用于理赔并返现给投保人。

在这种模式下，骗保率得以降低。Friendsurance 提出 0 索赔奖金的激励措施，使投保人明白，诚信投保所能获得的利益远超骗保。此外，对于涉嫌骗保的用户，Friendsurance 会限制其在其他互联网平台的相关权益，让投保人承受更大损失，以降低此类事件发生频率。

有人质疑，这种模式是否会导致保险公司利润受损？实际上，在骗保率大幅降低的情况下，保险公司以往因管理问题和欺诈性虚假索赔产生的成本大幅下降。保险公司将部分成本返利给投保人，并树立起良好口碑，吸引更多消费者。

相较于 Lemonade 通过聚集相似投保人提高信用质量降低骗保率的方式，Friendsurance 采用小组返利模式，激励投保人诚信投保，降低理赔发生率。然而，如何将此模式本土化，如在国内聚集相似投保人，以及应对恶意注册投保者等问题，是传统保险公司下一步需要考虑的。

【专栏 7-5】 案例：Lemonade 利用行为经济学

统计数据显示，全球范围内保险欺诈约占赔付总额的 10%—30%，导致赔付成本持续居高不下。在我国，保险欺诈案件在总体诈骗犯罪案件中占比高达百分之二十几。即便在美国这个信用体系相对完善的国家，过去 10 年商业保险公司在房屋财产保险方面的赔付率也保持在 60%—110% 的高位区间。

在此背景下，保险公司为应对挑战，可采取多种策略，如降低保费或降低理赔率。近期，相互保险模式备受市场关注，它通过组织对同一危险有保障需求的人，实现互帮互助，降低用户参保门槛和保险公司理赔成本。尽管该模式在国外相对成熟，但在我国仍处于起步阶段。国内首批获得保监会批准的三家相互保险社分别为众惠相互、信美相互和汇友建工相互。

然而，在本土化过程中，相互保险仍面临诸多挑战。由于盈利并非其主要目标，且赔付成本高，相互保险社的经营难度加大。因此，在本土化进程中，需不断探索和完善。为借鉴国外先进经验，可关注一些已取得显著成果的相互保险产品。

例如，Lemonade 公司便是一家颇具研究价值的典范。该公司巧妙地将人工智能、行为经济学与保险业务相结合，用机器人替代传统的保险经纪人，为租客和房东提供高效、即时的房屋财产保险产品。值得关注的是，Lemonade 在成立仅半年多的时间里，便获得了红杉资本高达 1300 万美元的种子投资，这在红杉公司的投资史上也属罕见。这一成功案例为我们提供了宝贵的经验与启示，有助于推动相互保险模式在我国的发展和完善。

Lemonade 保险公司的整个投保流程均由聊天机器人负责，通过与用户的对话引导，逐步协助用户设置账户并填写房屋财产相关的详细信息。随后，用户可自定义投保金额，支付完成后，保险合同即告成立，整个过程仅需数分钟。租客月费为 5 美元，房主则根据房产价值不同，保费从 35 美元起。

同样，理赔环节也由机器人完成。用户需先签署一份真实性声明，并录制一段陈述损失状况的视频。理赔机器人将根据声明性质、严重程度和用户紧急状态的算法，评估欺诈行为的可能性，短时间内即可完成理赔。目前，Lemonade 公司 90% 的理赔案件均可通过机器人实现。

事实上，人工智能渗透到保险业的各个环节已成为未来的一大趋势，尤其在理赔环节。以往理赔困难的原因不仅在于保险公司的心态，还受到成本因素的制约，例如，消费者提供的资料与保险公司要求的手续难以对接、客户沟通不畅等。而 Lemonade 的 AI 机器人能显著降低人工成本，并为用户带来全新的体验：购买保险流程简洁，理赔便捷。

除技术创新外，Lemonade 的商业模式也值得深入分析。Lemonade 将保费的 20% 作为公司的固定收益份额，40% 用于购买再保险，以覆盖索赔超过资金池余额的情况，剩下的 40% 将被存入组内成员的资金池。每个组的保费将用于涵盖组员的任何索赔，若到期后资金有剩余，Lemonade 会将款项捐赠给客户自行选择的慈善机构，如学校或特定慈善机构等。

这种模式看似与传统的相互保险模式相似，但其后却呈现出公益性质。为何选择捐赠剩余资金而非直接返还给用户呢？这源于著名行为经济学家丹·艾瑞里（Dan Ariely）的加入。艾瑞里是麻省理工学院斯隆管理学院的教授，也是畅销书《怪诞行为学》的作者，其研究主要关注人在何种情况下会产生欺诈或骗保行为。因此，我们从行为科学和社会心理学的角度来探讨这个产品的逻辑。

Lemonade 借助慈善捐赠的形式，表面上看似利用公益进行营销，实际上却运用了群体心理，为用户设立一个正能量的人设，让他们坚信自己是好人，愿意捐款做慈善，而不是欺诈。这种模式类似于地域性的鄙视心理，例如，有些人认为自己比外地人素质高，当他们得知外地人做出不当行为时，会不自觉地促使自己向好的方向发展，以显示自身的优越。

因此，设立慈善捐赠模式的根本目的是减少欺诈行为，降低赔付率。Lemonade 作为先行者，以其优异的成绩表明，运用行为心理学构建商业模式是切实可行的。

假如选择返还剩余保费，反而可能导致用户出于利益驱动而难以自我控制。如果不是基于熟人关系构建的小组，用户之间可能会因为不信任而产生诸多问题。他们会优先考虑自己能拿到多少钱，同时担心其他组员的赔付会耗尽资金池的资金，最后的收益反而不如虚报保额。因此，他们可能更倾向于采用欺诈手段以实现自身利益最大化，最终导致平台和其他用户利益受损。

这种现象从反面验证了 Lemonade 模式的合理性和成熟性。它不仅能在一定程度上解决欺诈问题，还能打破熟人互助的界限，扩大受保群体范围。

Lemonade 的模式与相互保险有所不同。相互保险是一个非营利性组织，以面临相同风险为导向组成团体。而 Lemonade 的平台则汇集了面临财产损失风险的用户。尽管如此，Lemonade 依然通过正能量的主题挖掘，如消除纽约贫困现象、支持纽约最勇敢的人等，将志同道合的人聚集在一起组成团体。

盈利方式也有所不同。从传统相互保险团队中抽取 20% 的利润，用户可能会觉得自己的利益受损，因为这笔钱原本应该用于为团队成员提供保障。然而，Lemonade 抽取 20% 的收益则显得非常正常，因为用户一开始的目的就是为自己购买保险。平台在为用户实现目的的同时，还将大部分利润让给用户，反而提供了极佳的体验，改变了保险公司在用户心目中的形象。通过人工智能等技术降低人工成本，利用再保险转移风险，20% 的收益已然较为可观，实现了平台与用户双方的共赢。

此外，20% 的固定收益也向用户传达了公司坚决不会逃避理赔的信号，加强了用户与保险公司之间的信任关系，进一步降低了欺诈风险。

综上所述，我们可以将 Lemonade 的模式理解为传统保险公司采用了相互保险的外壳，提供保险服务。它以相互保险为手段，降低理赔成本和风险，结合了两者的优点，既降低投保门槛，又减少欺诈行为，盈利模式也更为清晰。

7.4 医疗大数据对健康险的精准开发

面向不健康人群的健康险蓝海市场有待挖掘。中国保险行业协会发布的《2018 中国商业健康保险发展指数报告》，针对国内 36 个大中城市的商业健康保险发展情况进行了全面调研，数据显示国内购买商业健康保险的居民仅占 6.7%，覆盖率不足 10%。国内健康险购买比例低的主要原因在于——健康险供给不足。

目前，绝大多数健康险厂商只敢保健康人群。对于真正需要健康险保障的亚健康人群和疾病人群，由于缺乏有效数据和分析能力，健康险公司不愿过多涉足。而实际上，中国疾病人群占总人口的 15%，亚健康人群已超过 75%，而健康人群只有 10%，所以不健康人群才是真正的多数派。展望未来，围绕健康人群的健康险市场已经逐步转变成同质化竞争的红海市场，而面向不健康人群的健康险仍然是供给不足的蓝海市场，有待健康险公司进一步挖掘。带病人群健康险需求分析如图 7－2 所示。

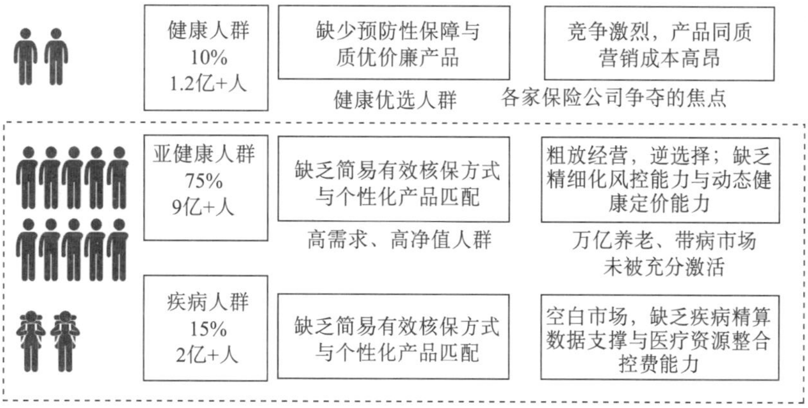

图 7－2　带病人群健康险需求分析：中国健康险市场面临的痛点

资料来源：《城市蓝皮书：中国城市发展报告》（2016），因数云，安信证券研究中心。

医疗大数据与传统精算模型的区别在于，它们在保险产品定价和风险控制方面的策略和方法存在本质差异。传统保险精算模型主要依赖行业出台的疾病发病率数据，这些数据作为定价策略的基础，用于预测保险项目的可能成本。然而，这种方法存在一定的局限性和偏差。

首先，传统精算模型所依据的数据往往来源于大多数人群的经验数据。这意味着，这些数据可能无法充分反映特定人群的独特风险特征。其次，由于行业数据往往具有一定的时效性和地域性，这些数据在反映当前市场状况时可能存在偏差。这就导致保险公司依据这些数据制定的定价策略和风险控制措施可能无法准确预测实际成本，从而可能导致亏损。

相较之下，数据驱动的保险产品定价模式具有明显优势（见图7－3）。这种模式下的保险产品定价是基于精细化的疾病风险模型，通过对大量医疗数据的深入挖掘和分析，为特定人群进行个性化精准定价。这种方法能够更好地帮助保险公司把握风险，提高产品定价的准确性。

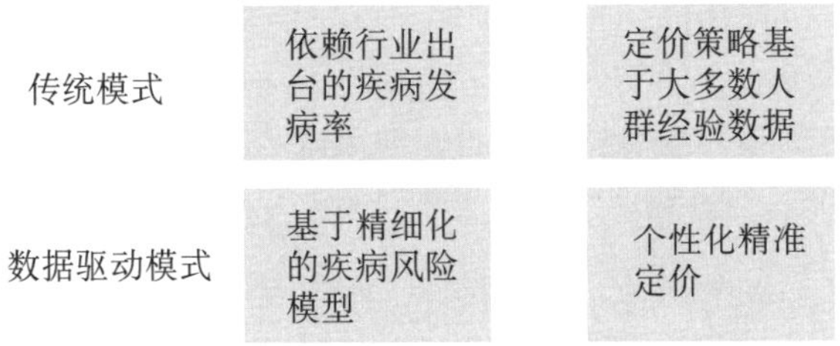

图7－3　保险产品不同的定价模式

资料来源：根据安信证券研究中心资料整理。

数据驱动模式在风险控制方面的优势也十分明显。通过对大量医疗数据的分析，保险公司可以更准确地识别出高风险人群，从而有针对性地采取措施降低风险。同时，这种方法可以帮助保险公司发现潜在的风险因素，为预防风险提供有力支持。

医疗大数据在保险行业的应用为传统精算模型带来了革命性的变革。数据驱动的保险产品定价和风险控制模式能够更好地满足市场需求，提高保险公司的竞争力和盈利能力。然而，这种模式也对保险公司的数据处理和分析能力提出了更高的要求。因此，保险公司需要不断优化技术手段，提升数据挖掘和分析能力，以便在激烈的市场竞争中立于不败之地。

7.4.1　以大数据为基础的健康险产品设计

健康险产品设计的基础是医疗大数据。医疗大数据是指在医疗领域中产生、处理和存储的大量数据。这些数据来源于多种渠道，如医疗机构、医疗保险公司、药品企业和政府等。医疗大数据包括但不限于患者基本信息、诊断结果、治疗方案、医疗费用等。

保险产品设计的核心逻辑在于以大数据为基础的精算过程，其中，医疗大数据在健康险设计中发挥着至关重要的作用。健康险设计的关键在于构建两大模型：疾病风险模型和相应诊疗路径下的医疗费用模型。其具体作用如下：

（1）通过疾病风险模型，健康险公司能更好地理解投保病症的影响因素，从而在产品设计中有针对性地提供健康管理服务，降低投保人的疾病发生率，进而降低产品的赔付率。同时，疾病风险模型还有助于健康险公司深入了解发病概率及并发症影响，为专病险种设计提供风险评估依据。

（2）医疗费用模型有助于健康险公司识别不同诊疗路径产生的费用差异，进而找到最佳的诊疗方案，并将相应的医疗服务纳入产品条款。

医疗大数据在健康险产品设计中的应用主要体现在以下 5 个方面：

（1）风险评估：通过分析大量医疗数据，保险公司能更准确地评估被保险人的健康状况和患病风险，从而制定合理的保费定价策略，并提供个性化保险产品。

（2）产品创新：医疗大数据为健康险产品创新提供了丰富的素材。例如，结合基因检测技术和健康数据分析，保险公司可推出针对特定疾病的高危人群保险产品。同时，基于大数据的医疗风险评估模型还有助于保险公司开发疾病保险、意外保险等多种产品。

（3）精算预测：医疗大数据有助于保险公司更精确地预测疾病发生率、死亡率等关键指标。通过对历史数据的挖掘和分析，保险公司可以制定更合理的产品费率、保额和保险期限等参数，降低经营风险。

（4）反欺诈：医疗大数据在识别保险欺诈方面具有显著优势。通过实时监测和分析医疗数据，保险公司能迅速发现异常理赔行为，有效防范欺诈风险。

（5）客户服务优化：医疗大数据有助于保险公司优化客户服务流程，提高客户满意度。例如，通过分析客户健康数据，保险公司可以提供精准的健康管理建议，协助客户预防疾病发生。

医疗大数据在健康险产品设计中具有巨大潜力。保险公司应着力提高数据质量、加强数据安全和隐私保护，并培养专业人才，以充分发挥医疗大数据在健康险产品设计中的价值。通过挖掘和分析医疗大数据，保险公司可以提供更优质、个性化的健康保险产品，满足客户的多元化需求。

【专栏 7-6】　案例：肿瘤类大病保险

以肿瘤类大病保险为例，由于政府医保以保基本为原则，支付额度经常不足以覆盖治疗肿瘤疾病治疗的全部费用，且报销目录通常不收录现今市场上疗效显著但价格昂贵的靶向型生物制剂，为商业健康险提供了机会。但是商业健康险公司看到了市场契机，却往往因不了解肿瘤治疗的实际费用，而对产品设计与定价无从下手。

咨询机构IMS做过分析，通过分析挖掘肿瘤类疾病理赔数据可以有效帮助解决这一难题。以乳腺癌为例，通过对北京、上海和成都三个城市的医保理赔数据库中抽取的乳腺癌病例的深度分析，可以直观看出乳腺癌的治疗方案及相关费用与其癌症类型紧密相关。

进一步分析发现，不同地区、不同年龄、不同性别之间的乳腺癌患者在治疗方案及费用方面存在一定差异。例如，在城市地区，乳腺癌患者的治疗费用普遍较高，而在农村地区则相对较低；年轻患者相较于老年患者，治疗费用较低；男性患者相较于女性患者，治疗费用较低。这些差异主要是地区经济发展水平、医疗资源分配和患者个人状况等多种因素所致。

在乳腺癌治疗方案方面，化疗、放疗、手术和内分泌治疗等均为常用治疗方法。通过分析发现，化疗费用较高，但疗效较好；放疗费用较低，但可能对患者生活质量产生影响；手术治疗费用较高，但适用于早期乳腺癌患者；内分泌治疗费用相对较低，但需长期服用激素类药物，可能引发其他副作用。

此外，研究人员还发现，早期诊断和及时治疗对降低乳腺癌患者的治疗费用具有重要意义。因此，提高公众对乳腺癌的认知程度，加强筛查工作，有助于降低治疗成本。同时，进一步完善医保政策，合理调整报销比例，也能够减轻患者负担。

通过对肿瘤类疾病理赔数据的深入分析，可以为政策制定者、医疗机构和患者提供有益的参考（见图7-4）。有助于优化治疗方案、提高医疗资源配置效率，并降低患者负担。同时，需不断加强疾病防控工作，提高早期诊断和治疗水平，进一步降低肿瘤类疾病的治疗成本。

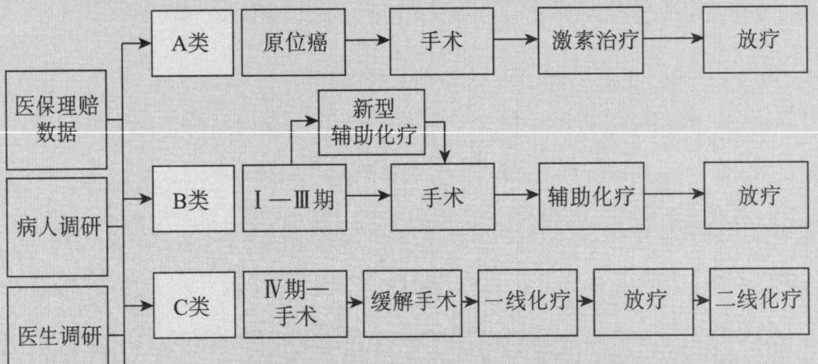

图7-4　乳腺癌医保理赔数据分析

资料来源：*IMS*、安信证券研究中心。

此外，患者家庭经济情况也是影响治疗费用的一大因素，家境富裕的患者多选用靶向型生物制，其治疗费用大大提高。通过以上对肿瘤费用的深度分析结果，就可以进一步明确健康险公司未来的风险承担，并针对投保人的经济情况、投保癌症类型，打包不同的医疗服务，做到更精细化的产品设计，为不同乳腺癌患者提供治疗方案（见图 7 –5）。

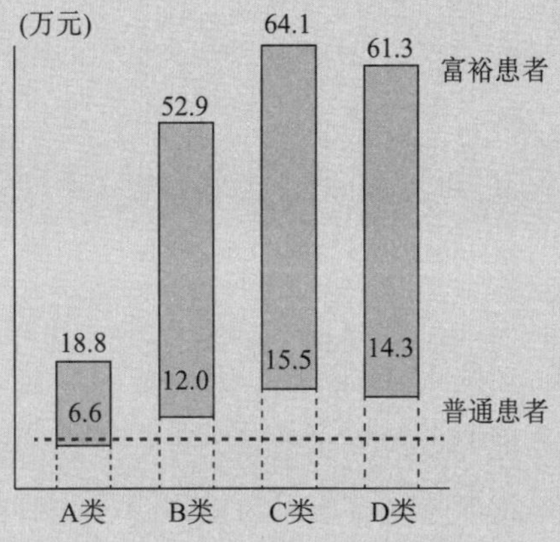

注：红色虚线表示北上广家庭平均收入

图 7 –5　不同乳腺癌患者费用分布

资料来源：*IMS*，安信证券研究中心。

【专栏 7 –7】　案例：全国首款肺结节专病保险

中国人寿与上海市政府合作开发出了国内首款肺结节专病保险——肺安保，上海市此前无法购买传统健康险的肺结节群体可以通过医保个人账户余额直接购买肺安保。中国人寿之所以可以敢于涉足带病投保的传统行业禁区，关键在于背后有足够的医疗大数据支持。行业调研显示，此次由上海保险交易所与上海市卫生健康委联合推出的上海市健康保险交易平台为中国人寿提供了上海地区的人群医疗健康数据支持。

肺安保的推出，标志着我国保险行业在专病保险领域的创新突破，也为肺结节患者带来了实实在在的保障。这款产品的诞生，不仅有利于破解肺结节患者在投保过程中面临的难题，也为整个保险行业探索新的业务模式提供了有益借鉴。

肺安保的问世，得益于我国医疗大数据的快速发展。医疗大数据作为国家战略资源，正逐渐在保险行业的创新中发挥重要作用。中国人寿能够突破传统保险行业的禁区，推出肺安保这款产品，正是借助了医疗大数据的力量，对患者的健康状况进行了全面、深入的了解，从而实现了带病投保的可能。

7.4.2 医疗大数据来源

在医疗信息化领域，保险公司视医疗大数据为健康险关键数据合作伙伴。如前所述，医疗大数据是健康险公司在产品设计和核保差异化竞争中的核心竞争力。当前，保险公司主要依赖自身积累的理赔数据，但这类数据存在滞后性和样本偏差，因此其应用价值相对有限。为实现科技转型，扩展医疗大数据的维度和深度成为保险公司的重要诉求。保险公司的外部数据合作伙伴主要包括公立医院、民营医院、互联网医疗健康企业和制药器械类企业。互联网医疗健康数据相对易得，但数据价值较低，例如，众安在线通过可穿戴设备收集投保人动态健康信息。公立医院作为核心医疗数据掌控者，是保险公司获取数据的关键来源。

政策层面，国家近年来多次发文要求加强医院与商业保险的合作，包括信息互联和数据共享。随着医院数据大门逐渐向保险公司敞开，医疗信息化厂商凭借对医院数据流的把握、数据标准的熟悉和数据分析能力，有望成为健康险领域的重要数据合作伙伴。合作模式上，医疗信息化厂商不仅提供医院与保险公司间信息互联和数据共享的 IT 基础设施，还可拓展至险种设计等数据增值服务。

健康险精准定价的重要发展方向为从院外数据向院内数据延伸。保险定价逻辑表明，数据越丰富、质量越高，定价越精确。当前，平安、众安等行业巨头通过可穿戴设备收集的运动、体征等健康数据虽频率充足，但缺乏医学深度。未来，商业健康险公司会逐步将数据触角延伸至院内数据，全面描绘个人健康画像，实现精准定价。

【专栏 7-8】 案例：基因大数据

医疗行业一直致力于提高治疗效果和降低副作用，而个体化医疗作为一种新兴的医疗模式，正逐渐成为行业发展的主流趋势。个性化医疗的核心理念是根据每个人的基因、体质和病情，制定出最适合他们的诊断和治疗方案。

我们需要认识到，每个人的基因差异导致了体质的迥异。这种差异最直接的表现就是对药物的敏感性不同。同样的药物，对于不同的人可能产生截然不同的效果。有些人可能对某种药物反应敏感，而另一些人则可能无动于衷。因此，根据患者的基因特点来选择药物，可以大大提高治疗的成功率，减少不必要的副作用。

个体化医疗有助于优化治疗方案。通过基因检测等技术，医生可以深入了解患者的病情，从而制订出更具针对性的治疗计划。这种个性化诊疗方式不仅可以提高治疗效果，还可以降低治疗过程中的风险。例如，在癌症治疗中，通过个体化医疗方案，可以针对患者的基因突变选择特定的药物，从而提高治疗效果。

个体化医疗还可以应用于疾病预防。通过基因检测，人们可以了解自己的遗传特征，从而提前预防和干预潜在的疾病风险。这有助于降低患病概率，提高生活质量。

在我国，政府和企业纷纷认识到个体化医疗的重要性，并在政策扶持和技术研发方面加大投入。如今，越来越多的医疗机构开始推广个性化诊断和治疗方案，为广大患者带来更好的医疗服务。

随着科技的发展和医疗水平的提高，个体化医疗将成为未来医疗行业的一大发展趋势。为每个人量身定制诊断和治疗方案，不仅可以提高治疗效果，降低副作用，还能有效预防疾病。我们应该积极拥抱这一趋势，努力推动医疗行业的创新与发展，为人民群众的健康福祉贡献力量。

比较著名的案例是，美国明星安吉丽娜·朱莉在2013年发表的《我的医疗选择》。其中介绍了她通过基因检测，在基因数据库中比对了数千万的美国居民数据，得知自己有87%的概率患乳腺癌，于是果断地切除了自己的乳房来预防，将概率降低到了5%以下。

基因测序这项技术近几年也进入了我们的生活中，有的公司就提供这类服务，例如，帮一个人检测其是否有致癌基因，如果有，就会按照他的基因情况，专门为他制定方案，采取预防措施。其中，需要借助大数据技术满足相关的需求。大数据4V特征与基因研究的契合性如图7-6所示。

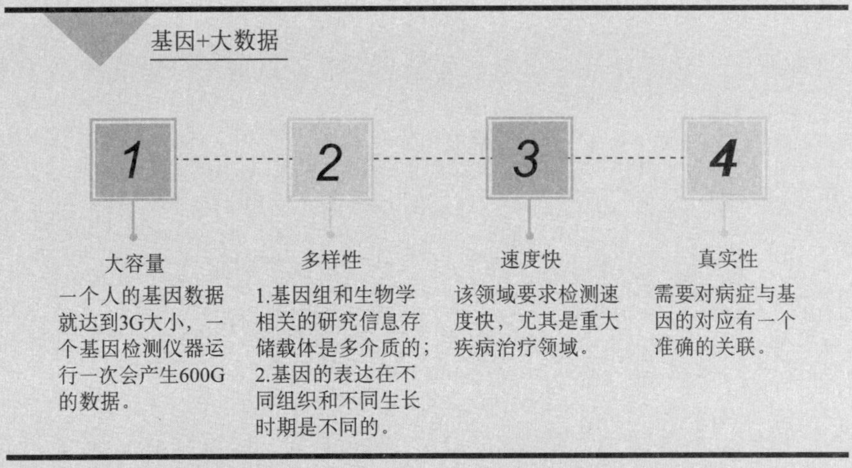

图7-6　大数据4V特征与基因研究的契合性

本章参考文献

［1］张瑞纲，吴叶莹．数字经济背景下现代保险业发展研究［J］．西南金融，2022（7）：91－102.

［2］王伟浩．互联网保险监管法律问题实证研究［D］．郑州大学，2022.

［3］李琳丽．P财产保险公司业务创新发展研究［D］．广西大学，2022.

［4］陈秉正．保险创新的理论、实践及发展趋势［J］．保险理论与实践，2022（3）：1－24.

［5］刘馨蔚．基于用户画像的产品个性化推荐系统的设计与实现［D］．沈阳师范大学，2022.

［6］袁峰，许凌珠，邵祥理．数据驱动的互联网保险产品创新风险管理研究［J］．保险研究，2022（3）：29－43.

［7］孙明明，裴平，孙杰．保险科技发展对保险企业产品创新能力的影响研究［J］．兰州学刊，2021（10）：35－48.

［8］崔家阳．技术赋能：大数据在用户画像的应用与改进——以人寿保险为例［J］．中国商论，2021（15）：99－101.

［9］王韧，匡祎琦，农通理，等．我国农业保险空间格局动态演变及收敛研究［J］．经济地理，2021，41（7）：164－172.

［10］杨华．基于消费者视角的互联网保险接受机制研究［D］．西北大学，2021.

［11］张艳丰．大数据背景下众安在线保险产品创新案例分析［D］．吉林财经大学，2021.

［12］李想．客户画像功能对商业银行获客效果影响的研究［D］．江西财经大学，2021.

［13］盛姝，黄奇，郑姝雅，等．在线健康社区中用户画像及主题特征分布下信息需求研究——以医享网结直肠癌圈数据为例［J］．情报学报，2021，40（3）：308－320.

［14］马晓琳．保险县支公司经营情况的审计对象画像研究探索［J］．现代商业，2021（6）：175－177.

［15］李合龙，刘悦．互联网保险产品创新思考——基于相互保事件的案例分析［J］．金融理论与实践，2020（9）：105－110.

［16］唐金成，王懿瑶．中国再保险产品供给侧创新研究［J］．西南金融，2020（3）：79－87.

[17] 刘衡. 中国个人商业养老保险产品创新困境及对策研究 [D]. 华东师范大学，2019.

[18] 牛凯. 众安在线互联网保险产品创新的风险管控研究 [D]. 石河子大学，2019.

[19] 颜佩佩. 基于大数据的互联网保险个性化服务问题及解决策略 [J]. 现代经济信息，2019 (7)：372 +374.

[20] 刘奕伽. 智能互联场景下家庭财产保险的产品优化设计 [D]. 西南财经大学，2019.

第8章　大数据在保险产品定价中的应用

本章重点

1. 大数据如何改变大数定律。
2. 大数据带来的新的定价模式。
3. 定价方式的改变对保险行业的影响。

从我国目前的发展来看，保险经营过程中有许多问题需要解决。首先，保险行业的自主定价范围不断扩大，急需建立科学的定价机制来保障公司自身的经营效益。其次，保险行业产生的大量数据，如果不能运用起来，则难以更为精准地进行定价，所以保险定价需要与大数据联系起来。

8.1　大数据应用保险定价现状

目前，保险业具有很强的数据信息流，但是其掌握的数据难以和其他平台对接，不能很好地运用所有的信息，数据化程度远远落后于电商平台，数据价值无法得到最大程度的利用。国内大数据交易平台还未建立，信息难以共享，数据基础建设也不是很完善，数据安全、个人隐私等方面的信息安全与保护也没有得到很好的解决，基于大数据下的保险行业所获得的数据质量不高，获取方式较为单一，数据也较为分散，没有一个完整的数据架构体系，所以基于大数据的保险定价需要进一步发展。

当前，大数据应用于保险定价的发展环境朝着有利的方向快速发展。

政策环境有利于大数据保险定价的发展。对于大数据保险行业的初期发展，可以利用已有的政策来帮助大数据保险精准定价，以此确定大数据技术会不断强化保险科技定价能力，加强人工智能、物联网等的创新探索。

物联网的发展利于大数据保险定价。在互联网时代，大数据、物联网有效地改变了传统的定价方式。大数据保险公司可以推出相关产品，这些产品能够准确地记录病人的身体状况。例如，在重疾险推出时，糖尿病患者可以通过佩戴能够记载身体相关信息的电子设备，再将数据上传至微信兑换相应的积分，这些积分可以转换为一定的保费优惠，而保险公司得到患者的身体信息，可以为其制定相应的保险业务。除此之外，通过大数据，掌握更多投保人的相关信息，可以更为精准地了解客户的年龄、性别、简单病史等，而对此可以提出最为精准的保费价格，即不同人群的身体状态不同，面临的相关保费也不同，保险公司所承担的保险金额也不相同。

8.2　大数据应用保险定价的方法

传统的保险定价方法是保险公司为达成定价目标而选定的费率厘定方法。通常分为三类：成本导向定价方法、竞争导向定价方法和客户导向定价方法。然而，基于大数据的保险定价方法有着显著的区别，主要包括以下 4 个方面。

（1）根据不同信息制定方案。保险公司不仅需要获取客户的信息反馈，还需要深入挖掘保险体系外的数据。通过大数据的实时反馈分析，可以预测客户的需求，并对客户进行更精准的细分和定价。例如，对于日常作息不规律、饮食习惯不良的客户，大数据分析可能会将他们推荐为健康险、人身意外险的潜在客户；对于购买使用大屏幕手机的客户，则可能推荐他们购买碎屏险。这种基于数据分析的定价方法，能够实现对客户的精准定位和市场细化，提供更加贴心和便捷的保险服务体验。

（2）根据承担风险的不同。在大数据技术的广泛应用下，保险公司能够更准确地评估风险体系并有效管理面对的风险因素。通过大数据研发的模型，保险公司可以实现风险的准确识别和鉴定。例如，在投保前，保险公司可以要求客户提供近期的身体状况信息，以便甄别高风险人群，降低赔付损失并提升效率。根据所掌握的信息，可以对不同的人进行分类，并根据他们不同的健康状况制定不同的保费要求。

(3) 个性化定价。保险公司可以通过大数据技术重点分析强相关性的因素，结合模型和相关数据，对每个客户的风险进行评分。这样，可以实现一人一价的精准风险定价目标，甚至可以细化到一个小产品或一个人。以退货运费险为例，如果大数据分析揭示了客户的退货偏好，那么就可以提供更加合理的价格来同时保障客户和商家的权益。这种个性化定价模式对大数据的精准分析提出了较高的要求，这也表明大数据的信息流可以与其他平台共享，以共同保障客户的相关权益。

(4) 根据理赔概率的不同。通过大数据分析风险，可以将风险分为不同的等级，如低风险、中等风险和高风险。随着风险等级的提高，出险的概率也就越高，这意味着需要更多的保险费用来覆盖潜在的损失。由于出险率存在差异，因此客户所面临的保险价格也会有所不同。

具体而言，对于低风险等级的客户，他们的出险概率相对较低，因此可以享受较低的保险价格。中等风险等级的客户可能需要支付适中的保险费用，而高风险等级的客户则需要支付更高的保险费用，以覆盖他们面临的高风险。

通过准确的大数据分析，保险公司可以更好地评估客户的风险等级，并制定更加合理的保险价格策略。这种基于数据的定价方法可以帮助保险公司更好地管理风险，提高盈利能力，同时为客户提供更加公平、合理的保险费用。

8.3 大数据应用保险定价的可行性

以我国的商业医疗保险为例，大数据对于我国的商业医疗保险定价有着巨大的影响。尽管面临着一定的挑战，但是将两者结合实现个性化精准定价是可行的。

(1) 个性化保险定价的趋势。这种个性化定价的趋势是基于市场细分和风险管理的角度，将总体风险逐渐细化到个体风险，最终为每个消费者提供量身打造的产品和服务。随着社会的不断进步和发展，人们对定制化服务的需求将日益增强。商业医疗保险市场将逐步从统一定价转向差别定价，并进一步走向个性化定价，最终实现精准定价。这种转变不仅局限于疾病的角度，还包括大数据掌握的个体详细医疗资料。

(2) 数据化成为趋势。大数据的来源广泛，使我们能够更加深入地了解客户，不再局限于单一的方面，而是能够从更广泛的维度，包括医疗信息、信贷记录、生活环境和用药习惯等多个方面，对被保险人进行更细致的刻画。因此，大数据的应用将促进保险产品的定价模式向更为全面和精准的方向转化。

商业医疗保险与大数据的结合，可以实现个性化精准定价，这是大数据时代对商业医疗保险产生的巨大影响。保险本质上是一种大数定律，只要投保的数量足够多，就可以应用这种定律。保险产品的定价本质上就是对风险的度量，只要能够度量风险，就能够给出合理的价格，以此价格出售产品就能够保证收支平衡。这是保险产品运作的基本方式。然而，风险的度量和精确测算是一项困难的任务。因此，传统的保险产品通常只针对标准体，而其他非标准体则被保险例外条款排除在外。这个过程实际上浪费了大量的数据和信息。

大数据技术已经改变了大数定律的传统用法，从而使风险评估的覆盖范围得以扩大。利用数据优势，保险公司可以更加精细地划分不同的客户群体，并为其提供量身定制的保险产品，进而开启新的盈利增长点，并创新业务模式。然而，金融和保险行业在融合大数据技术和人工智能技术方面却一直面临着诸多挑战。一方面是金融和互联网之间的跨界性，导致具备跨领域背景的人才和思维较为稀缺；另一方面也与金融业既有的模式惯性有关。这种阻碍在许多细分领域都有所体现。

例如，以寿险定价为突破口，寿险定价的核心在于获得寿命的分布函数（或者是生存函数），然后通过计算精算现值获得精算纯保费，这样的模式从保险诞生之初持续到现在。各类研究也在努力探讨寿命的分布，但忽略了这样一个事实，即寿命本身的含义。日历年龄本质上并不能反映一个人的健康状况，也就是说，这个因素恰好和保险所关心的风险相关性不大，也正因为此，保险需要通过大量的个体来实现风险的分担，因为保险人不能很好地把握投保人个体所面临的风险。

受制于多种因素，此类矛盾在过去的数百年间无法得到实质性的解决。然而，在过去的 10 余年中，基因学、互联网、医疗技术、可穿戴设备、人体量化和大数据等领域的高速发展，为保险人提供了在某种程度上更有效地把握风险因素的可能性。我们将这种可能性定义为生理年龄（biological age），并以此为基础，引入深度学习和大数据技术，以重新构建保险定价模式，从而反映个性化的风险程度。

保险公司尝试用深度学习结合大数据技术来改变保险行业延续数百年的寿险精算定价方式。从技术实现、随机测试、结果比较都发现，传统的保险业面临着变革，作为经营风险的行业，保险公司真正可以做到个性化的风险度量，这本质上改变了依赖大数定律的根基。

以手背纹生理年龄框架为例，基于保险公司更多的样本、更多的互动数据，甚至基于客户的自身行为，可以建立起较完善的健康管理服务，并在这个服务的基础上提供更多的产品，这一方面延续了产品对用户的吸引力，另一方面继续拓展了保险公司的业务线，是一个二维度的连接，而连接的中心，就是深度学习的生理年龄框架体系。通过模型和实践，以及对保险行业的认识，保险公司需要在多层面引入人工智能，形成自己的智能大脑，这在相当长时期将是保险公司核心竞争力的体现。

保险本身是经营风险的行业，测算风险、把握风险和利用风险是保险公司竞争力的核心体现，所有这些都需要获得信息，获得大数据背后的有用信息。

统计数据表明，中国保险业利用大数据的效率很低，仅维持在7%左右，远远没有充分利用大数据数量巨大、速度快捷、形式多样的特性。在保险的技术核心层面，大数据为寿险定价提供了再精算的机会，能够让保险产品更真实地反映风险状况、获得定价优势、在市场中抢占先机、增强公司的风险管控能力。在保险公司的经营层面，大数据为寿险产品创新提供了很多机会。保险公司可以充分利用数据优势来开发新产品、新技术，以拓展市场。

总而言之，大数据为保险公司提供了机遇。保险公司必须重视发展大数据技术，以期在大数据背景下的金融市场中获得竞争优势。

8.4 大数据改变寿险定价

谈及大数据对保险行业的影响，保险精算理念首当其冲——大数据直接冲击了基于大数法则的传统精算理论，加之物联网、实时风险评估技术的运用，极有可能改变传统保险的可保风险池并使之缩小。

现如今，精算师可以运用大数据分析软件，对海量数据进行回归分析，精确地识别和确认个体对象的潜在风险，这种思维与传统精算思维存在着很大的不同。

大数据还能帮助保险公司优化定价体系。定价原因往往会导致价值流失，如在价格方面过于“一刀切”、当客户停止购买其中一种产品后还在延续捆绑折扣、不能及时更新定价、销售团队在提供折扣方面缺乏纪律性等。而大数据分析可以帮助险企及时、精准地发现问题并予以纠正，从而防止价值流失。

8.4.1 传统精算理论的挑战

互联网大数据不仅为险企带来了另一种找客户的方法，也为险企解释风险的技术带来了革命性的变化。

从保险业来看，传统的精算技术只在一定纬度量化风险，很难充分反映风险的复杂性。而互联网大数据时代，则前所未有地创造了风控每个投保标的的可能，从未有过如此多纬度、低成本的数据，如此系统、新鲜地提供给保险业。过去成百上千的人都被放在同一风险水平之上，但事实上这是不可能的，大多数人都在支付多一笔的保费。

传统精算研究的是评估数，很少涉及个案，保险公司卖车险的时候，考虑的因素有年龄、性别、婚姻状况、驾驶记录、收入、职业、教育、背景等，但是，通过大数据的分析，可以解决现有的风险控制问题，为客户制订个性化的保单，运用社交网络，改善产品和服务，影响目标客户，通过对已有信息的分析，保险公司可以获得更准确的定价模型，提供个性化的解决方案，不再像现在一样，所有人都面对相同的风险测量准则。

当然，随着革命性的变化而生的，还有巨大的挑战。中国精算师协会副会长、人保财险副总裁王和在论坛上对精算师提出了两个问题：无人驾驶车的出现，将避免车辆之间发生碰撞，那占了财险保费收入 70% 以上的车险怎么办？基于物联网的健康管理系统的出现，将使生命成为可知，那健康险还保什么？

计算科学的发展和信息技术的突破，将导致计算能力出现产品化、商品化和日用品化的趋势，特别是人工智能的出现，将颠覆性地挑战所有依据规则生存的职业，包括传统精算。

8.4.2　寿险定价模式的改变

寿险定价的核心忽略了这样一个事实，即寿命本身的含义。日历年龄本质上并不能反映一个人的健康状况，也就是说，这个因素恰好和保险所关心的风险相关性不大，这样的矛盾在过去数百年并不可能实质性地解决，但是如今科技的高速发展，孕育出了可以让保险人在某种程度上更有效地把握风险因素的可能，我们将这种可能归结为生理年龄，以反映个性化的风险程度。

8.4.3　根据生理年龄实现精准定价

我们尝试用深度学习结合大数据技术来改变保险行业延续数百年的寿险精算定价方式。从技术实现、随机测试、结果比较都发现，传统的保险业面临着变革，作为经营风险的行业，保险公司真正可以做到个性化的风险度量，这从本质上改变了依赖大数定律的根基。

通常，寿险精算定价都是基于生命表，通过计算精算现值获得精算纯保费，而所使用的年龄是其日历年龄，但同样日历年龄的人，由于生活方式、运动习惯、工作性质等原因，其健康风险和死亡风险应该是不同的，所以，基于日历年龄的生命表并不能很好地反映该个体真实的风险，导致保险企业测算的保费和其承保的风险分离。

通过研究，我们认为，生理年龄能够更好地反应个体的风险，这在 25 岁以上的人群更加明显，由此提出将定价从日历年龄转移到生理年龄。

需要注意的是，保险公司的方法是人工智能改变寿险定价的全新尝试，主旨是由此推动生理年龄用于精算的研究，推动人工智能和大数据技术在保险金融领域的应用，因此，并没有在技术层面进行更好的优化，这也意味着相关的结果可以做得更好、更有效和更具应用性。

【专栏 8－1】 案例：生理年龄和日历年龄

总体来说，通过生理年龄评估得到的年龄结果普遍比正常的日历年龄要大，这表明整体人群的健康风险可能比通过日历年龄衡量的结果要高。基于这样的结果，我们建议改革传统的寿险定价模式。以 30 岁的人为例，随机选取一个样本进行生理年龄评估，结果为 32.7 岁。以 1 元作为保额，其终身人寿保险纯保费对比如表 8－1 所示。

表 8－1　　生理年龄定价与日历年龄定价差异

	男性	女性
日历年龄定价（元）	0.1186	0.0956
生理年龄定价（元）	0.132	0.1075
变化比率	0.112985	0.12447699
百分比（%）	11.30	12.40

从表 8－1 可以看出，差异达到 10% 以上，这意味着原来通过日历年龄定价的纯保费不足以反映投保人所面临的风险，或者说投保人用低的价格购买到了一份保障，从某种程度上，这是一种逆向选择。保险公司如果有大量保单，其聚集的风险是不足以通过保费来平衡的，将会给公司带来很大的经营风险。

一个日历年龄为 30 岁的人，其生理年龄的分布情况可以统计出来，其分布区间为 25—43 岁，同时可以计算各种情况下 1 元保额的生理年龄保费（见图 8－1）。

从图 8－1 可以清晰地看到，其生理年龄分布明显偏向右方，即整个群体的健康风险要比日历年龄 30 岁大一些。如果以测算的生理年龄对应百分比作为权重，测算保费的均值也明显要比日历年龄 30 岁的纯保费大。

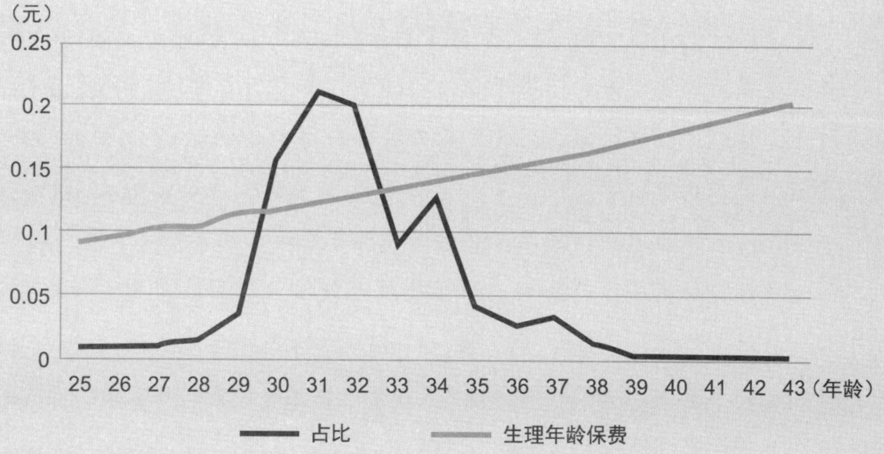

图 8－1　日历年龄 30 岁的男性生理年龄分布情况及保费情况

如果考虑日历年龄 21—47 岁的群体，计算每个日历年龄所对应的群体在生理年龄下测算的终身寿险纯保费（1 元保额），并计算其均值，得到该均值随日历年龄变化的关系。

从图 8－2 可以看到，整体上看，生理年龄定价结果要普遍高于日历年龄定价结果，这反映了整个群体面临的风险要超过日历年龄定价测算保费所涵盖的范围，从另外一个角度说明了利用生理年龄定价更加公平合理，让保险公司避免死差风险，也减小投保人逆向选择的可能。

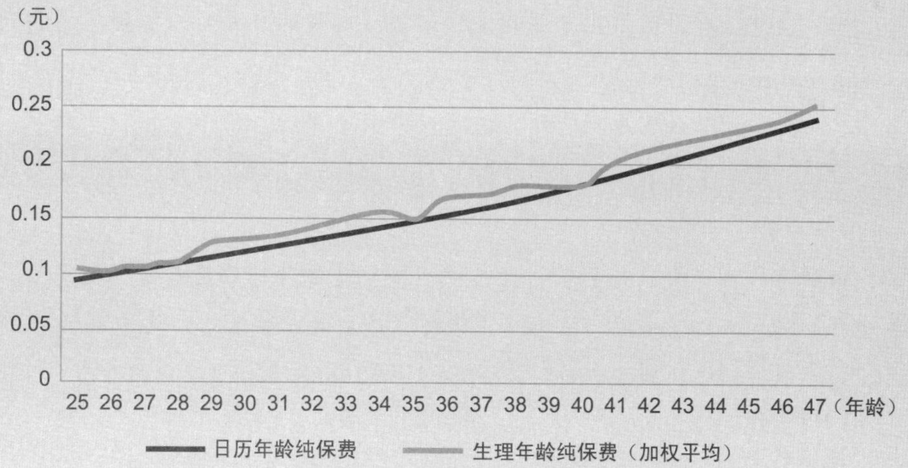

图 8－2　日历年龄定价结果与生理年龄定价结果比较

考虑到深度学习的特征，生理年龄应用于保险当然不仅局限于测算保费，保险公司引入生理年龄的本质，其实是建立以深度学习为核心的自我智能大脑。如同产品转向服务的趋势一样，保险公司提供的保险产品需要有足够的用户黏性，而这个黏性一定是服务，而且是精准的、个性化的、高效率的服务。

【专栏8-2】 案例：手背纹确定生理年龄

以手背纹生理年龄框架为例，基于保险公司更多的样本和互动数据，甚至基于客户的自身行为，可以建立起较完善的健康管理服务，并在这个服务的基础上提供更多的产品，这延续了产品对用户的吸引力，同时继续拓展了保险公司的业务线，是一个二维度的连接，而连接的中心，就是深度学习的生理年龄框架体系。

为了使生理年龄的应用可以简单、高效地融合到保险既有体系中，保险公司提出了基于手背纹理照片的生理年龄测定方法。该方法所选用的手背纹理除了具有生理学研究的基础外，还是通过30多项特征进行多次实践比较后选择的。

手背纹大数据定价方法特点有以下5点：

第一，所需信息简单，容易获取。具体来说，就是一张相对清晰的完整手背照片，分辨率在1200×1200像素（含）以上即可，这在当前智能手机普及、拍照普遍800万像素以上的时代要求极低。该照片只需要通过软件传输到云端即可处理。

第二，评价过程迅速。在我们实验所使用的普通笔记本上，该识别过程不超过3.5秒。

第三，结果可靠，误差率低。通过进行随机检验，我们发现，不同年龄的个体生理年龄评价结果的误差是不同的，但整体上都在1岁左右，最大的偏差出现在24岁，达到了2岁。综合来看，尽管没有达到生化方法所实现的0.8岁，但是考虑到简单易行，该结果是令人满意的。

第四，研究不涉及敏感隐私问题。手背纹不同于指纹，很难找出识别特征，虽然手背纹的特征分析非常好地反映了年龄特征和性别特征，但是并没有明显的个体识别特征。

第五，研究结果稳健。对于短时间内多张手背纹照片，评价结果差距很小，这个结果有望在改进算法后获得进一步提升。同时，对于通过微信随机获取的3029张手背纹照片，能够获得结果的为2973个，几乎达到99%，具备可以实用的潜力。

8.4.4 健康险定价更加精准

以往保险公司定价时对于风险成本的计算通过人力是无法精确到个人的，所以常会出现信用好与不好的用户购买相同价格保险的情况，而随着区块链、大数据、车联网、可穿戴设备、基因检测技术的运用，未来不仅能实现一人一个价，还能实现一人不同状态不同价。

【专栏 8-3】　案例：健康画像助力千人千面的精准定价：健康险网红产品——众安在线步步保

国内领先的健康险公司众安在线于 2015 年推出了国内首款与可穿戴设备及运动大数据结合的健康险产品——步步保（见图 8-3）。步步保的主要特点在于改变了以往健康险公司以年龄和性别为主要因素粗糙定价的模式，引入运动因子（包括微信步数等可穿戴收集的医疗大数据）作为每个人健康险的实际定价依据之一，实现了千人千面的精准定价。步步保一经推出就成为网红健康险产品，众安在线 APP 的数据显示，其最新授权用户已超 3000 万。考虑到监管层对于短期健康保险的监管趋严，目前步步保已经转型为免费产品，并嵌入到了众安保险推出的尊享 E 生等健康险中，根据用户的运动步数给予保费折扣优惠。

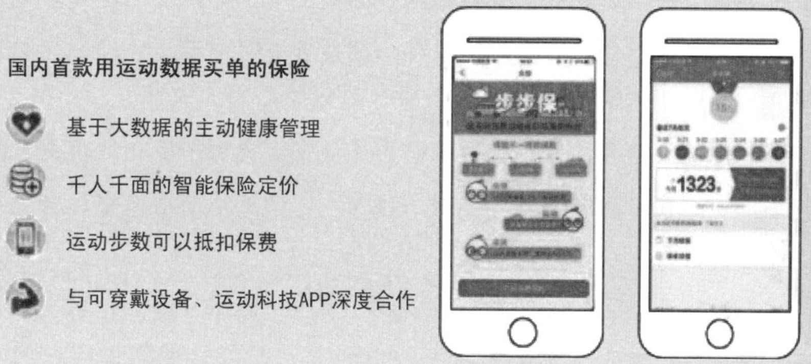

图 8-3　步步保介绍

资料来源：物智链，安信证券研究中心。

【专栏 8-4】　案例：平安打造健康信用体系，助力健康险精准定价

无独有偶，除了众安在线外，国内另一大健康险巨头平安健康险开启了通过个人健康数据精准定价健康险的业务模式。2019 年 10 月，平安健康险推出重磅产品 Hello-Run 健康信用，通过被保险人的日常健康行为记录（微信步数、心率、体重等）评估可获得的保险产品费率优惠幅度，健康信用越高，可获得的保险产品费率优惠越高，最高费率优惠 30%。从数据维度来看，平安规划将陆续覆盖心率、血压、血糖、体脂、睡眠检测等多维人体的体征数据，更加科学、全面地反映人体的健康水平，相比众安在线步步保的运动数据，更全面地反映了被保人的健康程度。

从院外数据向院内数据延伸是健康险精准定价的重要发展方向。从保险的定价逻辑来看，数据越丰富、质量越高，定价越精确。目前，从平安、众安等行业巨头的实践来看，通过可穿戴设备收集到的运动、体征等健康数据虽然频率足够，但缺乏医学深度。我们判断，商业健康险公司将逐步把数据抓手延伸至院内数据，更完整地描绘个人健康画像，实现千人千面的精准定价。

8.5 大数据改变财险、车险等定价方式

过去，在没有精细化的数据分析和挖掘的情况下，保险公司把很多人都放在同一风险水平之上，客户的保单并没有完全解决客户的各种风险问题。但是，保险公司可以通过自有数据和客户在社交网络的数据，解决现有的风险控制问题，为客户制定个性化的保单，获得更准确和更高利润率的保单模型，给每一位顾客提供个性化的解决方案。

大数据的作用在于深度挖掘群体潜在特征，以便更精准地调整保费。传统的车险定价模型中，如果客户发生过一两次事故，次年的保费一定会增长。然而，通过大数据挖掘，我们发现针对特定职业人群，如教师或会计，发生一两次事故后，次年的事故风险反而会降低。这是因为事故会促使他们更加小心驾驶，这是以往保险公司未能发现的现象。因此，这些优质客户实际上购买的是与事故频发用户相同价格的保险。由此可见，通过大数据的深度挖掘，各类保险人群将进一步细分，保费也将更加精准。这将最终促进用户体验和保险公司的销售。

除了大数据的运用，车联网的普及也给车险行业带来了巨大的变革。目前，我国车险费率的制定主要是基于车辆价格、座位数、车龄和新车购置价等因素。然而，这种定价方式并未考虑到不同背景和驾驶习惯的投保人的差异，导致保费与用户实际风险状况并不完全匹配，这在某种程度上是不合理的。

随着车联网技术的普及，可以获取到用户的身份特质、安全记录、消费历史、行车规律和驾驶习惯等多维度数据。这些数据能够被量化并用于决定保费的高低。驾驶行为良好的用户保费会相应降低，而高危驾驶人群的保费则会提高。这种基于用户驾驶数据的保费定价方式，能够更好地体现用户的实际风险状况，从而降低保险公司的风险成本。因此，车联网的运用将推动车险行业的进一步发展。

此外，智能家居设备也可以与保险产品进行深度融合。例如，智能门锁、智能照明、

智能空调等设备可以实时监测家庭安全状况，当发现异常情况时可以立即通知保险公司，以便及时进行理赔。同时，这些设备可以根据用户的习惯和偏好提供个性化的服务，例如，在用户起床时自动开启灯光、在用户下班前半小时自动开启空调等，从而提升用户的生活品质和保险产品的用户体验。

在财产险领域，智能家居设备也可以发挥重要作用。例如，智能门锁和智能摄像头可以实时监控家庭安全状况，当发现异常情况时可以立即通知保险公司。此外，这些设备还可以通过大数据和人工智能技术对家庭用电、用水、用气等数据进行深度分析，预测家庭财产损失的风险并提前采取相应的预防措施。

同理，可穿戴设备和基因检测技术的普及能够通过获取用户健康数据动态调整保费，当用户处于不同健康状态时保费相应发生变化。在健康险领域，可穿戴设备和基因检测技术已经成为重要的数据来源之一。这些设备可以实时监测用户的健康状况，包括心率、血压、血糖、睡眠质量等指标，并将这些数据上传至云端进行分析。当发现用户存在潜在的健康风险时，保险公司可以立即通知用户并提供相应的健康建议和保险服务。同时，基因检测技术也可以为保险公司提供更加精准的风险评估依据，从而更好地定价和理赔。

综上所述，随着科技的不断发展，智能家居、可穿戴设备、基因检测等技术与保险产品的深度融合将成为未来的重要趋势之一。这些技术不仅可以提升保险产品的用户体验和服务质量，还可以帮助保险公司更加精准地进行风险评估和定价，从而更好地满足用户需求并实现商业价值。

【专栏 8－5】　案例：Trōv 保险定价

对于财险来说，最重要的就是去考察用户希望投保的商品价值和风险发生的概率；对于车险，用户的驾驶行为数据则是判断其风险发生概率的最重要指标。这些信息现在都可以通过大数据进行处理。例如，D 轮融资后总融资额已突破 8400 万美元的 Trōv 是二合一的数据收集 APP 和按需数字保险平台。对于用户申请想要投保的任何值钱的个人物品，平台会利用大数据技术收集、判断该物品信息［当用户输入某件物品名称（如手机）并提供相关信息，系统帮助用户选择型号、屏幕尺寸，自动计算出该物品当前的实际价值］，且保证信息的安全并随时可访问。随后，平台定期对个人持有的有价财产估值进行更新，在这个过程中，平台其实就能通过用户商品财产值的变化去判断商品投保后的风险指数并以此定价。对于车险，目前大多数车险平台都会利用智能手机获取用户的驾驶行为数据（如急刹车次数、行驶中查看手机次数等），而智能手机由于本身特性，数据伪造难度较高。

【专栏8－6】 案例：步步鸡

近期，互联网保险公司众安保险首次在国内将区块链技术应用于养鸡业，携手区块链创业公司连陌科技推出了步步鸡项目。该项目充分整合了物联网、区块链、人工智能和具有国际专利的防伪技术，为每一只鸡都配备了物联网身份证——鸡牌。

基于区块链的不可篡改特性和物联网设备的自动采集功能，步步鸡养殖流程确保了每只鸡从鸡苗到成鸡、从鸡场到餐桌的过程中，产生的所有数据都能得到真实记录，并实现防伪溯源。

尽管上述流程看似与保险无直接关联，但步步鸡项目将数据共享给了为农户提供投保服务的保险公司。这使保险公司能够实时监控农业生产的全过程，从而更准确地评估农户资产的风险。此外，这一共享数据还为保险公司提供了风险定价和风险控制的依据，使保险公司能够根据每户农户的饲养情况为其制定相应的保费产品。这种创新性的方式将区块链技术与保险业务相结合，为农业保险领域带来了新的发展机遇。

【专栏8－7】 案例：UBI车险公司Metromile

Metromile公司（见图8－4）利用大数据，依据车主行车情况为车险浮动定价。Metromile公司通过免费OBD设备和配套手机应用提供按里程计费的车险，公司服务覆盖美国的加州、伊利诺伊州、新泽西州、俄勒冈州、宾夕法尼亚州和华盛顿州等地区，已经成为美国UBI领域的标杆性企业。

图8－4 车险公司Metromile基本情况

简单来说，Metromile的业务为：基于车主驾驶行为，依靠后装的OBD设备采集数据，再利用数据分析来浮动制定保险价格。

Metromile 通过无线通信车载设备 Metromile Pulse——一个可以插进汽车诊断端口的小型电子器件——来搜集行驶数据，如里程数、速度、急停熄火次数、急转弯次数等。用户可以在手机 APP 上查看这些数据，从而反馈激励自己更良好地行车。

大多数保险公司都会基于用户的每日行驶里程来设定车险费用，也会考虑诸如驾驶者年龄、信用历史和行车记录等因素。Metromile 则更进一步，利用以上采集的数据，提供正好与用户行驶里程相匹配的基于使用情况的保险定价策略。

以里程数为例，即先设定一个每月基础费用，再设定一个每公里的费用率，一个用户支付了 29.7 美元的每月基础费用和 3.8 美分/公里的费用率。如果他一个月行驶了 500 公里，这个月就需要支付 $29.7+0.038\times500=48.7$（美元）的保费。

通过大数据的运用，Metromile 保证了高质量（低风险）用户的权利，根据官网统计，在用户使用 Metromile 的服务后，平均每人每年可以省下 611 美元的保费。

对比传统车险与 Metromile 公司，传统的车险行业是以大数定理为基准，采用的是统一定价的思维，而 UBI 车险将车主行车相关的数据纳入了价值创造之中，为风险小的人带来了返利，为企业找到了新的价值增长点。

本章参考文献

［1］罗祥文．大数据背景下的保险定价策略［J］．金融经济，2018（6）：118－119.

［2］李雅菡，饶海琴．对我国存款保险制度定价合理性的研究［J］．中国林业经济，2016（6）：10－14.

［3］张宁．大数据背景下的寿险产品定价与创新［J］．金融发展研究，2013（12）：69－73.

［4］尹会岩．论大数据对中国保险业的影响［J］．保险职业学院学报，2015（1）：43－46.

［5］张宁．大数据背景下寿险产品定价与创新［J］．贵州财经大学学报，2014（2）：36－42.

［6］朱莉．我国商业医疗保险运行存在的问题及对策研究［J］．商情，2019.

［7］周延礼．保险定价与大数据管理［J］．清华金融评论，2019（10）：95－98.

第 9 章　大数据对场景化保险的拓展

本章重点

1. 主要的场景保险内容。
2. 场景保险实现的条件。
3. 未来场景保险的创新。

痘痘险、失眠险、四六级保过险这类保险，相信很多人并不陌生。场景化保险一直被认为是互联网保险未来的重要发展方向之一。艾瑞网在 2016 年发布的《2016 年中国创新保险行业白皮书》中提到：

在互联网保险设计中，可以拆分成五个环节，分别是：产品设计、定价承保、生态分销、理赔服务和技术系统。这五个环节皆因为互联网环境的介入而有所升级，最终的结果体现在以下三个方面：产品明晰、场景化和基于大数据的精算。

从图 9 - 1 可以看出，场景化影响着保险产品设计这个环节，也就是保险产品最基础的一个环节。

传统保险服务的特点是低频、保险价格高昂。对于互联网产品来说，低频是很致命的，一旦用户的需求很低频并且用户的黏性不强，用户就容易流失。传统保险价格高昂主要是因为存在保险项目捆绑的问题，一个保险产品可能涵盖的保险项目很多，而且很多保险项目是用户不需要的，所以导致保险价格高昂。

互联网保险产品对于场景的挖掘完全颠覆了传统保险的产品结构。场景是大多数互联网保险产品的发展前提和基础。

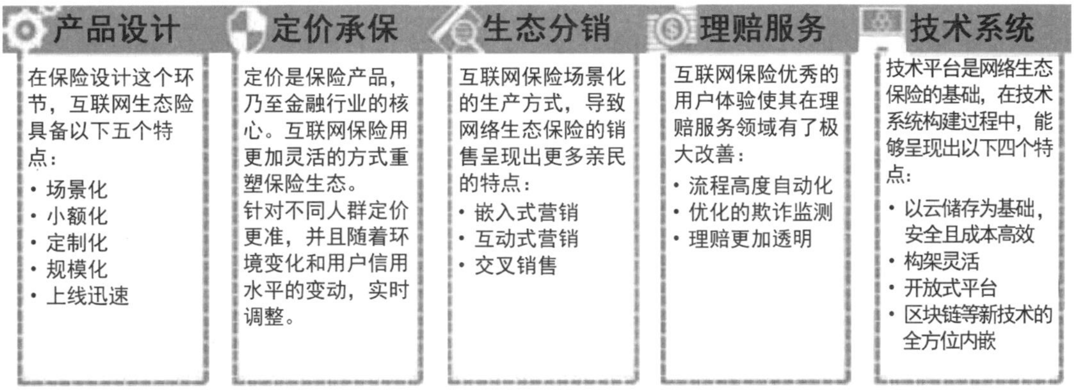

图 9－1　互联网保险价值链

资料来源：Lighthouse 互联网实验室。

9.1　场景的作用

9.1.1　场景可以降低用户购买决策成本

保险是专业性较强的产品，购买传统保险前可能先要了解一下这个保险产品到底是什么，这就加大了用户购买成本。从决策成本上来看，保险这个比较复杂的产品，增加了消费者购买决策成本。然而，场景完全可以大大降低这样的成本，降低成本体现在两个方面：一方面是通过场景去挖掘用户的需求，使用户感同身受，降低了用户认知上的成本；另一方面，场景化保险的特点是小额化，小额的产品降低了用户的试错成本。

9.1.2　场景需求可以刺激用户更专业的保险需求

场景化可以降低用户购买决策成本，在一定程度上，也起到了教育用户的作用。通过场景化保险来让用户体验到该保险产品是干什么、怎么用。教育之后，有些用户并不满足这些小保险，例如，意时网保险黑板擦产品，先是为用户提供免费的碎屏险服务，但是这个服务最多只能赔付 200 元，现实生活当中，苹果手机，或者华为、三星手机换一块屏幕难道200元就够了？显然远远不够，于是在免费的碎屏险基础上，升级出50（具体金额不确定）元的碎屏险服务，最多可以理赔1000元。这只是简单的升级服务。

同样的道理，场景保险可以起到教育、培养用户的作用，更为高级的一些后续服务可以利用大数据等相关互联网技术，为细分人群提供更加专业的保险服务。例如，UBI（usage based insurance，基于驾驶行为而定保费的保险）车险就是在大数据技术分析的基础上为用户提供个性化的保险服务。

9.1.3 场景帮助平台协同发展

互联网保险最初的产品是运费险等诸如此类的产品，这类产品的出现拓宽了平台的服务边界，激发出消费者购买的潜在动力，这是互联网保险最初发展的根本意义。可能刚开始在淘宝上买商品的时候，会因为质量无法保证、退货自付运费等原因，降低了用户购买商品的动力，有了运费险此类保险产品之后，消费者就不用担心退货运费的问题，产生了1 +1 >2 的效益。

中国第一家互联网保险平台——众安保险，与其他领域跨界合作，也产生了1 +1 >2的效益。例如，众安保险和中国东方航空在航空旅行界的合作。在线渠道销售机票比例不断飙升，占机票销售总体的76.6%，网购机票已成为旅客普遍使用的方式。对于在线订购机票频繁的都市人群来说，享受在线订票带来便捷的同时，也面临着退票手续费高的问题。众安保险与东航合作的无忧退票险，从根本上解决了退票苦恼，保障内容贴近旅客需求。20元的保费价格也能让更多旅客随心买、随心退，让退票再无后顾之忧。

众安保险是互联网保险的前驱者，它与支付宝、微信、携程等合作，不断去挖掘用户的场景，通过保险解决用户的后顾之忧。在帮助其拓展业务、发现新需求的同时，也建立了一套自己的信息数据，通过保险业务跨界合作的方式来实现共赢。

9.2 场景对保险产品的改变

场景对于保险产品最本质的改变就是细分化，将人群、险种、投保时间等保险要素细分化，将以往低频、大额、高门槛的传统保险产品转变为高频、小额的互联网保险产品。

以小雨伞保险的健康险为例，该平台针对儿童这个群体，与平安集团共同开发了一系列以健康为主题的小险种（见图 9－2）。以中国平安少儿发烧保为例，该保险投保价格仅为 10 元，而且投保周期是 3 个月。这样的产品，父母看见了是否会有购买的冲动呢？

图 9－2 小雨伞保险健康险险种

场景是用来发现用户的，需求是用来吸引用户的，服务体验是用来留住用户的。场景化的产品是基于用户的需求反向制定产品的整个商业模式和商业逻辑。场景化的产品更强调用户服务体验，这正是互联网思维中用户思维想要传递的价值思想。但是，场景化产品能够为平台带来的盈利空间很小，场景可以作为平台营销噱头，用来教育用户、培养用户，但它永远都不是平台盈利的方向。

9.3 新的场景应用——案例分析

根据市场调查数据，美国人平均每年会花费 12% 的收入在购买保险上，其中主要涵盖了人身健康险和财产保险（见表 9－1）。美国作为世界上经济发达的国家之一，其人民对于财物保护的意识尤为强烈，因此购买财产险也成了一种普遍的行为。

表 9-1　　美国各保险品类平均花费　　单位：美元

保险	平均花费
房产	1034
健康	2823
生命	304
汽车	1100
总计	5261
个人收入中位数	43880
综合保险消费收入占比(%)	12.00

资料来源：Lighthouse 互联网实验室。

但传统的财产险通常保险范围较大，用户不得不花费昂贵的保险金额来覆盖所有财产。那么，有没有一种服务是可以只为自己需要的财物来上保险的？总部位于美国加州的按需保险平台 Trōv 就是一个典型的例子。

Trōv 是全球第一家按需求购买财产保险的平台，其广告语是："让你随时随地都能为自己心爱的物品购买保险"（涵盖丢失、遭窃、损坏等情况），而且要保多久都由用户说了算。

平台具体提供以下服务。

（1）资产清点服务。在转型成为保险公司之前，Trōv 实际上是一个个人物品管理应用程序，允许用户对其各种财产进行观察和跟踪。

Trōv 推出了一种为个人清点资产的方法，针对那些包括实物财产与一般物品在内的有形资产。用户下载 APP 后输入某件物品名称，如手机，系统会帮助用户选择型号、屏幕尺寸，自动计算出该物品当前的实际价值，然后把这些信息一起放入用户的物品列表中。

除了这些较为标准的物品外，对于一些个性化的收藏品，如葡萄酒、复活节彩蛋等少数富有群体愿意收藏的东西，Trōv 也能通过对接估价师帮助用户进行清点，而在此之前，鲜有平台做过类似于清点这些资产的服务。Trōv 希望能通过这项服务吸引一批高净值的人群。

（2）与保险结合。对于存储在 Trōv 里的物品，用户可以随时随地给它们上保险。用户在 APP 的物品条目上右划，就可以给物品上保险，左划即可结束保险。目前，可在 Trōv 上投保的物品包括手机、笔记本电脑、家用电器、耳机和音箱、运动装备、乐器、照相机和游戏机。

Trōv 还有一个关键特征是可以实时计算、结算保费，投保时间可以精确到秒。启动保险后，用户还可以根据情况调整重要的保险参数，如免赔额等，进而调整保费。例如，数码相机产品，用户可以在需要旅游的时候给它上保险，游玩结束把保险停掉。相比一次就要买一年的传统保险，Trōv 的保险周期可以极短，因而保费也相对较低。

（3）风控与理赔。作为一个物品管理与保险平台，Trōv 是如何做到风控呢？在用户添加财物时，需要上传实物图、收据等；理赔时，平台通过基于专家系统的聊天机器人与用户进行交谈，收集日期、位置、索赔描述、索赔图片等信息作为索赔依据，并通过建立用户的在线档案来降低保险欺诈行为。

Trōv 的创新体现在遵循了近年来在技术领域兴起的分拆趋势。将原本保险金额较大的财产险拆分成单项财产且时间可任意调整的按需保险。

（4）商业逻辑。

①从高频的财物管理服务切入。Trōv 并没有一开始就做保险，而是先从个人财物管理切入，通过自动对财物估值、分类整理，建立用户个人的财物目录这样相对高频的服务来获取用户。

②通过基础服务获取较为精准的用户。Trōv 通过提供财物管理服务吸引到的用户具有明显的画像特征：有一定的资产，同时对财物损耗的关注度较高。这样的用户群体对于按需保险的需求度也相对较高。

③提供增值服务区分核心用户。除了提供标准化的财物清点服务外，Trōv 还通过对接估价师帮助用户进行个性化收藏品的估价与清点。由于鉴定和跟踪有形资产这项服务通常适用于有一定身价的富豪，因此 Trōv 通过这样的增值服务筛选出了更有价值的核心用户。

④引入保险科技实现按需保险。在积累了前期的个人财物数据后，Trōv 通过引入保险科技真正实现了按需保险，使用户可以更加灵活、便捷地管理自己的财物。

Trōv 推出的服务对于用户、保险公司和财富经理是共赢的。

对用户而言，他们可以很好地了解自己的资产情况，同时通过 Trōv 平台上的合作伙伴而拥有了更好的财产管理渠道。

而财产保险公司获利的理由是，Trōv 首次增加了参保物品价值变化的透明度，使财产保险公司对用户投保的物品有更好的理解，这也让他们提供产品时的准确性得以提高。

至于财富经理，平台为其提供了更优质的客户群体，也让他们更直观地了解到客户对哪些特殊的物品感兴趣，因此他们能为客户提供量身定制的财富管理计划。

Trōv 的联合创始人 Scott Walchek 认为：每个人所拥有的物品都蕴藏着巨大价值，但是这些价值没有得到利用，因为收集这些物品的信息很困难。Trōv 的思路是通过帮助用户进行财物管理来降低收集物品信息的难度，从而切入后续更有价值的保险服务。其价值不仅在于实现了真正意义上的按需保险，更重要的是通过这样便捷、灵活的服务方式触达了许多原本对保险不感兴趣的千禧一代（1984—1995 年出生的年轻人），从而大大扩展了其产品的覆盖面和未来的商业价值空间。

本章参考文献

［1］周琳，梁栋．社会互动对商业养老保险的影响——基于多场景互动视角的机制检验［J］．河南牧业经济学院学报，2023，36（6）：17－27.

［2］陈丹沛，胡瓔珞．城市定制型商业医疗保险中数据赋能场景应用的探索和思考——以沪惠保为例［J］．上海保险，2021（7）：33－34.

［3］冉雪娅．我国互联网保险公司场景营销策略研究［J］．齐齐哈尔大学学报（哲学社会科学版），2021（6）：70－73.

［4］韩晔，朱兴国，王超，等．商业保险统一支付平台在三级甲等医院场景中的应用设计与实践［J］．山东大学学报（医学版），2019，57（8）：77－81.

［5］马向东．场景化重构保险与消费者的连接［J］．中国保险，2018（9）：32－36.

［6］张曌．基于现代科技 ABCD 的互联网保险场景化［J］．中国保险，2018（7）：36－41.

［7］朱俊生．互联网保险发展转向：从渠道变革、场景创造到科技赋能［J］．清华金融评论，2018（5）：101－104.

［8］田莉．保险科技的应用场景探究［J］．开封教育学院学报，2018，38（4）：285－286.

［9］钱敏．场景化保险发展的现状、困境及对策分析［J］．农村经济与科技，2018，29（4）：133＋135.

［10］廖敏．场景化互联网保险的风险及其防范［J］．现代职业教育，2018（2）：134－135.

［11］王国军．场景化的互联网保险：现状与未来［J］．清华金融评论，2017（9）：98－100.

［12］艾明华．互联网保险创新模式浅析［J］．现代营销（下旬刊），2017（7）：142－143.

［13］缴文超，陈雯．互联网保险有四大发展趋势［J］．中国保险，2017（2）：5.

第 10 章　大数据应用对保险运营的影响

本章重点

1. 大数据对保险公司运营的重构。
2. 大数据在保险公司运营中的价值贡献。
3. 保险公司运营中大数据应用的方法。

10.1　保险公司的运营系统

保险公司的运营系统是一个复杂且多元化的体系，涵盖了多个方面。以下是保险公司运营系统的主要内容。

（1）核心业务系统。核心业务系统是保险公司运营的基础，主要包括保险产品设计、销售、承保、理赔等业务流程。通过核心业务系统，保险公司能够实现对保险产品的销售、客户管理、合同管理、费用结算等关键业务环节的管控。

（2）风险管理与内部控制。风险管理与内部控制是保险公司运营的重要环节，旨在识别、评估、监控和控制公司经营过程中的各种风险。风险管理包括风险评估、风险控制、风险转移和风险补偿等手段。内部控制是为了保证公司业务运作的合规性、有效性和透明度，包括制度建设、流程控制、合规审查、内部审计等。

（3）财务管理与会计核算。财务管理与会计核算是保险公司运营的关键部分，涉及保险费收入、赔付支出、投资收益等财务指标的监控和分析。财务管理主要包括预算管理、成本控制、资金管理、绩效评估等方面。会计核算则是对公司的财务活动进行记录、分类、汇总和报告，以满足监管机构、股东和利益相关者的信息需求。

（4）人力资源管理。人力资源管理是保险公司运营的重要组成部分，主要包括招聘、培训、薪酬福利、员工关系和绩效管理等方面。保险公司通过人力资源管理，确保公司拥有高素质的员工队伍，为公司的发展提供人力支持。

（5）客户服务与售后支持。客户服务与售后支持是保险公司运营中与客户直接接触的环节，包括投保咨询、理赔咨询、客户投诉处理等。保险公司通过优质的客户服务，提高客户满意度，促进业务增长。

（6）信息技术支持。信息技术支持是保险公司运营的基石，涉及保险业务系统的开发、维护、升级等方面。保险公司借助信息技术，实现业务流程的自动化、智能化，提高运营效率。

（7）合规与法律事务。合规与法律事务是保险公司运营中保障公司合规经营的关键环节，包括法律法规咨询、合同审查、合规培训等。保险公司通过合规与法律事务，确保公司业务运作的合规性。

（8）市场营销与推广。市场营销与推广是保险公司拓展市场份额、提高品牌知名度的重要手段。保险公司通过各种营销策略和渠道，推动保险产品的销售。

（9）战略规划与执行。战略规划与执行是保险公司运营的基础，涉及公司的发展方向、目标设定、资源配置等方面。保险公司通过战略规划与执行，实现公司的长期稳定发展。

保险公司运营系统涵盖了多个方面，各个部分相互关联、相互支持，共同确保公司业务的正常运作和持续发展。

以寿险公司为例，寿险公司的运营系统涵盖多个核心功能，旨在为客户提供全面、高效的服务。这些功能包括处理保单、理赔服务、售前咨询和售后服务。鉴于寿险产品的特性，保费续收和保单保全同样不可或缺。因此，可以将寿险公司的运营工作细分为新契约承保业务、理赔业务、客户服务业务和续收保全业务。

新契约承保，即保单的承保过程，涉及接收新保单、核保、确定保额和收取首期保费等环节。这一过程需借助保险大数据等先进技术进行创新，并确保核保工作的精准高效。承保业务的流程始于业务员交单和柜面受理，随后进行保单扫描上传、系统录入和核保审核。核保过程中可能需补充资料或调整投保规则。最终，核保通过的保单将送达客户，并完成首期保费的收取，使保单正式生效，客户成为公司的有效客户。

理赔业务旨在处理客户因投保权益受损而提出的理赔申请。这包括审核风险、事故等，并决定是否给付权益、给付多少，以及实际给付的过程。理赔申请由客户提出，并提供相关材料和证明。理赔流程涉及员工调查、取证、核赔，确保理赔决策的准确性和公正性。同时，抽检机制用于保障核赔质量。最终，公司将给付通知发送给客户，并完成转账付款。

保全业务处理客户信息和资料的变更，保持保单完整性。当客户基本资料等与保单相关的信息发生变化时，需向公司提出保全申请。保全员将录入变更信息，并根据需要进行审核。审核完成后，涉及投连交易的变更将联动修改，涉及费用的变更将由财务进行收付款处理。

鉴于寿险产品的长期性和多期缴费特性，保费续收成为关键环节。新契约卖出时仅收取首期保费，后续每年需续收保费。续期保费的成功收取对寿险公司回收成本和赚取利润至关重要，直接影响公司利润。因此，保费续收工作至关重要。

此外，客户服务作为寿险公司的核心工作之一，涵盖售前咨询、购买咨询和售后服务。售后服务包括产品维护、客户回访、咨询、投诉处理等。对于保险行业而言，理赔接报案服务同样重要，作为理赔业务流程的起点，接报案后将由相应员工处理。

10.2　大数据的价值创造

价值创造，简而言之，即为用户创造价值的过程。若产品或服务无法为用户创造价值，则难以在市场竞争中立足，更难以实现盈利。当前，众多企业正积极运用大数据技术以推动价值创造的进程。大数据技术不仅助力企业深入了解外部环境，也促使其审视并优化内部组织结构和流程，进而实现商业模式的创新。

此种创新不仅提升了产品效率，更好地满足了用户需求，还实现了新的价值创造。大数据在商业模式创新中发挥着关键作用，它不仅优化了价值链，还通过对链条上每个流程的数据分析，实现了盈利增长。

面对新技术和新理念的挑战，保险业如何提升自身运营能力，突破发展瓶颈，成为行业关注的焦点。互联网金融和消费金融已成功将传统信贷业务线上化，实现了流程自动化。保险业若能将线下业务成功转移至线上，并有效控制风险，将有望实现减耗增效，提升运营水平。

实现这一转变的核心在于能否找到合适的数据来还原业务场景。从保险业务流程来看，无论是获客、核保还是理赔，目前都已初步具备利用数据还原场景的条件。尽管现有数据尚不完善，覆盖度和维度有限，数据质量也有待提高，但随着时间的推移，这些问题有望得到解决。

基于大数据的产品和服务具备定制性、分类性、融合性和时效性等优势，相较于传统产品具有明显竞争力。在大数据技术的支持下，保险公司能够对客户的保险需求和风险偏好进行更为精准的把握。通过数据挖掘和分析，保险公司能够为客户提供个性化的保险产品和服务，从而提高客户满意度。同时，大数据技术还有助于保险公司发现潜在的保险需求，进一步扩大市场份额。定制性允许针对不同人群开发差异化产品；分类性使保险公司能够针对热销产品进行有针对性的开发；融合性提供了一揽子保障计划的解决方案；实效性要求保险公司在信息时代和产品同质化环境中，及时应对突发情况，推出新产品以吸引社会关注。这些特点共同促进了保险价值链的整体提升。

大数据技术助力保险公司运营系统升级，在承保环节发挥着至关重要的作用。传统的承保过程往往依赖人工审核和纸质文档，效率低下且容易出错。而借助大数据技术，保险公司可以实现对海量数据的快速分析和处理，准确评估风险，提高承保效率。例如，通过挖掘历史数据中的风险因子，大数据技术可以帮助保险公司精准定价，避免不必要的损失，从而优化承保策略。

大数据技术在保险风险评估方面具有重要意义。通过对海量数据的挖掘和分析，保险公司能够快速、准确地评估被保险人的风险状况，从而实现风险的精准定价。这不仅有助于降低保险公司的风险敞口，还能让更多人群享受到保险的保障。

在保险销售环节，大数据技术能够帮助保险公司优化销售策略，提高销售业绩。通过对客户数据的分析，保险公司能够精准地定位潜在客户，并制定有针对性的营销策略。同时，大数据技术可以用于评估销售人员的业绩，为销售团队的考核和管理提供有力支持。

在理赔环节，大数据技术的应用同样显著。传统的理赔流程烦琐且耗时，客户往往需要等待很长时间才能获得赔偿。借助大数据技术，保险公司可以实时分析客户提交的信息，快速判断事故的真实性和损失程度，从而加快理赔速度。通过挖掘历史理赔数据，保险公司还可以发现潜在的风险点，及时采取防范措施，降低未来的理赔风险。此外，大数据技术在保险反欺诈方面也发挥着重要作用。通过对理赔数据进行深入分析，保险公司能够发现异常理赔行为，并及时采取措施防范欺诈风险。这不仅有助于降低保险公司的赔付成本，还能保障广大保险消费者的合法权益。

除了承保和理赔环节，大数据技术还在保险公司的风险管理、产品开发、市场营销等多个方面发挥着重要作用。例如，在风险管理方面，大数据技术可以帮助保险公司构建全面的风险管理体系，实现对各类风险的实时监控和预警。在产品开发方面，大数据技术可以帮助保险公司深入了解客户需求和市场趋势，推出更符合市场需求的保险产品。在市场营销方面，大数据技术可以帮助保险公司精准定位目标客户群体，提高营销效率。

总之，大数据技术在保险公司运营系统中的应用，不仅提高了业务处理效率，降低了运营成本，还优化了风险管理、产品开发和市场营销等多个环节，为保险公司带来了显著的价值增值。随着技术的不断进步和应用场景的拓展，大数据将在保险行业中发挥更加重要的作用，推动整个行业的转型升级。

10.3 提高效率与降低成本

10.3.1 险企内部运营精细化管理

在当今大数据时代，保险产品所展现出的独特优势不容忽视。这些优势主要体现在定制性、分类性、融合性和时效性等多个方面，这些特性使保险产品能够更好地满足客户的个性化需求，同时为保险公司带来了全新的发展机遇。

首先，定制性作为保险产品的显著特点之一，允许保险公司根据不同人群的特征，如性别、年龄、爱好和消费水平等因素，进行差异化的产品开发。这种个性化的服务方式不仅提升了客户的满意度，也为保险公司打开了更广阔的市场空间。

其次，分类性体现在保险公司运用大数据对热销产品进行分类开发的能力上。通过对海量数据的分析和挖掘，保险公司能够准确掌握各类热销产品的特点和市场需求，从而更加精准地推出符合市场需求的新产品。

再次，融合性是保险产品在大数据背景下的又一重要特性。保险公司可以在一个产品中提供一揽子保障计划，将不同种类的保险产品和服务进行有机融合，为客户提供更加全面和便捷的保障。这种融合性的产品设计不仅提高了保险产品的竞争力，也为客户提供了更加全面的风险保障。

最后，在信息时代和保险产品同质化的环境下，时效性显得尤为重要。保险公司需要迅速应对突发情况，推出符合市场需求的新产品，以吸引社会关注。这种时效性的要求促使保险公司必须保持敏锐的市场嗅觉和快速响应的能力，才能在激烈的市场竞争中立于不败之地。

然而，大数据的发展也伴随着风险，尤其是数据风险。在保险行业中，大数据营销的未来主流地位将引发对客户信息安全的担忧。因此，保险公司必须高度重视并采取措施保障客户信息安全。这包括加强数据安全管理、完善数据保护机制、提高员工数据安全意识等方面。只有这样，才能在大数据营销的同时确保客户信息安全。

对于保险公司而言，大数据运营分析是基于企业内外部运营、管理和交互数据的全方位分析。通过大数据平台，企业可以统计和预测经营和管理绩效，从而为企业决策提供更加科学、准确的依据。同时，利用保险保单和客户交互数据进行建模，可以迅速分析和预测市场风险、操作风险等，帮助保险公司更好地应对市场变化和风险挑战。

在运营方面，随着外部数据的成熟和应用，核保和理赔流程可以实现部分甚至全部自动化，从而提高效率、降低运营成本。这不仅可以提升保险公司的服务质量和客户满意度，还可以为保险公司节省大量的人力和物力成本。同时，引入外部数据对于反欺诈工作也具有重要意义。通过数据分析，可以还原特定场景、发现欺诈行为的线索，覆盖原有数据无法触及的时间和空间范围，从而更有效地打击保险欺诈行为。

在降低成本方面，外部增量数据的支持有助于减少人工成本。例如，健康险 TPA 公司可以利用电子化数据来加速报销处理速度，从而减少对人工客服的依赖。这种利用大数据优化业务流程的方式不仅可以降低保险公司的运营成本，还可以提高客户满意度和忠诚度。

为了实现保险业务大数据创新，数据治理至关重要。这需要对保险业务员、客户、保单、产品等业务基础数据进行融合和治理，以构建一个统一的高质量数据中心。通过数据融合、数据治理和数据交互服务等方面的总体架构建设，可以实现数据资产的科学管理、标准化和规范化管理，并赋予数据鲜活生命、进行全生命周期管理，以满足大数据融合创新应用的需求。这样的数据治理体系不仅可以提高保险公司的数据管理和应用能力，还可以为公司的创新发展提供有力支持。

综上所述，大数据背景下保险产品所展现出的优势为保险公司带来了全新的发展机遇和挑战。保险公司需要充分发挥大数据的潜力并加强数据治理工作，才能在激烈的市场竞争中立于不败之地，并为客户提供更加优质、便捷的服务。

10.3.2 提高效率与降低成本

10.3.2.1 数据技术促进自动化降本增效

在运营领域，随着外部数据技术的不断成熟和应用，核保与理赔流程正逐步实现部分甚至全面的自动化。这一转变不仅极大提升了运营效率，更显著降低了运营成本，为保险行业注入了新的活力。

我们来看看核保环节的自动化所带来的变革。传统上，核保过程需要大量的人工审核与决策，这不但耗时耗力，而且容易因为人为因素造成误差。随着大数据、人工智能等技术的发展，保险公司能够利用这些先进的技术手段对客户的健康信息、历史理赔记录等外部数据进行深度挖掘和分析，从而更加精准地评估客户的风险水平，实现核保流程的自动化。这不仅大大提高了核保效率，还有助于减少人为误差，提升核保的准确性。

理赔流程的自动化同样给保险公司带来了显著的效益。传统的理赔过程需要客户提交大量的纸质材料，再由保险公司的人工客服进行逐一审核，过程烦琐且效率低下。现在，借助 OCR 技术、自然语言处理等先进技术，保险公司可以自动识别并提取客户提交的电子化材料中的关键信息，实现快速审核和自动理赔。这不仅大大提升了理赔速度，让客户能够更快地获得赔偿，还有助于降低保险公司的人工成本。

外部增量数据的支撑对于降低人工成本也起到了关键作用。在过去，为了提高用户体验度和加快报销速度，很多健康险保险公司不得不依靠庞大的人工客服团队来处理客户的报销单。然而，随着电子化数据的普及和应用，保险公司可以通过自动化系统对报销单进行快速审核和处理，大大减少了人工干预的需求。这不仅降低了人工成本，还有助于提升报销处理的准确性和效率。

随着外部数据技术的不断发展和应用，保险公司在核保和理赔等运营环节实现了部分甚至全面的自动化。这不仅提高了运营效率，降低了运营成本，还有助于提升用户体验度和客户满意度。未来，随着技术的不断进步和应用范围的扩大，相信保险公司将能够为客户提供更加高效、便捷的服务。

10.3.2.2　保险代理人管理提质增效

在保险行业中，保险代理人和业务顾问的个人能力对于公司的业绩至关重要。为了提升整体业绩，我们必须关注这些核心人员的专业能力和潜力。借助大数据技术，我们可以深入剖析代理人的业绩数据、性别、年龄、工作经验和职业倾向等多维度信息。通过对比分析，我们能够识别出销售业绩卓越的销售人员的核心特征，进而筛选出具有高潜力的候选人。

针对不同层级的保险人员，如顾问、总监、初级合伙人、高级合伙人和经营合伙人等，他们的核心综合能力考核标准各不相同。为了更好地管理和培养这些人员，我们需要为他们构建个性化的能力画像。这涉及整合代理人的基础数据、业务数据和客户数据等多方面的信息，并基于这些数据构建算法模型。这些模型能够从多个角度对代理人的能力进行细致的分析和描述。

通过这种方式，我们不仅能够提升个人的业务能力和学习能力，还能为管理层提供决策支持，以便他们更全面地评估保险业务人员的综合能力。此外，我们还可以根据分析结果采取相应的措施，如提供定向培训等，以进一步促进业务转化率的提升。这样的策略对于保险行业的持续发展具有重要意义。

10.3.2.3 产品运营分析的效率提升

对于保险产品来说，运营分析尤为重要，它能够帮助企业深入理解市场、客户、产品和运营流程，从而作出更加明智的决策。其中主要包括 4 个方面：产品理赔风险分析、产品推广理念分析、明星产品分析和综合分析。

产品理赔风险分析是保险运营分析的重要组成部分。通过融合产品的理赔数据、保单销售数据和客户相关信息，可以对产品类型、理赔原因等多个方面进行深入的历史数据分析。这种分析不仅能够帮助企业了解过去的风险状况，还能够基于同类产品数据进行前瞻性预测分析，从而提前识别潜在风险，制定相应的风险控制策略。

例如，通过对某款健康保险产品的理赔数据进行分析，发现某一年龄段的客户理赔率异常高。针对这一发现，企业可以进一步调查该年龄段客户的健康状况和生活习惯，从而调整产品设计和定价策略，降低理赔风险。

产品推广理念分析主要关注产品推广率的研究。通过结合保险代理人的特征数据、偏好险种、推广效果、费率占比等维度，可以全面剖析产品推广状况。这种分析有助于企业了解代理人的推广习惯和偏好，从而制定更加有效的产品推广策略。

例如，某款保险产品虽然在市场上的知名度较高，但推广率却不尽如人意。通过深入分析代理人的数据，发现大部分代理人对该产品的费率结构存在疑虑。针对这一问题，企业可以调整费率结构，提高代理人的推广积极性，从而提升产品的推广率。

明星产品分析旨在推荐性价比高、易于推广销售、理赔保障符合客户和保险公司双方利益的保险产品。通过定期评选出明星产品，结合代理人偏好进行推荐学习，可以丰富产品知识储备，提升保险交易成功率。

例如，每季度评选出的明星产品可以作为代理人的主推产品，企业可以为这些产品提供额外的支持和培训资源。同时，通过对明星产品的深入分析，企业还可以了解市场趋势和客户需求，为未来的产品开发提供参考。

除了以上三个方面的分析外，保险产品运营分析还可以整合寿险、财险、车险、短意险等不同险种类别的推广定价、产品理赔率和各类产品的销售业绩等数据，进行关联性综合分析。这种分析可以帮助企业深入探究不同险种之间的因果关系和地域影响关联性，为决策层制定战略合作方向提供有力支持。

例如，通过对比分析不同地区的保险产品销售数据和理赔数据，企业可以发现某些地区的保险需求较高但理赔率较低。针对这些地区，企业可以加大推广力度，提高市场占有率。同时，通过对不同险种之间的关联性进行分析，企业还可以发现潜在的交叉销售机会，提高客户满意度和忠诚度。

总之，保险产品运营分析是一个复杂而细致的过程。通过对产品理赔风险、产品推广理念和明星产品等方面进行深入分析，企业可以更加全面地了解市场和客户需求，制定更加有效的运营策略。同时，通过整合不同险种的数据进行关联性综合分析，企业还可以发现更多的市场机会和潜在风险，为未来的发展奠定坚实基础。

10.3.3　索赔与承保管理

大数据与索赔管理流程紧密相连，共同构成了保险公司运营的核心部分。在这个过程中，图像、视频和文本标记等信息的妥善保存显得尤为关键。这些信息可能来源于警方检查员、拖车司机或其他相关人员，它们为汽车保险索赔提供了有力的证据。

为了对这些非结构化数据进行深度分析，保险公司需要整合投保人及受益人的汇总信息，包括受益人、投保人和保险人等各方的相关信息。特别是在再保险和大型商业保险领域，承保过程中会产生大量的支持信息，如损失历史、财产计划、车辆调度和董事详细信息等。这些信息构成了保险公司非结构化大数据的重要来源，为保险公司的风险管理、产品设计和服务优化提供了宝贵的数据支持。

随着大数据技术的不断发展，保险公司得以快速存储和访问各类数据。通过运用大数据分析技术，保险公司能够识别出异常模式和关键信息，这在以往人工阅读文档的时代是难以实现的。例如，通过对历史索赔数据的分析，保险公司可以发现某些地区或某些类型的车辆更容易发生事故，从而针对性地调整保费策略或加强风险管理。

此外，大数据技术还为保险公司提供了自动化的数据管理和记录支持文档的能力，使保险公司能够创建统一、可审计的风险和客户档案，为全公司提供丰富的分析资料。通过这些分析资料，保险公司可以更加深入地了解客户的需求和风险状况，从而提供更加个性化的保险产品和服务。

总的来说，大数据与索赔管理流程紧密相连，为保险公司提供了强大的数据支持和决策依据。随着大数据技术的不断发展和应用，保险公司将能够更好地管理风险、优化产品设计和服务，为客户提供更加优质、高效的保险体验。

本章参考文献

[1] 乔晨晨，山晓梅．数字经济时代保险业运营服务高质量发展的思考［J］．保险职业学院学报，2022，36（5）：9－12.

[2] 宋志刚，王英姿，戴丽君．区块链背景下保险机构运营风险防控研究［J］．中国市场，2022（28）：43－46.

[3] 吴旭东．构建新金融时代中邮保险运营管理体系的思考［J］．邮政研究，2022，38（5）：34－37.

[4] 吴旭东，覃晓玲，李丹．商业保险运营服务数字化转型与创新探讨［J］．中国保险，2022（2）：45－48.

[5] 安建民，周一波，彭送庭．论大数据在保险公司经营管理中的作用［J］．金融科技时代，2021，29（8）：32－34.

[6] 汪艳秋，耿西亚．浅析大数据在保险优化中的应用［J］．老字号品牌营销，2021（2）：95－96.

[7] 韩吉光．我国渔业互助保险运营管理研究［J］．农村经济与科技，2020，31（10）：45－46.

[8] 吴旭东．借力科技重塑邮政保险运营策略探析［J］．邮政研究，2019，35（2）：35－37.

[9] 姜双双．大数据时代下保险营销模式研究［J］．中国战略新兴产业，2017（24）：79.

[10] 杨拯，鞠芳．大数据建模技术在人身保险反欺诈领域的应用路径探析［J］．上海保险，2017（3）：34－38.

[11] 左起．大数据时代互联网保险营销模式创新研究［J］．南京财经大学学报，2016（5）：105－108.

[12] 张新宇．大数据分析在保险公司运营流程中的应用［J］．金融电子化，2016（4）：72－74.

第 11 章　大数据对保险行业风险控制的影响

本章重点

1. 保险欺诈的主要方式与传统应对策略。
2. 大数据在预防欺诈方面的应用。
3. 大数据在保险风控方面的应用。

大数据技术可以精确识别理赔中可能的欺诈模式、理赔人欺诈行为和可能存在的欺诈网络，提升反欺诈绩效，降低理赔风险。通过基于大数据和人工智能的保险反欺诈以及基于区块链的风险管理与合规管理，可以提高保险反欺诈的有效性，降低道德风险和保险欺诈，提升保险公司风险控制水平。大数据防范保险欺诈，可以超越传统的人工经验，发现专业人士不能识别的风险；大数据防范可以实现自动化，通过系统控制承保和理赔风险；欺诈手段不断升级，专业化、团伙化、异业参与，传统的简单数据分析和规则已不能应对，需要大数据深度学习挖掘。

中国保险学会与金融壹账通联合发布的《2019 年中国保险行业智能风控白皮书》显示，保险领域欺诈比例高、手段多样，难以防范，全球每年约有 20%—30% 的保险赔款涉嫌欺诈，如我国车险领域欺诈渗漏比例约达 20%。

这扰乱了保险市场的正常经营秩序，违背了保险法律制度的诚实信用原则。根据《保险法》第二十七条，投保人、被保险人或受益人存在谎称发生保险事故提出赔偿请求，或伪造、变造有关证明、资料或其他证据，编造事故原因或夸大损失程度等行为之一，行为人应当向保险人退回保险金或承担赔偿责任。

不仅如此，保险公司在理赔过程中发现部分投保人、被保险人或受益人提交的理赔材料存在伪造医疗票证及诊疗报告的情况，投保人、被保险人或受益人提交虚假材料申请理赔保险金属于保险欺诈行为，严重者甚至可能构成保险诈骗罪。

为维护保险消费者的合法权益，提升保险业欺诈风险管理的科学性和有效性，促进保险业健康可持续发展及社会诚信体系的构建，保监会于2018年4月印发《反保险欺诈指引》，旨在构建保险行业欺诈风险管理规范和反欺诈技术标准，进一步防范和化解保险欺诈风险。

随着金融科技的发展，大数据、人工智能也开始逐步用在防范保险欺诈上。2020年，银保监会下发的《关于运用大数据开展反保险欺诈工作的通知》指出，要以大数据技术为核心，行业联防与执法协作为助力，全面协同推进反保险欺诈工作，有效识别和防范保险诈骗。大数据技术的应用有望推动行业信息共享，降低识别保险诈骗成本。

其中，反保险欺诈工作的目标主要有三项。具体而言，首先，完善反欺诈信息系统功能，改进欺诈风险筛查规则，推动科学有效地识别和防范欺诈风险。其次，夯实反欺诈数据基础，研究数据报送标准，提高数据的规范性、完整性和准确性。最后，优化工作流程，探索跨区域线索协查制度，建立保险公司、行业组织、监管部门等多方联动打击保险欺诈犯罪的常态化机制。

目前，政府、企业携手打击骗保行为，如众安发起的专项反欺诈行动，亮剑骗保行为，通过人工智能、大数据强化风控系统，精准识别骗保行为，并配合支持公安系统进行反欺诈专项治理，共同打假。

大数据技术具有强大的分析和识别能力，能够精确探测理赔过程中可能存在的欺诈模式、个人欺诈行为及潜在的欺诈网络，从而提升反欺诈的绩效水平，有效减少理赔风险。结合大数据与人工智能的保险反欺诈机制，以及基于区块链的风险管理与合规管理，不仅增强了保险反欺诈的实效性，还降低了道德风险和保险欺诈的可能性，显著提升了保险公司风险控制的水平。与传统的依赖人工经验的风险识别方法相比，大数据防范保险欺诈能够发现那些专业人士可能忽视的风险点。此外，大数据防范还能实现承保和理赔风险的自动化控制。随着欺诈手段的不断演进，如专业化、团伙化、异业参与等，传统的简单数据分析和规则已难以应对，而大数据的深度学习挖掘能力则提供了更为有效的解决方案。

11.1 当前保险风控面临的挑战

虽然风险防控是保险业发展过程中永恒的课题，但是随着经济社会的发展，新风险点层出不穷，恶意欺诈手段不断翻新，保险业风险防控受到更为严峻的冲击。

11.1.1　丰富的风险特征描述

在大数据时代，风险特征的描述被极大地丰富，数据资源的获取也愈发便利。这为保险行业带来了前所未有的机遇和挑战。尤其在车险领域，基于使用的定价模式（usage based insurance，UBI）已逐渐成为保险公司产品创新的重要方向。

在传统的车险市场中，保险公司主要依赖车型数据、汽车零整比数据、二手车数据等静态信息来评估风险。然而，这些数据只能提供有限的视角，无法全面反映驾驶员的驾驶行为和风险水平。随着大数据技术的发展，保险公司开始运用车载传感设备收集驾驶员的实时行为数据，如行驶速度、加速度、刹车次数等，以更准确地测度驾驶员的风险。

这些行为数据不仅可以帮助保险公司更精确地定价，还能为驾驶员提供个性化的驾驶建议和安全提醒。例如，当驾驶员在高速公路上超速行驶时，车载设备会发出警告，提醒驾驶员减速行驶。这种实时的反馈机制有助于驾驶员改善驾驶习惯，降低事故风险。

在人寿保险领域，大数据技术的应用同样带来了革命性的变革。传统保险精算生命表主要依赖年龄、性别、职业等静态信息来评估被保险人的健康状况和生死概率。然而，这种方法往往无法准确反映个体差异和健康状况的变化。

现在，保险公司开始利用可穿戴设备（如 Jawbone 推出的 Up、Apple 推出的 HealthKit 等）来实时监控被保险人的健康状况。这些设备可以收集大量的生理数据，如运动量、睡眠质量、心率等，为保险公司提供更全面的健康风险评估依据。通过这些数据，保险公司可以更准确地评估被保险人的风险水平，制定个性化的保险方案。

此外，这些可穿戴设备还可以帮助被保险人更好地了解自己的健康状况，及时发现潜在的健康问题并采取相应措施。例如，当被保险人发现自己的睡眠质量不佳时，可以及时调整作息习惯或寻求专业医疗建议。这种互动式的健康管理方式有助于提高被保险人的健康水平和生活质量。

总之，在大数据时代背景下，保险行业正迎来前所未有的发展机遇。通过运用大数据技术收集和分析各种风险数据资源，保险公司可以更准确地评估风险、制定个性化的保险方案，并为客户提供更优质的服务体验。同时，这也要求保险公司不断提升自身的数据处理能力和技术水平以适应时代发展的需要。

11.1.2　行业竞争倒逼核保和理赔速度的提升可能带来质量下降

在保险行业的纯理论和理想化视角下，核保与核赔环节被视为具备完全屏蔽逆向选择与道德风险的能力。这一理论设想似乎为保险公司构建了一个完美的风险控制机制。然而，当我们深入探究现实操作层面时，这一理想状态的实现却显得遥不可及。

理论上，要实现核保与核赔环节的理想状态，需要对每一份投保和理赔申请进行详尽无遗的调查。这不仅需要大量的人力投入，还需要先进的技术支持和高效的运营体系。但在实际操作中，保险公司面临着巨大的运营压力，往往难以投入足够的资源来实现这一理想状态。

当前，随着保险市场的竞争日趋激烈，保险公司为了提高客户体验，纷纷放宽投保条件，加速核保核赔流程。这些措施如免核保、免体检、快速赔付等，虽然提高了服务效率，但是增加了保险公司的风险。一些不良客户可能利用这些便利条件进行欺诈，给保险公司带来损失。

以2019年保险公司年报为例，一些公司最快的单笔理赔速度已达到秒级。这种高效率的背后，隐藏着保险公司对风险控制的妥协。核保核赔部门在提升服务速度的同时，也承受着来自客户和销售部门的双重压力。客户希望获得更快捷的服务，而销售部门则希望通过简化流程来增加销售量。这种双重压力使核保核赔部门在风险控制和客户体验之间难以取得平衡。

保费收入的显著增长无疑为保险公司带来了可观的收益，但也伴随着风险的增大。管理层在追求业绩增长、提升行业竞争力的同时，必须权衡与传统风险控制标准的冲突。这种权衡使保险公司风险控制的难度不断增大。

综上所述，核保与核赔环节在保险行业中扮演着举足轻重的角色。在追求效率与客户体验的同时，保险公司必须关注风险控制的重要性。只有在风险与效率之间找到平衡点，才能实现公司的长期稳定发展。这不仅需要保险公司自身的努力，还需要监管部门的支持和引导，以及整个社会的共同努力。

11.1.3 互联网保险的发展增加了风险控制的难度

随着科技的进步和互联网的普及，保险行业正经历着一场前所未有的变革。统计数据显示，保险产品的网络销售、移动互联网销售已经成为保险公司关注的焦点，并逐渐成为新的保费增长点。如今，客户不再需要亲自前往保险公司或代理人处购买保险，而是可以通过各种保险销售网站、手机微信等软件终端轻松完成投保或理赔过程。然而，这种便捷的购买方式也带来了一系列的风险和挑战。

首先，互联网保险的销售方式使材料真实性验证的难度增大。在传统的保险销售过程中，销售人员会与客户面对面交流，亲自核实客户提供的材料。然而，在互联网销售模式下，保险公司很难直接验证客户提供的材料是否真实有效。这增加了信息的不对称，使机会型欺诈风险不断上升。

其次，异地出险的增加也对保险公司的理赔后续工作提出了更高的要求。在传统模式下，保险公司可以根据当地的法律法规和实际情况进行理赔处理。然而，在互联网销售模式下，客户可能来自全国各地，甚至海外。当客户在异地出险时，保险公司需要面对不同地区的法律法规和实际情况，容易出现保险服务流程衔接的空白。

尽管互联网技术的发展给传统的风险防控带来了巨大的挑战，但也为保险公司提供了更多的机遇。互联网技术带来了大数据采集与分析技术，使保险公司可以获得之前从未有过的数据和场景。通过对这些数据的深入分析和利用，保险公司可以更加准确地评估风险，制定更为科学的保险产品和定价策略。同时，大数据技术可以帮助保险公司实现风险预警和监控，及时发现和应对潜在的风险问题。

例如，通过对客户的行为数据、交易数据、信用数据等进行分析，保险公司可以评估客户的信用状况和风险水平，从而制定个性化的保险方案。此外，通过对历史数据的挖掘和分析，保险公司还可以发现潜在的风险因素和规律，为未来的风险防控提供有力的支持。

总之，互联网技术的发展给保险行业带来了深远的影响。虽然互联网保险的销售方式给风险防控带来了新的挑战，但也为保险公司提供了更多的机遇。通过充分利用大数据技术和完善风险管理制度，保险公司可以不断提升自身的风险防控能力，为客户提供更加安全、可靠的保险服务。

11.2　欺诈行为分析

欺诈行为分析是指基于企业内外部交易和历史数据，实时或准实时预测和分析欺诈等非法行为，目前主要包括医疗保险欺诈与滥用分析以及车险和寿险欺诈分析等。

11.2.1　医疗保险欺诈与滥用分析

医疗保险欺诈与滥用是一个复杂而严重的问题，它给保险公司、政府和广大参保人员带来了巨大的经济损失。为了有效应对这一问题，我们需要对医疗保险欺诈与滥用进行深入的分析和探讨，以便更好地制定预防和应对措施。

首先，医疗保险欺诈与滥用通常可以分为两大类。一类是非法骗取保险金，即保险欺诈。这类行为通常涉及虚假的理赔申请、冒名顶替、虚构病情等手段，旨在获取不当的保险金。另一类则是在保额限度内重复就医、浮报理赔金额等，即医疗保险滥用。这类行为虽然不涉及欺诈，但却不合理地占用了医疗资源，增加了保险公司的赔付压力。

为了有效应对医疗保险欺诈与滥用问题，保险公司需要利用先进的技术手段进行风险识别和预测。通过收集和分析过去的理赔数据，保险公司可以找出影响保险欺诈最为显著的因素及这些因素的取值区间。例如，一些常见的欺诈行为可能涉及特定的医疗机构、医生或患者群体，以及特定的疾病类型或治疗方式等。此外，保险公司还可以结合人工智能和大数据技术，建立预测模型，对理赔案件进行自动化计分和分类处理。这样，保险公司可以快速地将疑似欺诈或滥用的案件识别出来，并采取相应的措施进行调查和处理。

除了技术手段外，预防和应对医疗保险欺诈与滥用还需要全社会的共同努力。政府部门应加强监管和执法力度，严厉打击医疗保险欺诈和滥用行为。同时，也需要加强宣传和教育，提高参保人员的风险意识和法律意识。医疗机构和医生也应自觉遵守职业道德和法律法规，规范医疗行为，防止被不法分子利用进行欺诈。

所以，医疗保险欺诈与滥用是一个严重而复杂的问题，需要全社会的共同努力来加以解决。通过技术手段和社会各界的合作，我们可以有效地预防和应对医疗保险欺诈与滥用问题，保护参保人员的权益和保险公司的利益，实现医疗资源的合理利用和社会的可持续发展。

11. 2. 2　车险欺诈分析

随着汽车保有量的不断增加，车险市场日益繁荣，然而，在这背后，车险理赔中的欺诈行为也逐渐浮现，给保险公司带来了巨大的经济损失。车险欺诈手法层出不穷，给保险公司的风险管理带来了严峻的挑战。然而，随着技术的发展，保险公司也在不断探索有效的解决方案，以应对这一难题。

车险欺诈的常见手法主要包括虚报事故损失、伪造事故现场、冒名顶替等。一些不法分子利用保险公司对事故定损的复杂性，故意夸大损失程度，以获取更高的理赔金额。还有一些不法分子通过伪造事故现场，企图骗取保险公司的赔偿。此外，业务员与修车厂勾结欺诈也是车险欺诈的一种常见形式，他们通过虚构事故、夸大损失等手段，共同牟取不正当利益。

为了应对车险欺诈问题，保险公司开始利用过去的欺诈事件建立预测模型，对理赔申请进行分级处理。这一策略在很大程度上解决了车险欺诈问题，提高了保险公司的风险管理水平。具体而言，保险公司可以根据历史欺诈事件的数据，构建欺诈识别模型，对理赔申请进行自动筛选和分类。对于高风险的理赔申请，保险公司可以进行更加严格的审核和调查，以降低欺诈风险。

在车险理赔申请欺诈侦测方面，预测模型可以帮助保险公司快速识别出可能存在的欺诈行为。例如，通过对比事故现场照片、车辆损失情况等数据，模型可以分析出是否存在虚报损失、伪造现场等欺诈行为。一旦发现欺诈嫌疑，保险公司可以迅速采取措施，如进一步调查、拒绝理赔等，从而避免经济损失。

在业务员及修车厂勾结欺诈侦测方面，预测模型同样发挥着重要作用。通过分析业务员和修车厂的合作记录、事故报告等数据，模型可以发现异常交易和勾结行为。这样，保险公司可以及时采取措施，如撤销合同、追究法律责任等，以遏制这类欺诈行为的发生。

除了利用预测模型进行欺诈侦测外，保险公司还可以采取其他措施来加强风险管理。例如，加强员工培训，提高员工对欺诈行为的识别和防范能力；建立严格的审核制度，对理赔申请进行多层次的审核和核实；与警方、法律机构等合作，共同打击车险欺诈行为等。

总之，车险理赔中的欺诈问题给保险公司带来了巨大的经济损失。通过建立预测模型、加强员工培训、建立严格的审核制度等措施，保险公司可以有效地解决车险欺诈问题，提高风险管理水平。同时，保险公司还需要不断探索和创新，以应对日益复杂多变的欺诈手法，保护公司和消费者的合法权益。

11.2.3　人寿保险欺诈分析

寿险业作为一个庞大的金融产业，一直在努力应对各种风险，其中包括欺诈行为所带来的损失。高额意外险和重疾险作为寿险中的两个重要组成部分，欺诈问题尤为突出。

11.2.3.1　高额意外险欺诈及挑战

高额意外险旨在为被保险人在遭遇意外事故导致死亡或伤残时提供高额保障。然而，正因为其高额的保障和相对较低的保费，使高额意外险成为欺诈行为的重灾区。在现有的数据基础上，对于高额意外险欺诈的识别和预防，确实面临着巨大的挑战。

要实现有效的反欺诈，需要构建一个能够精准识别欺诈行为的数据模型。这一模型需要综合考虑各种随机和非随机因素，包括但不限于被保险人的历史记录、职业风险、投保行为等。然而，由于欺诈行为的复杂性和隐蔽性，单纯依赖传统的数据模型往往难以取得理想的效果。因此，寿险公司需要不断探索和创新，结合先进的数据分析技术和机器学习算法，以构建更加精准和高效的反欺诈模型。

11.2.3.2 重疾险欺诈与大数据应用

相比之下，寿险中的重疾险欺诈问题则可以通过大数据模型应用来找到相应的解决方案。大数据模型的应用，使寿险公司能够获取和分析更加全面和深入的客户数据，从而发现与欺诈行为强相关的变量。

通过构建基于大数据的重疾险欺诈识别模型，寿险公司可以实现对欺诈行为的精准识别和预警。这些模型可以利用客户的健康状况、家族病史、医疗记录等多种数据，结合机器学习算法，对潜在的欺诈行为进行识别和预测。这不仅有助于减少欺诈损失，还能提高保险公司的运营效率和服务质量。

高额意外险和重疾险的欺诈问题，一直是寿险业面临的难题。然而，随着大数据和人工智能技术的不断发展，寿险公司有望通过构建更加精准和高效的数据模型，实现对欺诈行为的精准识别和预防。寿险业需要继续加大对数据科学和人工智能技术的投入，以提升反欺诈工作的智能化水平。同时，行业内外也需要加强合作与交流，共同研究和应对欺诈行为的新趋势和新挑战。只有这样，才能确保寿险业的健康、稳定和可持续发展。

11.2.4 欺诈识别

保险欺诈是一个全球性的问题，不仅在美国和欧盟造成了巨大的经济损失，还在全球范围内对保险业产生了深远的影响。在美国，每年健康保险欺诈给保险业带来的损失估计在 700 亿—2600 亿美元；在欧盟，这一数字也高达 300 亿—1000 亿美元。面对如此庞大的损失，保险公司急需采取有效的措施来防止欺诈行为的发生。

近年来，大数据技术的快速发展为保险业带来了新的机遇。通过运用大数据，保险公司能够更全面地了解被保险人的情况，从而更准确地判断索赔请求的真实性。而在这个过程中，大数据已经帮助保险人作出了重大的改变，超越了以索赔为中心和以人为中心的算法欺诈检测技术。

传统的欺诈检测技术主要侧重于分析索赔方、保险供应方和其他的信息来源。例如，保险公司会检查同一个被保险人提交了多少份类似的索赔请求，以及这些索赔请求之间是否存在矛盾或不合理之处。然而，这种方法的局限性在于它只能分析单个被保险人的情况，而无法考虑到整个社交圈子的影响。

相比之下，大数据技术的应用使保险公司能够扩展到防火墙之外的数据源，基于外部信息进行分析。例如，通过队列分析，保险公司可以利用一个人的社交圈子来分析相关个体之间的类似行为。这种方法不仅考虑了单个被保险人的情况，还考虑到了与其相关联的其他人的行为和特征。这样一来，保险公司就能够更全面地了解被保险人的情况，从而更准确地判断索赔请求的真实性。

此外，大数据技术的应用还使保险公司能够发现更多的欺诈模式。传统的欺诈检测技术往往只能识别出一些明显的欺诈行为，而忽略了许多隐蔽的欺诈模式。然而，通过大数据技术，保险公司可以分析大量的数据，发现那些不太明显的欺诈模式，从而更好地保护自己的利益。

大数据技术的应用为保险业带来了新的机遇和挑战。通过运用大数据，保险公司能够更全面地了解被保险人的情况，更准确地判断索赔请求的真实性，并发现更多的欺诈模式。这些技术的发展将为保险业带来更加美好的未来。

11.3　理赔预防与降低

赔付作为保险公司经营的重要环节，直接关系到企业的盈利状况，因此一直是保险公司管理的核心之一。在赔付过程中，异常值即超大额赔付的存在，是推高赔付率的关键因素。大数据技术的运用，为保险公司及时、有效地采取干预措施提供了有力的支持。

以某海外保险公司工伤补偿为例，其赔付数据中，异常值所占比重不到 20%，但其赔付费用却超过了总赔付费用的 80%。这些高额赔付案例的发生，往往伴随着一定的征兆，如果能提前介入并采取适当的干预措施，就有可能有效控制赔付金额的增长。

通过运用大数据分析技术，保险公司可以实现对伤者疾病发展过程的自动跟踪和关注，及时提出治疗建议，以避免慢性疾病的发生。同时，可以向用人单位提出工作调整建议，以减少误工等额外成本。这些措施的实施，不仅有助于降低赔付金额，还能提升保险公司的服务质量和客户满意度。

11.3.1　核保环节

在传统保险的核保环节中，主要有立案勘查、审核证明和资料、核定保险责任、履行保险义务四个流程，而审核证明和资料环节中，还常常包含签收审核索赔单证、理算符合、审批等环节。大部分保险公司理赔工作都是由人工完成，因此一般保险理赔的周期快则需要三日，慢则需要一周甚至半个月，漫长而烦琐的理赔环节严重地影响了用户体验。

由于信息技术的发展，人们可以通过手机拍照将核保需要的相关证明上传给受保公司，保险公司进行审核后进行理赔，整个理赔服务周期被大大缩短。并且，对于某些保险品类来说，相比于赔偿金额，保险购买者更希望及时获得相关服务，如交通事故、极限运动后的医疗保障，因此理赔服务化现在也越来越多地应用在互联网保险中。而针对一些需要专业人员判断理赔数目的特殊保险品类，如车险等，解决方案显然并不是最优的，手机上传的照片只能证明这场事故真的意外发生了，究竟赔偿多少还是需要专业人员进行专业核定，而核定过程仍然需要一定的时间。

互联网保险观察数据显示，高达74%的消费者表示他们愿意采纳由计算机生成的保险建议。这一数字表明，保险购买者对人工智能的信任度和接受度并不像一些人所想象得那样低。随着科技的不断进步，现在大多数保险公司都采用了线上预核保系统，通过大数据和算法对投保人的风险进行初步判断。这种自动化的风险评估不仅提高了效率，还在一定程度上减少了人为因素导致的误判。

除此之外，一些先进的保险科技公司更是通过深度学习和数据挖掘技术，对个人的多种信息进行综合分析，从而进行更加精确的风险评估。这些信息包括但不限于投保人的年龄、性别、职业、健康状况、驾驶记录等。通过这些信息，保险公司可以更加全面地了解投保人的风险状况，从而为他们提供更加个性化的保险产品和服务。

11.3.2　对客户进行有条件的风险扫描

传统的核保过程往往依赖客户的主动告知和核保人员的经验判断，这种方式不仅效率低下，还存在较大的风险漏洞。随着大数据技术的飞速发展，保险公司有机会从海量的数据中获取客户的相关信息，从而实现核保过程的精确化和高效化。

在传统核保过程中，客户需要主动告知自己的各种信息，如健康状况、既往病史、家族遗传病等。核保人员则需要从这些有限的信息中，像侦探一样寻找可能的风险点。在这个过程中，风控主要依赖客户的诚信水平和核保人员的工作经验。然而，这种方式存在很大的局限性。一方面，客户可能由于各种原因隐瞒或误报信息，导致核保结果不准确；另一方面，核保人员的工作经验虽然丰富，但难免会有疏漏和误判。

此外，传统的核保方式还需要客户进行大量的投保告知，这无疑增加了客户的负担和耐心挑战。面对一长串的问题，客户很容易产生反感情绪，从而不认真填写告知内容或干脆放弃购买保险产品。这不仅影响了保险公司的业务发展，还损害了客户的利益。

然而，在大数据条件下，保险公司有条件从数据库中获取客户的大量相关信息。这些数据来源广泛，包括客户的就医记录、体检报告、社交媒体行为等。通过深度挖掘和分析这些数据，保险公司可以更加准确地了解客户的健康状况和生活习惯，从而实现对风险的精确评估。

以就医记录为例，保险公司可以通过分析客户的就医记录，了解其患病情况、治疗过程和用药情况等信息。这些信息对于评估客户的健康状况和预测未来可能的风险具有重要意义。此外，通过查询客户在各家保险公司的既往投保记录，保险公司还可以分析投保人是否存在重复投保、短期内大额投保等高风险行为。这些行为往往暗示着客户可能存在欺诈或过度投保的倾向，因此需要及时进行风险控制和干预。

大数据技术的应用将彻底改变既往核保的管理思路。传统的依赖客户告知和核保人员经验的方式将被更加精确和高效的数据分析所取代。保险公司将能够更加准确地评估风险，制定个性化的保险方案，提高核保效率，降低运营成本。同时，客户也将享受到更加便捷和高效的保险服务，投保过程将变得更加简单和透明。

11.3.3　核赔环节发现理赔欺诈线索

在保险行业的传统核赔流程中，风险甄别和防止理赔欺诈主要依赖核赔人员的专业经验和调查人员的警觉性。尽管这种人工方式在一定程度上可以识别风险，但仍然存在一些固有的问题和挑战。例如，人为制造的保险事故、虚报不存在的保险事故和夸大事故损失金额等情况时有发生，给保险公司带来了不小的损失。然而，随着大数据技术的快速发展和应用，保险公司有机会通过数据分析和模型预测来显著提升反欺诈的准确性和及时性。

在大数据环境下，保险公司可以汇集不同地区、不同公司之间的理赔数据，形成一个庞大的数据库。这个数据库可以包含数以百万计的理赔案例，涵盖了各种类型的保险事故和欺诈行为。通过对这些数据的深度挖掘和分析，保险公司可以建立起一系列高效的大数据模型，用于识别理赔中可能存在的欺诈模式、潜在的欺诈行为和欺诈网络。

借助大数据手段，保险公司可以在核赔过程中自动筛选出存在欺诈嫌疑的理赔申请。这些模型可以通过对海量数据的快速处理和分析，找出与欺诈行为相关的关键问题和特征。例如，对于车险理赔，模型可以分析事故发生的时间、地点、车辆型号、车价、事故中的人数等因素，与以往类似事故的数据进行对比，从而发现异常情况和潜在的欺诈行为。

为了确保数据资源的完整性和多样性，保险公司需要收集尽可能多的相关数据。这些数据不仅包括理赔历史记录、保单信息等基础数据，还需要包括其他保险公司的数据、医疗保险数据、事故统计数据、征信记录、犯罪记录和社交网络数据等。这些数据可以为大数据模型提供更全面、更准确的信息，从而提高反欺诈的效率和准确性。

此外，大数据还可以帮助保险公司建立更加完善的客户画像和风险评估体系。通过对客户的行为数据、交易数据、信用数据等进行分析，保险公司可以更加准确地评估客户的风险水平，从而制定出更加合理的保险产品和定价策略。这不仅可以提高保险公司的业务效率，还可以为客户提供更加优质、个性化的保险服务。

综上所述，大数据技术的应用为保险公司反欺诈工作带来了革命性的变革。通过数据分析和模型预测，保险公司可以更加准确地识别出欺诈行为，提高核赔效率和准确性。同时，大数据可以帮助保险公司优化客户画像和风险评估体系，提升业务效率和客户满意度。未来，随着大数据技术的不断发展和完善，相信保险行业将会迎来更加广阔的发展前景和机遇。

11.4 大数据预防欺诈的方法

11.4.1 保险欺诈的一些方式

反欺诈作为大数据的一个典型应用，正逐渐展现出其巨大的潜力和价值。众安保险的一则骗保案例为我们提供了一个生动的实例。这起案件涉及一起不合常理的人身意外险赔付，其中涉及的关键信息包括异常高的门诊费用、伪造的医疗文书和一系列细节上的破绽。在传统的人工核保模式下，这些破绽可能难以被发现，而大数据技术的应用则为揭示真相提供了有力支持。

大数据的多维度分析为识别异常提供了可能。在这起案件中，整体数据的对比显示出门诊费用的异常值，引起了众安理赔风控系统的警觉。通过进一步核查，发现虽然提交的医疗文书和票据看似齐全，但其中存在多处不合常规之处。例如，医生签名与常规不符、超声波影像报告日期不符、门诊票据疑似色差等。这些细节在传统的核保模式下可能难以察觉，但在大数据技术的帮助下，却能够轻松揭露真相。

大数据技术的实时性和动态性为反欺诈提供了有力武器。在这起案件中，通过调取同期发生的相似案件，发现多份影像报告的签名处存在相似的 PS 痕迹，影像报告中也存在大量雷同。这表明骗保人可能是一个有经验的犯罪团伙。通过大数据技术，保险公司可以实时监测理赔人的信息变化，从多个方面验证其身份和事故发生的真假，从而有效防止骗保行为的发生。

大数据技术还能够为反欺诈工作提供更为全面和深入的支持。除了对理赔人提交的材料进行核查外，大数据技术还可以结合地址、社交网络、熟人圈子、支出流水等多个数据来源，对理赔人的背景进行全面分析。这种全面的数据分析不仅能够帮助保险公司更为准确地识别骗保行为，还能够为打击犯罪提供有力证据。

大数据技术在反欺诈领域的应用具有显著的优势和潜力。通过多维度分析、实时动态监测和全面、深入的数据挖掘，大数据技术不仅能够提高核赔的效率和准确性，还能够有效防止骗保行为的发生。随着大数据技术的不断发展和完善，相信反欺诈工作将会迎来更加美好的明天。

11.4.2　大数据预防欺诈的方法

保险欺诈，指的是行为主体通过实施欺诈行为或疏忽，旨在获取不正当或非法利益的行为。其涵盖的种类有：

(1) 保单持有人及索赔欺诈，涉及在购买及执行保险产品时，对保险公司实施的欺诈行为，尤其是在提出保险索赔时的欺诈行为。

(2) 中介欺诈，指保险代理人、企业代理、中介或第三方代理人对保险公司或保单持有人实施的欺诈行为。

(3) 内部欺诈，指保险公司的董事、经理或其他任何员工对保险公司实施的欺诈行为。

在美国，保险欺诈每年给保险公司带来数十亿美元的损失。除经济损失外，客户的不满也会导致保险公司失去部分业务。尽管许多保险监管机构已制定框架和流程以控制欺诈行为，但多数情况下，这些机构仍是被动应对而非主动预防欺诈。传统方法，如循环列入黑名单的客户、保险代理人和员工，已不足以解决当前的欺诈问题。

保险监管机构已确立欺诈检测与缓解的流程。传统解决方案依赖于历史欺诈数据、被列入黑名单的客户和保险代理人，以及特定领域的欺诈数据。这些数据的获取主要局限于特定保险公司的 IT 系统及其他外部来源。现有的欺诈检测流程大多依赖手工操作，处理的数据集有限，保险公司可能无法全面调查所有指标。欺诈行为通常较晚才被发现，导致保险公司难以对每个欺诈案例进行深入跟进。

当前的欺诈检测主要依赖于对已知欺诈案例的了解，因此每当新型诈骗出现时，保险公司往往需承担首次损失。传统方法受限于单一数据源，难以适应不断增长和多样化的数据来源。

大数据解决方案可以帮助解决这些问题，并在保险公司的欺诈检测中发挥重要作用：

（1）初级解决方案模式。医疗保健欺诈检测所需的数据源于多元化的数据提供方，如银行、医疗机构、社交媒体和互联网机构。这些数据涵盖了博客文章、社交媒体帖子、新闻报道、各类机构报告和X射线报告等非结构化数据。借助大数据分析技术，这些数据得以相互关联、整合，并在预设规则的指导下进行深入分析，以评估欺诈风险的可能性。

在此模式下，数据提供方负责预处理其非结构化数据，将其转化为结构化或半结构化格式后提供给检测系统。预处理后的数据将被存储在大数据存储解决方案中。随后，系统会识别出数据中的关键实体，并基于这些实体生成报告。

实体识别是一项关键任务，旨在从数据中识别出具有命名意义的元素。所有与分析相关的实体，包括那些与其他实体无直接关联的独立实体，都必须被准确识别。这一任务通常由数据科学家和业务分析师共同完成。实体解析则进一步根据数据间的关联性和上下文信息，识别出单一或复杂的实体结构。

对于结构化数据，可以通过转换过程，将其调整为最适合分析的格式，并直接存储在大数据结构化存储系统中。这使系统能够执行即席查询，快速获取如特定客户、地区、保险产品、代理人或审批人员在特定时间段内的欺诈风险概况，或对特定代理或审批人员的过往索赔记录进行核查。

一般而言，组织在采用大数据进行医疗保健欺诈检测时，通常采用探索性方法。这意味着组织会根据现有数据资源，评估能够挖掘出哪些有价值的洞见。在此阶段，组织通常不会将大量资源投入高级分析技术，如机器学习、特征提取和文本分析等。

（2）高级解决方案模式。大数据防止欺诈的高级模式比入门模式表现更好。通过高级模式的大数据分析，企业可以更加准确地预测欺诈行为，并采取相应的措施来防止欺诈的发生。

大数据防止欺诈的高级模式比入门模式表现更好，这是因为高级模式采用了更加复杂的算法和模型，能够更准确地识别欺诈行为。在索赔处理的三个阶段中，高级模式都可以预测欺诈行为，并在适当的时候启动欺诈检测流程。这些阶段包括索赔已经解决、索赔处理正在进行中和刚刚收到索赔请求。

对于前两个阶段，企业可以批量处理索赔，并且可以启动欺诈检测流程。这个流程可以是常规报告流程的一部分，也可以由业务请求启动。在这个阶段，高级模式可以快速地分析大量的数据，找出可能存在欺诈行为的索赔，从而避免了企业的经济损失。

而对于第三个阶段，企业可以通过索赔请求拦截器实时地处理索赔请求。当索赔请求拦截器检测到可能存在的欺诈行为时，它会立即启动欺诈检测流程，并通知在系统中识别的利益相关者。这种快速响应的机制可以帮助企业尽早检测到欺诈行为，从而降低风险或损失的严重性。

在这个过程中，数据的获取、存储和分析变得日益重要。在欺诈检测领域，有效的数据处理和分析方法成为防范欺诈行为的关键。在这一模式下，数据首先被获取并按原样存储在非结构化数据存储中。这一步骤至关重要，因为它确保了数据的完整性和原始性，为后续的分析提供了坚实的基础。

接下来，数据需要经过预处理阶段，以将其转换成可以被分析使用的格式。预处理过程可能包括数据清洗、格式化、转换和整合等多个步骤。有时，这一过程可能会非常复杂和费时，但它是确保数据质量和分析准确性的关键步骤。在这一阶段，我们需要运用先进的技术和工具，对数据进行细致的处理，以消除异常值、填补缺失数据，并确保数据的一致性和可比性。

此模式的核心组件是欺诈检测引擎，它依赖高级分析功能来预测和识别欺诈行为。欺诈检测引擎通过运用机器学习、数据挖掘等先进技术，对大量的数据进行分析和挖掘，以发现潜在的欺诈行为。在这一过程中，被明确定义并经常更新的欺诈指标发挥着至关重要的作用。

欺诈指标是帮助识别欺诈行为的关键工具。它们通常基于历史数据和欺诈行为的特征进行构建，通过对数据的统计和分析，可以发现异常模式和可疑行为。以下是一些常见的欺诈指标，它们可以帮助我们检测欺诈，并使用技术来实现打击欺诈行为的系统：

①保单生效后不久进行索赔。

②在处理索赔时发生严重核保失误。

③被保险人在追求快速解决时具有明显的攻击性。

④被保险人愿意接受小额赔偿，而不是记录所有损失。

⑤文件的真实性值得怀疑。

⑥被保险人在背后偿还贷款。

⑦所产生的伤害是不可见的。

⑧不存在已知伤亡的高价值索赔。

⑨个人集群之间存在关系，包括保单持有人、医疗机构、联营公司、供应商与合作伙伴。

⑩持牌及非持牌医疗服务提供者之间存在联系。

诈骗预测的传统方法有其局限性，因此，用户需结合社交网络分析，深入探索持牌及非持牌医疗服务提供者间的联系，并细致审视保单持有人、医疗机构、联营公司、供应商与合作伙伴之间的关系网络。在这一过程中，验证文件真伪、评估个人信用评分等复杂任务亦不可或缺。

分析时，这些指标将在庞大的数据集中并行搜索，并分别赋予相应权重。这些权重的总和将直接反映预测欺诈的精确度和潜在严重性。分析完成后，系统可向相关利益方发送警报和通知，并生成详尽的分析报表。

此模式特别适用于依赖大数据进行深度分析的企业。这些企业通常需要进行复杂的预处理工作，以便利用先进技术（如特征提取、实体解析、文本分析、机器学习和预测分析等）将数据转化为适合分析的形式。然而，此模式并不包括根据分析结果采取具体行动或提供策略建议。

11.4.3 预测模式

在涉及高级业务洞察的解决方案中，欺诈预测往往需要制定具体的应对措施，如拒绝理赔请求，或在进一步核实信息前暂缓赔付，甚至需要报告至法律部门以采取法律行动。此种模式下，每种预测结果都对应着明确的行动方案，这种行动与结果之间的映射关系被称为行动决策矩阵。

相较于传统方法，大数据分析在欺诈检测领域展现出了显著的优势。保险公司可以构建一套包含所有相关数据源的综合系统，这种全面的系统对于识别不常见的欺诈行为尤为重要。此外，借助预测模型等先进技术，可以对欺诈案例进行深入剖析，筛选出明显的欺诈行为，并对低发欺诈案件进行进一步分析。

大数据解决方案还能够帮助企业建立全局反欺诈工作视角。通过整合组织内部的相关信息，全局视角通常能提升欺诈检测的准确性。欺诈行为可能源自多个环节，如理赔处理、保险退保、缴费过程、新保单申请，以及涉及员工或第三方的欺诈行为。将这些不同来源的数据进行综合分析，可以显著提高预测的准确性。

分析技术使企业能够从非结构化数据中提取关键信息。尽管大量的结构化数据存储在数据仓库中，但许多关于欺诈的关键信息却隐藏在非结构化数据中，如第三方报告等，这些数据往往被忽视。此外，在大多数保险机构中，社交媒体数据并未得到妥善存储或分析。

针对保险行业中的欺诈识别场景，存在多种解决方案模式。最简单的模式关注的是如何存储和整合不同来源的数据，并进行初步的探索性分析。而更复杂的模式则涉及如何从数据中获取深入的洞察，并根据这些洞察采取相应的行动。

通过综合各种来源的数据，我们可以更有效地预测和防范这些欺诈行为。现代分析技术使我们能够从非结构化数据中提取出有价值的信息。尽管大量结构化信息存储在数据仓库中，但关于欺诈的关键信息往往隐藏在非结构化数据中，如第三方报告等，这些数据往往容易被忽视。在保险行业中，社交媒体数据的有效存储和分析也尚未得到充分的重视。

在个人征信领域，征信体系是通过收集、整理、保存和加工信用数据，以帮助客户评估和控制信用风险，从而实现有效的信用管理。金融领域对风险控制的强烈需求使健全的征信体系成为保障金融健康发展的重要基石。

征信体系的建设依赖用户的大量多维度行为数据和消费数据。在大数据时代背景下，对信用数据的要求不仅在于数量大，更在于其覆盖的维度和深度，以真实反映用户的信用状况。中国庞大的人口基数和日益增长的金融相关行为数据为征信体系提供了丰富的数据来源。除了传统的金融机构数据，互联网已经为征信行业提供了更多实时、多维度的数据。例如，芝麻信用主要依赖淘宝电商和支付宝交易数据，前海征信则主要依赖平安保险的金融数据。

然而，在征信数据的有效使用方面，一个主要的挑战是数据标准化。目前，许多大数据和个人征信机构尚未建立统一的数据标准，导致不同机构在收集、记录和处理信用数据时存在格式差异。这不仅增加了数据共享的成本，还降低了效率。

机构的数据分析处理能力和相关信用模型的构建是其核心竞争力所在。这些模型通常涉及大数据分析、神经网络算法和深度学习等技术。通过选取特征值形成特征向量，再利用大量数据运用线性回归、逻辑回归或非线性回归等方法来构建信用模型。后续还需要通过大量数据来训练、测试和优化模型，以提高其精准度。

经过数据处理得到的信用产品可以作为输出。目前，市场上的信用产品主要包括经过筛选处理的征信数据、信用报告和信用评分等。信用报告是金融机构了解用户信用状况的重要工具，而信用评分则是一种直观反映用户信用水平的量化指标。

最后，信用产品的应用不仅限于金融场景，还可以扩展到教育、婚庆等生活化场景。例如，芝麻信用分达到一定分数后，用户在使用共享单车时可以享受免押金的优惠。这体现了信用数据在多个领域的应用价值。

11.5　保险大数据风险控制应用

11.5.1　先测评风险再买保险

互联网保险显著的特点和趋势体现在碎片化、场景化及社交化这三个方面，这使市场上涌现出大量的创新型保险产品，如碎屏险、失眠险等。这些保险产品凭借其独特的卖点和实用性，已获得了市场的广泛认可和用户的高度喜爱。

保险的核心价值在于转移风险、降低损失，帮助人们在面对不确定性时保持财务稳定。然而，这些新兴保险产品是否真的能够有效地为用户管理风险，仍是一个值得深入探讨的问题。每个人的生活背景、风险承受能力及管理水平都存在着显著的差异，因此几乎难以找到一款适合所有人的保险产品。用户购买这些看似实用的保险产品，可能会误以为已经全面管理了个人风险，但实际上，他们可能仍然面临着未被覆盖的风险。

为了更好地帮助用户管理风险，我们需要通过量化手段来认知、评估、控制及转嫁风险。这不仅能显著降低风险的总成本，还能提升保险的价值和用户满意度。例如，通过利用大数据和人工智能技术，我们可以对用户的风险进行全面分析和评估，从而为用户提供更加个性化的保险建议。

近年来，随着个人和家庭对保险需求的日益增长，以及对保险服务专业性的要求不断提高，传统的保险业务模式已经难以满足市场的需求。同时，互联网的高效便捷和技术的不断进步，为个人和家庭提供保险经纪服务提供了可能。这种服务模式不仅可以帮助用户更好地选择和管理保险产品，还可以提供更加专业的保险咨询和服务。

【专栏 11－1】　案例：安逸风险管家

安逸风险管家（通常称风险管家）是国内首家为企业及个人提供在线风险管理和专业保险经纪服务的持牌平台（见图 11－1），提供从风险咨询到个性化风险管理方案的一站式风险管理服务（见图 11－2）。

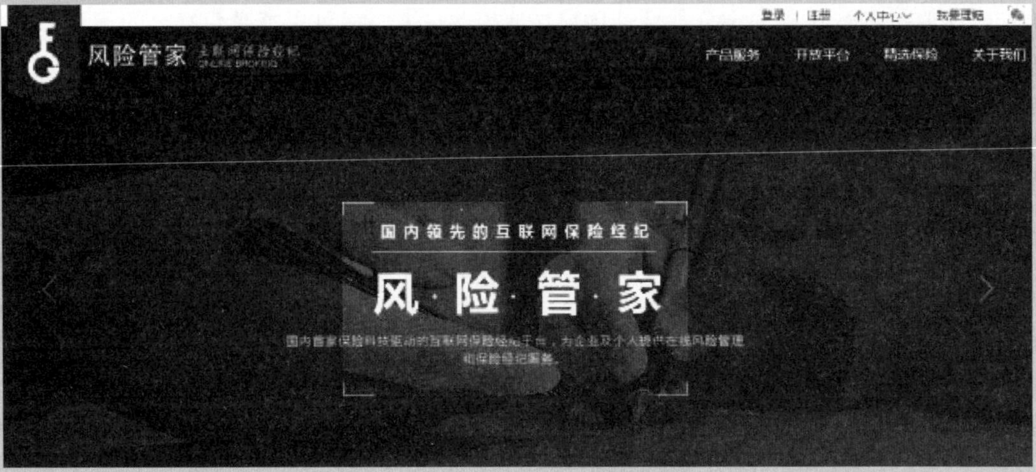

图 11－1　风险管家官网

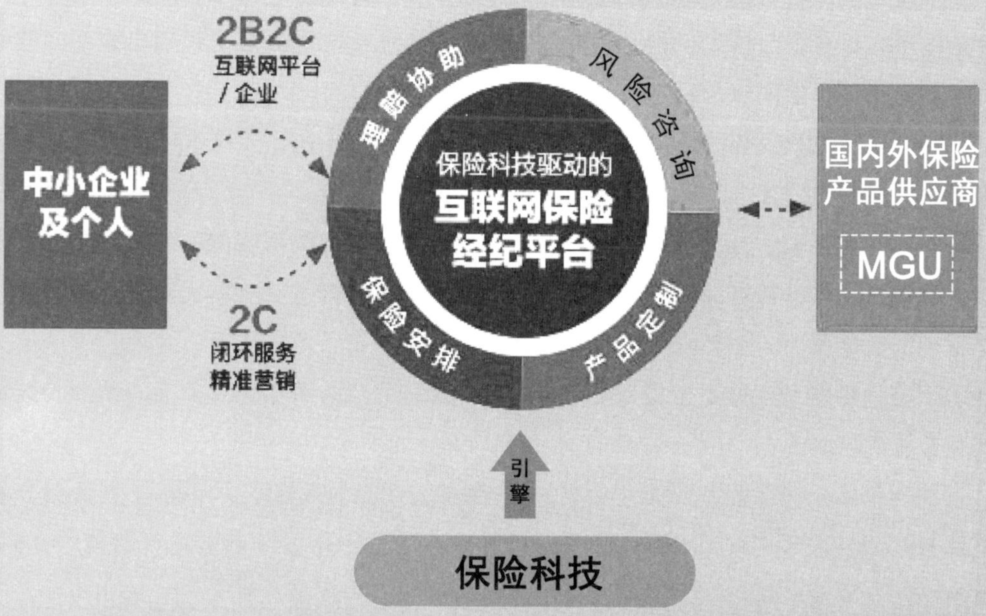

图 11－2 风险管家业务模式图

用户可以通过安逸指数来测算个人的风险水平，目前已开放体育、健康、旅行等十个类别。其实我们的每一个行为背后，都会面临很多无法预知的风险，但我们又不清楚具体的风险在哪里，所以风险管家就是告诉用户风险事项并给予措施。例如，一位用户计划骑行去青海，如果没有经过任何专业训练，相对于专业骑手，他所面临的风险指数将有多高？在风险管家中填写一些基本信息后，风险管家将基于精准的风险测算模型（由全球最大的风险精算集团提供数据建模），列出用户可能面临的最大潜在损失和风险事项，如行李丢失、高原身体不适等，并给出对应的控制措施方案。在风险解决方案中，风险管家会推荐包含但不限于医疗救援、智能穿戴、智能家居、车载设备等风控产品以及各类超高性价比的保险产品。

11.5.2 大数据分析辅助风险控制的渠道

近年来，大数据的开发应用不仅得到了实务界的关注，也吸引了理论界进行更为细致的研究，并取得了一定成果。欺诈分析技术作为大数据应用的一个典型案例，其结合了大数据模型、统计技术和人工智能，为保险公司提供了全新的风险控制手段。

在大数据的驱动下，欺诈分析技术已经建立了相对完善的理论模型。这一模型不仅考虑了大数据技术本身的发展要求，还结合了保险公司的实际运营情况，形成了具有针对性的算法体系。这些算法体系通过对海量数据的挖掘和分析，能够准确识别出潜在的欺诈行为，为保险公司提供了有效的风险控制手段。

然而，要想充分发挥大数据分析在风险控制中的作用，还需要满足以下 3 个条件。

首先，以数据库建设为基础，保险公司需要在内部数据资源整合的基础上，努力建立全行业共享的大数据平台。这一平台将汇集各个保险公司的数据资源，形成一个庞大的数据池，从而提升整个行业的风险控制能力。数据资源的整合是一个庞大而复杂的工程，尤其是对于混业经营的大型金融集团来说，其内部已有数据资源的整合本身就是一个巨大的挑战。但这一步骤至关重要，因为只有收集到海量有价值的数据，才能为后续的大数据分析提供坚实的基础。

其次，保险公司需要提升 IT 技术水平，储备大数据分析的技术力量。大数据分析对数据库技术的要求非常高，因此，公司必须拥有强大的网络系统和数据计算能力。同时，为了进一步开发大数据资源，保险公司还需要拥有专门的统计分析人才。这些人才不仅要具备丰富的数据分析经验，还需要掌握先进的统计技术和数据分析方法。技术储备是一个长期而持续的过程，需要保险公司不断地投入人力、物力和财力。

最后，在大数据分析过程中，保险公司需要特别注意数据安全和客户信息的保密管理。大数据和互联网一样，具有双刃剑的特性。虽然大数据为保险公司提供了强大的风险控制能力，但也带来了数据泄露的风险。一旦个人信息数据泄露，不仅可能引起客户的诉讼，还可能给保险公司带来极大的经济损失甚至破产。因此，保险公司在引用客户信息之前，必须取得客户的明确授权，并严格遵守相关法律法规。同时，保险公司还需要依靠先进的技术手段和管理措施，确保数据的安全性和保密性。

11.5.3　大数据在保险业风险防控中的实际意义

大数据技术不仅改变了保险公司对客户信息的获取方式，还优化了核保和核赔环节的工作流程。

首先，大数据在核保环节得到很好的应用。在传统核保过程中，保险公司主要依靠客户的告知信息和核保人员的经验来判断风险。然而，这种方式存在很大的局限性。客户可能出于各种原因隐瞒或误报信息，而核保人员也可能因为经验不足或工作量大而漏掉风险点。然而，在大数据时代下，保险公司可以通过大数据分析有条件地对客户进行系统性风险扫描。例如，通过分析客户的就医记录、既往投保记录等大量数据，保险公司可以更准确地了解客户的健康状况和投保行为，从而更精确地评估风险。这种方式不仅提高了核保的精确度，还大大减少了客户需要填写的投保告知内容，提高了客户体验。

其次，大数据在核赔环节中也发挥着重要作用。传统的核赔过程主要依赖核赔人员的经验和调查人员的排查。然而，这种方式很难完全避免理赔欺诈的发生。人为制造的保险事故、虚报并不真实存在的保险事故、夸大保险事故损失金额等情况时有发生。但在大数据条件下，保险公司可以利用超级数据库对理赔申请进行检验。通过对比不同地区、不同保险公司之间的理赔数据，保险公司可以更容易地发现理赔欺诈的线索，从而堵住风险漏洞。这不仅有助于维护保险公司的利益，也有助于维护整个保险市场的公平和正义。

综上所述，大数据时代为保险行业带来了前所未有的机遇和挑战。通过大数据技术的应用，保险公司可以更加精确地评估风险、提高核保和核赔的效率、减少理赔欺诈的发生。然而，这也要求保险公司不断加强数据安全和隐私保护工作，确保客户信息的安全性和隐私性。同时，保险公司还需要不断提升自身的数据分析和处理能力，以更好地应对大数据带来的挑战和机遇。相信在不久的将来，大数据技术将在保险行业中发挥更加重要的作用，为保险业的可持续发展注入新的活力。

【专栏 11-2】　案例：保险欺诈识别

美国一家汽车保险公司 Allstate Corporation 通过大数据分析识别出欺诈规律，从而大幅减少欺诈理赔支出。该公司通过大数据整合理赔数据、理赔人数据、网络数据和揭发者数据，将所有理赔请求首先按照已有的欺诈模式自动处理，接下来可疑的理赔请求将被特别调查部门（Special Investigation Unit）人工审阅，经过自动化和人工两个监测过程检测出更多欺诈行为，同时减少了人工工作。大数据成功帮助 Allstate 将车险诈骗案减少了 30%，误报率减少了 50%，整个索赔成本降低了 2%—3%。

另一家世界著名的数据库 LexisNexis 则利用理赔、政府数据和犯罪记录监测出大量欺诈行为。该数据库通过关联大量美国保险公司理赔数据、第三方保险公司的历史理赔数据，按照关系匹配官方数据（如婚姻记录）和犯罪记录，自动整合理赔人的犯罪记录及相关人记录，通过算法监测欺诈行为及欺诈网络。通过大数据检测发现，超过 20% 的理赔请求属于欺诈、重叠或不当，而且存在医疗机构介入汽车保险欺诈网络的情况。

本章参考文献

[1] 陈铭豪，曹斯蔚．大数据时代的我国人身保险业务反欺诈机制创新研究［J］．保

险职业学院学报，2022，36（5）：75－83.

［2］韩滢．大数据分析在保险行业风险管理中的作用分析［J］．互联网周刊，2022（9）：59－61.

［3］张荣．区块链在保险行业的应用及影响［J］．信息通信技术与政策，2020（1）：46－51.

［4］董敏，吕红平，刘轶．人工智能反保险欺诈的私法效果和路径选择［J］．金融教育研究，2019，32（6）：12－20.

［5］刘志惠，黄志刚，谢合亮．大数据风控有效吗？——基于统计评分卡与机器学习模型的对比分析［J］．统计与信息论坛，2019，34（9）：18－26.

［6］张嘉仪．我国保险科技的发展现状与对策思考［J］．时代金融，2019（24）：114－115.

［7］张李遥．大数据风控在互联网金融领域的应用［J］．电子世界，2017（23）：194＋197.

［8］朱大磊．大数据风控助力普惠金融［J］．中国金融，2017（22）：56－57.

［9］巴曙松，侯畅，唐时达．大数据风控的现状、问题及优化路径［J］．金融理论与实践，2016（2）：23－26.

第 12 章 大数据等技术对保险业发展的变革

本章重点

1. 保险科技时代保险业变革的方向。
2. 大数据技术对保险发展环境的变革。
3. 传统保险未来的价值提升路径与空间。

在研究大数据、人工智能等前沿科技给保险业带来的深刻变革时，我们必须从保险与保险行业的本质出发，进行深入剖析。保险，作为一种风险管理工具，承载着保障社会稳定与个体安全的使命。而保险行业，则是以对风险的精准认识和高效资金管理为基础，为社会提供风险保障服务的重要行业。

谈及保险产品的本质，存在两种截然不同的观点。一种观点是服务导向，认为保险的本质在于为用户提供全方位、个性化的风险管理服务。在这种观点下，保险产品不仅是一种物质形态的商品，更是一种服务载体。用户的需求是基于特定场景的风险管理需求，关键在于有效管理而非简单的事后补偿。因此，保险公司需要深入挖掘用户需求，提供量身定制的风险管理方案，确保用户能够在风险发生时得到及时、有效的帮助。

另一种观点则是产品导向，认为保险是需求的精准分发器。保险产品通过精准把握用户需求，将用户需求与相应的保险产品进行匹配，实现需求的精准分发。这需要保险公司具备强大的数据分析能力，深入挖掘用户需求，同时需要具备丰富的产品线，以满足用户多样化的需求。此外，保险公司还需要具备创新能力，不断推出符合市场需求的保险产品，提升用户体验。

无论是服务导向还是产品导向，都需要保险公司具备强大的实力和能力。首先，保险公司需要具备丰富的数据和数据处理能力，以实现对用户需求的精准把握和个性化服务。

其次，保险公司需要具备丰富的产品线和创新能力，以满足用户多样化的需求。最后，保险公司还需要具备高效的资金管理能力和风险管理能力，以确保为用户提供稳健、可靠的风险保障服务。

综上所述，保险的本质在于风险管理和服务用户需求。无论是从服务还是产品角度出发，保险公司都需要具备强大的实力和能力，以应对市场挑战和满足用户需求。同时，保险公司还需要注重用户体验和产品创新，不断提升服务质量和效率，为用户提供更好的风险管理服务。在这个过程中，大数据、人工智能等前沿科技将发挥重要作用，推动保险业实现更加精准、高效的发展。

12.1 大数据时代保险业发展机遇与切入点

12.1.1 大数据时代保险业发展机遇

12.1.1.1 拓展发展领域

金融企业的生存与发展离不开对客户需求的满足。在大数据和互联网的推动下，保险业得以更好地契合客户需求。大数据技术有望突破传统可保与不可保风险的界限，将原先的非可保风险转化为可保风险，进而拓宽保险业务的经营范围。同时，大数据在营销领域的应用使企业能更精准地发现并满足客户的潜在需求，特别是在财产保险的标准化产品营销中。此外，大数据和互联网的应用还有助于提升保险消费者的用户体验，提高满意度，从而改善整个行业的形象。

12.1.1.2 增强风险管理能力

在风险管理领域，大数据技术的运用使保险业能够更准确地定价，提高承保风险识别和理赔反欺诈的能力，从而整体提升风险管理的效能。例如，大数据的引入使精算工作更为精确，通过扩大风险概率估算的数据样本，形成更为科学的精算模型，为精准定价提供坚实的基础。波士顿咨询公司（BCG）的研究显示，在参与调研的公司中，63%的保险公司已将大数据应用于欺诈检测，47%的保险公司则在风险评估与定价方面进行了实践。

12.1.1.3　加强差异化竞争力

大数据通过对客户消费行为模式的深度分析，提升了客户转化率，为开发满足不同市场需求的产品提供了可能，进而实现差异化竞争。BCG 的研究指出，大数据在风险评估与定价、交叉销售、客户流失预防、理赔欺诈检测以及理赔预防与缓解五大环节均发挥了重要作用。大数据不仅为保险行业带来了改进，更为其创新发展提供了强大动力。

12.1.1.4　提高资金运用水平

基于大数据对承保损失分布的精确量化，保险机构得以提升其资产负债管理的能力，进而在资本市场实施更为精准的风险投资组合策略，提高投资回报。为了充分利用大数据对保险行业的潜力，保险公司需要在数据获取、应用和组织三个方面构建包括开拓数据来源、建立许可与信任、构建商业应用场景、数据分析与建模、数据存储与整合、组织建设、专业数据人才培养以及治理和文化等在内的八项专业能力。在当前全球金融竞争的背景下，发达国家在规则制定、金融文化、技术能力和人才队伍等方面占据优势。大数据为我国金融业提供了一个赶超的机会，我们应珍视并充分把握这一机遇。

12.1.2　大数据分析在保险业的四大切入点

大数据应用为当今瞬息万变的保险业提供有效支持，也是促使保险公司提升自我市场竞争力的有效手段。数据结构分析及画像经常会涉及众多外部非结构化数据源，如社会媒体类，通过社会媒体大数据可有效帮助保险公司识别潜在保险危机行为用户。综合大数据分析各项优势，可看出大数据分析在保险业中存在四大主要应用切入点，如在业务结构化、客户视角营销、核保管理和危机管理上均可体现大数据应用的优势性。

12.1.2.1　业务结构化

在保险业务中，大量的非结构化数据需要被有效地整合和结构化，以便进行更深入的分析和挖掘。大数据技术的应用可以帮助保险公司实现这一目标。例如，利用自然语言处理和机器学习算法，可以将文本数据转化为结构化数据，从而揭示出隐藏在其中的有价值的信息。这些信息可以进一步被用于优化保险产品设计、定价和营销策略。

12.1.2.2　客户视角营销

大数据可以帮助保险公司更深入地了解客户的需求和行为，从而为客户提供更加个性化和精准的营销服务。例如，通过分析客户的社交媒体活动、购物行为和搜索历史等数据，可以预测他们的兴趣和需求，进而提供符合他们需求的保险产品推荐。这种基于大数据的客户视角营销不仅可以提高营销效果，还可以增强客户对保险公司的信任度和满意度。

12.1.2.3 核保管理

在保险业务中，核保是一个至关重要的环节。大数据技术的应用可以帮助保险公司实现更加高效和精准的核保管理。例如，通过分析客户的健康状况、家庭病史、职业风险等因素，可以预测客户的保险风险，从而制定更加合理和公平的保费策略。同时，大数据可以帮助保险公司及时发现和防止欺诈行为，确保业务的健康发展。

12.1.2.4 危机管理

在保险业务中，危机管理是一项至关重要的任务。大数据技术的应用可以帮助保险公司及时发现和应对各种潜在风险，从而最大限度地减少损失。例如，通过分析社交媒体上的用户评论和反馈，可以及时发现并应对各种可能出现的问题和危机。此外，大数据还可以帮助保险公司预测自然灾害等不可抗力事件的发生概率和影响范围，从而提前制定应对措施和预案。

综上所述，大数据应用为保险业带来了无限的可能性和机遇。通过深入挖掘和分析大数据中的各种信息，保险公司可以更好地了解市场需求和客户行为，优化产品设计和服务质量，提高核保管理的效率和准确性，以及及时发现和应对各种潜在风险。这些优势不仅可以提升保险公司的市场竞争力和盈利能力，还可以为客户提供更加优质和个性化的保险服务。

【专栏 12-1】 案例：泰康保险集团大数据应用

泰康保险集团自 2012 年起，积极推进数字化转型，将保单设计、投保、核保、缴费及后续服务逐步迁移至官方 APP 与移动官网。在此过程中，泰康在线充分利用大数据、人工智能及区块链等前沿技术，以提升服务效率与客户体验为核心目标。

在大数据领域，泰康在线实现了保险产品的个性化推荐，以用户需求为导向，实现千人千面的精准营销。通过深度挖掘用户数据，泰康在线能够更准确地理解用户需求，从而为用户提供更贴心的服务。同时，大数据在风控领域的应用也有效降低了保险风险，提高了保险业务的安全性。

在人工智能方面，泰康在线积极探索智能推荐算法，通过算法模型实现保险产品的智能匹配与推荐，为用户提供更加个性化的产品定制服务。此外，泰康在线还利用 UBI 技术推出互联网健康车险业务，通过驾驶行为测评提升用户驾驶安全意识，实现人健康、车健康、行健康的目标。

随着保险科技的不断发展，泰康在线将继续深化大数据、人工智能等技术的应用，以科技创新推动保险业务的持续发展，为客户提供更优质、更便捷的保险服务。

泰康在线大数据的基础是用户画像，从上千个标签中进行分析筛选，目前泰康在线在大数据方面主要有以下三个领域的应用。

1. 营销

首先，在健康险领域建立了评分系统，这也是基于用户画像做的。这一体系内设定了五大维度 70 多项健康评测，用户通过完成健康测试、参与健康活动，形成健康能力评分、信用评分。此后，泰康在线便可根据分值提供千人千面式的差异化健康管理方案。

其次是用户行为挖掘，针对登录泰康在线自有平台（PC 官网、移动官网、APP、微信公众号）的用户进行追踪分析，一旦有用户进入，后台都能捕捉到该用户的行为，通过对用户行为数据的分析得到销售线索推送给座席人员，从而对有需要帮助的用户进行更有针对性的服务。通过这一技术，使同期保费收入提升了 10%。

最后是场景式营销。对接外部天气和地域数据，通过数据分析，对特殊天气和地域的用户发送提醒关怀消息，例如，某地如有特殊天气（如雷电，暴风雨等），后台在甄别地域之后，会自动给该地区的用户下发消息，提醒用户天气有变，注意出行安全，同时我们会在关怀消息下方提供一个链接，如果用户感兴趣，会有点击行为，后台将会把捕捉到的用户信息推送给座席人工服务，这样做的意义利用场景激活沉睡客户。

2. 风控

目前，泰康在线主要依托自身及外部大数据，进行大数据核保。从数据整体量级而言，泰康在线拥有泰康保险集团 20 年历史数据积累，同时，泰康在线是业内首家保险电子商务平台，拥有业内最大的保险官网流量和最多的微信关注用户。在此基础上，泰康整合内外部数据，借助内部大量的模型和外部数据的整合、评分，对客户进行风险评分，并根据他们的风险程度个性化定价。

基于以上技术和基础设施，泰康在线由此真正实现一人一价。同时，系统还会由此分析出一些保险行业的惯性骗保用户，并对他们进行有效的隔离或者拉入黑名单，从而，有效地降低真正投保用户的保险费率，保障他们的权益。

3. 内部管理

泰康保险的内部管理大数据工程是一项持续性的工作，旨在提升公司的日常运营管理效率并降低运营成本。为了达成这一目标，公司积极探索并引入大数据工程。该工程的应用使泰康的内部管理更为智能化和精细化。

在大数据工程中，数据采集是基石。泰康保险通过多元化的途径，全面、准确地收集包括员工信息、业务流程和客户需求等各方面的内部数据。同时，公司运用技术手段对数据进行清洗和整合，以确保数据的规范性和分析性。

在数据采集的基础上，泰康的大数据工程进一步运用先进的数据分析和挖掘技术，对数据进行深入的探究。这不仅有助于公司发现内部管理的问题和瓶颈，为优化管理提供依据，还能预测市场趋势和客户需求，从而帮助公司作出更为科学和精准的决策，提高市场竞争力。

通过实施大数据工程，泰康保险的内部管理效率得到了显著提升，运营成本得到了有效控制。公司的决策流程更加科学和规范，业务流程更为高效，员工的工作效率也得到了提高。这些改进为泰康保险的长期稳定发展奠定了坚实的基础。

4. 人工智能催生个性化产品定制

传统方法更多的是基于大数据的人工推荐，泰康在线正在尝试智能推荐的算法，如根据客户需求为客户推荐相关的保险产品，从而实现智能销售。

近期，泰康在线推出了互联网健康车险业务，通过 UBI 技术为客户提供驾驶行为测评，提示客户不良驾驶行为。泰康车险以健康为主打优势，倡导人健康、车健康、行健康，力求成为用户的贴心的健康管家。

12.2 大数据时代保险的定位与生态

12.2.1 保险的工具属性

我们一般把股票、期货、黄金、外汇、保单等称为金融产品、金融资产、有价证券。它们还有另外一个称谓是金融工具，用来在金融市场中展开金融资产交易，这样人们可以用它们在市场，尤其是在不同的金融市场中发挥各种工具的作用，以期实现不同的目的。

国内市场发展并不完善，导致不是所有人都可以把所有的金融产品放到金融市场进行交易，所以日常生活中，我们也就忽视了金融工具这个广义的称谓。

实际上，所有的金融产品，本质上都是一个个不同的工具，除了放在金融市场中发挥各种工具的作用外，更多的金融产品的作用应该是在生活这个市场中发挥各种工具的作用。保险本身也不例外，它的作用就是前面所说的，要么基于特定的一个或者多个场景发挥风控的工具属性，要么基于特定的一个或者多个场景发挥需求分发器的工具属性。

什么是工具？工具原指工作时所需用的器具，后引申为达到、完成或促进某一事物的手段。它是一个相对概念，因为其概念不是一个具体的物质，所以只要能使物质发生改变的物质，相对于那个能被它改变的物质而言就是工具。

定义中工具是达到、完成或促进某一事物的手段，这个达到、完成或促进某一事物的过程就是我们所谓的场景，而手段是工具。也就是说，手段本身一定要依托于达到、完成或促进某一事物的过程才能存在、才有意义，脱离场景的工具是没有任何意义的。

放到保险上面，保险只有依托场景存在，才有意义和价值。脱离场景谈保险是没有任何意义的。即便是像现如今的代理人队伍在线下展开的保险销售，也一定是依托于具体的场景来推销的。

也就是说，所有的销售工作，必须依托未来某个假想的场景来促成销售。更夸张的销售方式，会编出很多场景化的故事，来触发用户的情绪。

12.2.2　保险行业中的场景

12.2.2.1　保险工具不能脱离场景

真正对用户有价值的是场景，对企业而言，有经营价值的也是场景，因为用户和企业产生的一切交互都发生在场景之中。

什么是场景？场景必须满足四个要素：空间、时间、情绪触发和交互。缺少其中任意一个都不能算作场景。一款冰冷的保险产品，它是不具备情绪触发和交互属性的。反观场景，如吃饭、工作、睡觉等，都是在特定时间、地点，因为特定原因产生情绪触发，从而促使人去做具体的事情，做的这个过程就是交互的过程。

所有的商业行为，目的是用户与商业的载体发生交互。如果你是卖水的，你的商业载体就是一瓶水；如果你是卖保险的，你的商业载体是一款保险产品。商业的目的是用户与载体交互，产生完整的交互过程，这样才有消费的过程。

不同类别的产品，交互过程是不一样的。例如，保险先支付再交互，买一瓶水也是，但去西餐厅吃饭一般都是先吃饭再支付，买一辆车或一套房，可以先体验，支付之后再长期使用。但完整的交互过程都包括至少两个交互动作：支付、商品或服务的消费交互的动作或过程。这两个交互动作全部完成才能算是一个完整的交互。

12.2.2.2 场景中的企业收益来源

场景是人们社会化活动的立体空间，根据社会大众在特定活动场景（如网络购物、出行）中可能面临的风险制定特定的保险商品（如退货保险、航空延误险、航空意外险、外卖准时宝等）即为场景保险。场景保险是基于当今社会大众互联网消费习惯的产生而产生的。在互联网商业业态中，存在各种各样的风险场景，而在这千百万种不同的场景下，场景保险为了满足各类人群风险转嫁的需求就应运而生了。目前，市面上的消费场景类别有很多，最常见的是网络购物、旅游出行和账户安全等。

对需求端的消费者来说，交互的目的是获取服务，买产品也是为了获取该产品所代表的服务，例如，买一瓶水，最终目的不是水，而是水能解渴这个属性所带来的服务。对于供给端的险企来说，交互的目的主要有三个：获取现金收益、获取用户数据、获取用户潜在价值。

（1）获取现金收益。只要产品对用户有用，只要企业做好产品或服务，企业一定能获得收益。如果没有获得收益，要么是产品有问题，要么是经营（销售）方式上出现了问题。但不管怎么样，盈利是企业存在的唯一目的，盈利的过程其实就在创造顾客。著名管理学家彼得·德鲁克也曾说过：企业存在的唯一目的就是创造顾客。

（2）获取用户数据。储存用户信息并加以管理、分析，从而指导企业的经营，是一件成本极其高昂的事情。因此，互联网时代诞生了一个新的企业目的，那就是获取用户数据，并加以利用，从而理解用户、提升服务，获取更高的收益。我们的真实目的并没有本质上的改变，还是为了获利，但获利的同时，我们可以做到更加精准的用户服务。真正做到一对一、个性化、高品质服务。曾鸣说，精准是新旧两个商业最本质的区别，甚至是一个新的商业的范式革命。

（3）获取用户潜在价值。典型商品交易模型中的博弈论包括单次和多次博弈。品牌是多次博弈的产物，而景区饭店则属于单次博弈。互联网的兴起使大部分单次博弈转变为多次博弈。这有两层含义：首先，商家与单个用户的博弈可能是单次的，但与多个用户之间的博弈必然是多次的，用户间的信息分享让商家不得不改变策略，将单次博弈升级为多次博弈，进而形成品牌，体现质量和价格的稳定性。其次，这种转变也促进了用户价值的挖掘，企业不再局限于单次交易，而是致力于服务用户，挖掘其终身价值，甚至获取转介绍。

保险与大数据紧密相连，随着新技术如大数据、云计算、区块链和人工智能的发展，社会经济发展与互联网的联系将更加紧密，为保险业提供更多技术支持和发展机遇。互联网与新技术深度融合，新技术、新观念改变人们的行为和习惯，创造新场景，同时带来了风险。因此，保险公司需调整思路，创新理念，发掘新场景中的可保风险，进行风险定位，并开发满足特定场景风险保障需求的新产品。

12.2.2.3　场景险与互联网大数据结合的效果

（1）场景拓宽了可保风险范围。随着互联网技术尤其是移动支付的普及，互联网保险也得以迅速发展，一些特定场景的特定风险需求被保险公司所捕获，加之借助网络技术和大数据获取信息大大降低了经营成本，一些不同于传统产品可保风险要求的互联网场景保险随之产生并受到热捧。这些依托于互联网渠道的场景保险产品事实上降低了可保风险的门槛，拓宽了可保风险的范围，更新了保险产品设计理念，从而推动了保险产品的创新，如退货运费险、航班延误险等。

（2）场景降低用户购买成本。保险相较于其他产品，其专业性较强，从购买成本这个角度来看，用户在了解和购买时所需消耗的各类成本都较高，而场景化的保险可以从以下两个方面降低成本：一是有场景激发用户的保险需求，将保险嵌入个体的消费场景中，使其更加真切地体会到转移风险的必要性和便捷性。例如，淘宝把退货运费险内嵌于商品的购物结算过程中，网购用户进行网购最担心的便是商品质量问题，以及因其质量问题引发的退货纠纷，这是影响用户决定是否购买的重要因素，退货运费险正是因为能够直击用户痛点，使用户在购买产品后的权益有所保障，与消费场景的结合也使用户易于接受保险产品，使其从被动灌输式的购买变为主动选择式的购买，这一结合大大降低了用户对保险产品的认知成本。二是互联网场景化保险的特点之一为保单价格低。互联网保险因为是将风险碎片化，产品所包含的风险类型较为单一，所以价格也会相应地降低，通常退货运费险都不超过 5 元，可见其试错成本较低，这是因为网络购物本身也是一种有风险尝试，并且买家可能需要为此承担某些经济上的损失，当这种风险被转移之后，消费者的购物欲望也会上升。

（3）互联网场景保险依旧大有潜力。自 2013 年以来，互联网场景保险发展迅速，保费规模得以迅速扩大，其种类不断增多也令人刮目相看。但近两年，在监管机构更为强调保险产品要凸显保障功能的大环境，随着互联网保险整体上增速放缓，也使人们产生了互联网场景保险是否缺乏后劲的疑问。事实上，随着保险科技的进一步提升和广泛应用，互联网场景与保险的联系还有待进一步深挖，互联网场景保险依旧有非常大的潜力。

12.2.2.4 大数据在场景中的应用技术

（1）大数据管理平台。大数据管理平台是基于分布式存储的海量数据管理平台，根据保险行业数据特性及应用场景，为多元异构数据存储、复杂业务数据分析、历史数据查询等需求提供全面的解决方案。在保证数据快速响应和准确的前提下，能够全面解决企业数据管理难度大、应用复杂的困难，为企业数据运营提供了能力和保障。大数据管理平台包括：采集与同步服务、元数据管理服务、主数据管理服务、数据质量管理服务、数据集成服务、流程管理服务及数据分发等模块，为基于大数据的批量处理、实时查询、统计分析等工作提供更专业化的支持。保险企业积累了很多数据，这些数据也都分布在不同的业务系统中，为了能够更好地发挥大数据平台的价值，就需要从各业务系统中对有价值的数据进行采集，并在大数据平台中对各种异构的数据进行融合、管理，形成标准化的基础数据，这就是大数据管理平台可预期的实际价值。对于场景保险而言，则更需要大数据管理平台，由于场景险分类较多，若有一类似平台对其进行辅助，可使场景保险在大数据背景下发挥更加大的作用。

（2）客户信息平台。客户信息平台通过一致性规则建立统一的客户信息体系，归并不同业务条线、渠道、系统的客户全生命周期数据；以客户为中心，结合保险业务特性加以有效分析，对个体及家庭客户形成 360 度视图；多角度、全方位洞察用户，为销售、服务、运营、产品定制等业务场景提供智慧服务引擎。

场景保险虽然体量小、碎片化，但这些产品所覆盖的用户数量是极其庞大的，其中还有很多用户是从未接触过保险的增量用户，这些用户因为某个场景保险而接触到保险、购买到保险甚至享受到保险，这对于互联网用户整体非常重要，也具有很大意义。通过建立一个良好的客户信息平台，我们可以更好地了解场景保险中投保人的各种有效信息，而这些投保人可能就是保险行业潜在的增量客户，我们可以凭借大数据在客户信息平台的运用更好地认知投保人的心理及想法，为他们提供更好的具有特色的保险服务。

（3）实时的计算引擎。实时规则计算引擎，是基于流计算进行实时数据分析和规则计算的一体化平台。针对保险公司大量的各类业务数据，如客户信息、交易信息、保单信息等，基于分布式的规则引擎实现，构建一个并行的计算集群来进行处理，最终将业务数据通过规则模型进行量化计算，输出给不同的业务场景进行使用。

实时规则计算引擎可运用到如自动核保、自动核赔等业务中，将核保、核赔结论定量化、科学化，满足高并发、快速响应的要求，提高业务处理效率，降低运营成本。

大数据通过对之前发生过的场景的各项数据进行整合与运用，对实时改变的相关因素进行不断地计算、调整与优化，并对场景险的原有模型进行改进，从而提升效益。

（4）信用平台。信用平台是互联网金融发展的基石，如何建立一套可靠的信用平台以更好地降低骗保风险，是很多保险企业探索的方向。我们知道信用平台不太好建，因为它的数据来源和数据整合难度非常大，所以信用平台也是大数据落地的一个非常重要的场景。通过大数据对保险场景用户进行信用统计与信用整合，减少利用场景漏洞进行骗保的可能性。

总体上看，保险从产品研发、定价、销售到理赔与反欺诈，都离不开大数据的支持，未来保险的核心竞争力应该在大数据的处理和应用环节，而第三方平台与保险机构的不断共创和相互校验是大数据处理和应用的重要形式。理论上，大数据 + 人工智能可以解决与数据有关的任何问题，但是，保险行业中的数据孤岛现象也很明显，很多从人、从车、从行为的既有数据分散在不同公司，缺乏有效的机制进行数据整合与分析，传统保险行业与互联网行为数据匹配度和应用程度较低。这也就表明，在具体的场景保险中，对于大数据的运用仍存在问题，需要进行解决。

（5）推动行业大数据平台建设、建立反欺诈联盟。场景保险甚至互联网保险的风险控制手段与普通保险有许多不同，未来可以通过依托区块链等技术手段及大数据风险控制手段，形成智能风险识别能力及反欺诈系统，从而提升行业的风险管理水平。因此，建议行业间可以加强与拥有海量征信数据的机构合作，建立行业间的反欺诈联盟，形成信息共享的平台和机制，积极推动先进的反欺诈技术在实际保险中的运用，通过大数据等技术手段提升整体的风险管理水平，有效防止大量欺诈事件的产生。

12.2.3　保险发展的生态环境

关于保险行业的发展，许多人倾向于关注表面现象，而非深入探讨本质。将注意力集中在核心领域，有助于我们坚定地遵循自身认为正确的方向，而过度关注边缘问题则可能导致我们模仿竞争对手。事实上，世间万物并无固定的边界，企业亦不应自我设限。多元化与专注并非水火不容，关键在于如何围绕核心业务展开多元化发展，这一核心通常源于以使命为导向的客户服务。

那么，基于互联网与大数据技术的生态核心是什么呢？这正是巨头竞争的本质。互联网企业的一切行为皆围绕此核心展开布局，而在核心之外，企业经营的半径和边界皆可不断重新定义。

12.2.3.1 未来生态愿景

图 12－1 描述了保险业生态的发展趋势，通过线上线下的结合，以及新技术的应用，整体呈现如下趋势。

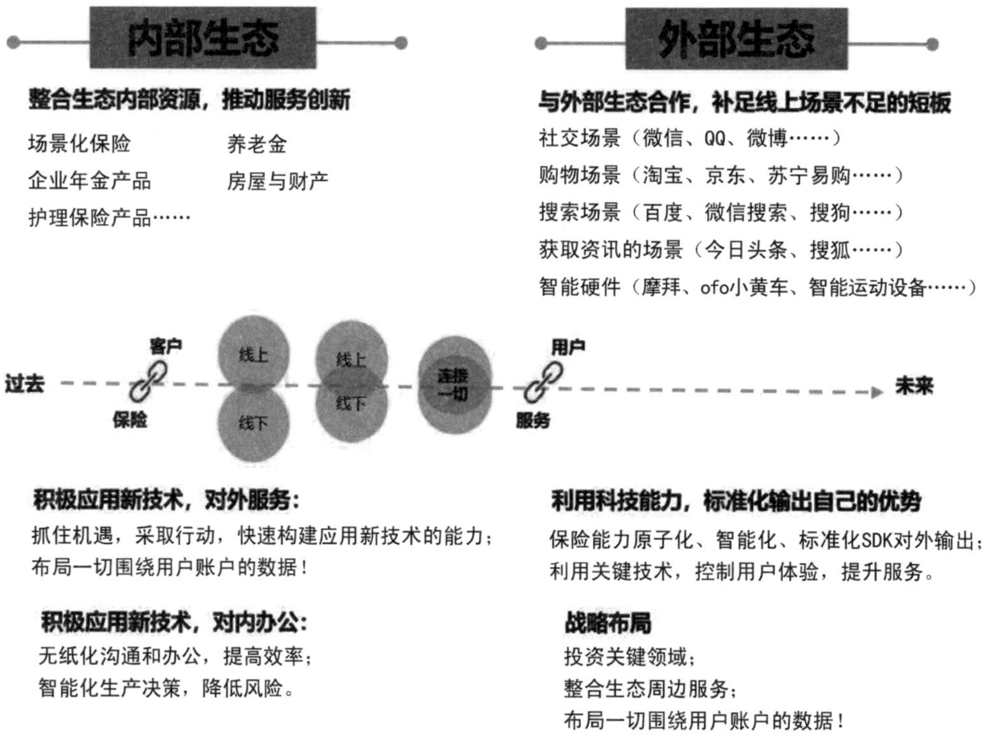

图 12－1 保险业生态愿景

资料来源：IAB 物智链：《场景数据互为表里！畅想 2027，保险行业发展愿景》，https：//www.sohu.com/a/399430200_120733527.

（1）多生态融合是趋势。在 IAB 物智链所倡导的生态中，所谓的生态均指向一种新型的商业形态，其特点为线上线下深度融合，全场景覆盖，提供高水平的用户体验，并由数字化（互联网）平台提供支持。在表层物理世界中，生态的特性决定了它并非一个封闭的系统，以腾讯的微信生态为例，其并不会允许阿里有任何形式的参与，如公众号、小程序、分享等。反之亦然，阿里同样不会在符合合规且不影响其整体战略布局的前提下，对腾讯的生态进行干预。实际上，在遵守相关规定且不影响整体战略布局的前提下，阿里各团队或实体均可自由开设公众号并进行运营。

因此，真正的生态型企业必须具备全面的内部生态与外部生态布局，逐步实现生态的融合与共同演化，从而形成一种全新的商业形态。

（2）生态表里层同等重要。生态的第二层含义就是生态型企业同时存在于两个平行的宇宙中，分别为物理世界和数字化世界。物理世界中，生态的主要构成部分是一个个生活的场景；数字化世界中，生态的主要组成部分是数据。两者缺一不可。

典型的生态竞争法则体现在，物理世界中，与我生态定位相符的核心场景务必发生在我的生态体系内。以阿里为例，其核心场景在于零售交易撮合，也可理解为连接买卖双方。因此，该场景与阿里生态的核心交互无论如何都应发生在阿里生态之中，不容许他方涉足。

在数字化领域，与我生态定位相关的核心场景数据须记录并存储于我的生态内部，确保数据在任何情况下都不外溢。例如，对阿里而言，账户、交易、地址和用户在 APP 端的行为数据至关重要，因为这些数据直接影响其生态用户体验，进而关系到生态的演化能力，关乎生死存亡。

12.2.3.2　生态的核心

核心场景必须发生在生态之内、核心的数据必须留在生态之内，这就是生态的核心——场景数据互为表里。在这个基础上，我们要深入挖掘场景的价值，让数据发挥出更大的作用。

首先，完善生态内的场景布局。这意味着要充分了解用户的需求，为用户提供个性化的服务。例如，在金融、医疗、教育等领域，可以根据用户的具体情况，为他们量身定制合适的解决方案。这样既能提高用户的满意度，又能让服务更具竞争力。

其次，强化数据的安全与保护。数据是生态的核心资产，要确保数据的安全，防止数据泄露，维护生态的稳定运行。同时，要尊重用户的隐私，让用户放心地使用我们的服务。在这一过程中，可以运用先进的技术，如区块链、人工智能等，提高数据的安全性和隐私保护能力。

再次，加强场景与数据的融合。场景和数据是相互依赖、相互促进的。要通过数据分析，找出场景中的痛点，优化场景服务。同时，要根据场景的变化，不断调整和更新数据。这样，场景和数据就能形成一个良性互动的闭环，为用户提供更好的服务。

最后，拓展生态的边界。生态的成长并非孤立的，而是需要与其他生态相互连接。要寻找合作伙伴，打破行业壁垒，实现生态间的互通互享。这样，保险公司的生态就能不断地壮大，为用户提供更丰富的服务。

场景数据互为表里是生态建设的核心。围绕这一核心，不断完善场景布局、强化数据安全、加强场景与数据的融合、拓展生态边界，从而为用户提供更加优质、个性化的服务。只有这样，保险公司的生态才能持续发展，赢得用户的信任和支持（见图 12 - 2）。

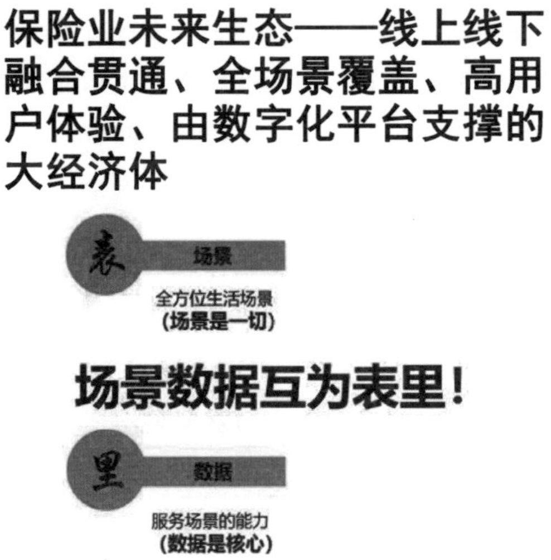

图 12－2　保险业未来生态核心

资料来源：IAB 物智链：《场景数据互为表里！畅想 2027，保险行业发展愿景》，https：//www. sohu. com/a/399430200_120733527.

12. 2. 3. 3　生态的底层逻辑

静态的数据储存在服务器或云存储设备中，并无实际意义，所谓的死数据并无价值可言。数据的真正价值在于其活跃应用，通过挖掘数据间的关联关系，指导实体商业运作，从而更好地服务用户。进一步探讨，我们可将决策树向下延伸一个层次，深入了解数据之下的内涵。

数据所构建的关系网络，构成了生态底层的逻辑：复杂网络。当前，人类对复杂网络的认识尚处于开普勒时代，距离牛顿时代或量子时代尚远。尽管如此，全球市值最高的 10 家企业中，有 7 家都是以复杂网络为基础建立的，其余 3 家也与复杂网络密切相关。

12. 2. 3. 4　失去场景，险企将失去一切

有关用户型生态的论述，一部分学者将其定义为场景生态，另一部分学者则称之为数据型生态。然而，这两种称谓均显得片面。实际上，若脱离场景或数据来讨论生态，都存在一定的问题。当生态掌握了核心场景与关键数据时，非核心部分自然会融入生态之中。因此，可以果断地认为，所有场景与数据均涵盖在生态之内。

在这种情况下，保险公司该如何决策？针对两种不同的典型定位，是否在对待生态的态度上，该有不同的策略呢？

（1）保险销售的定位。在阿里流量支持下，各大企业核心交互日均活跃用户规模庞

大。以共享单车代表摩拜单车为例，其日订单量可达 5000 万；自如平台上自有客流量庞大；京东、淘宝、拼多多等企业核心交互日均活跃用户均达百万级。任何一家保险公司若在这些企业核心交互场景中寻求合作，都将获取海量用户。

尽管创新产品在市场中备受关注，传统保险产品同样具有巨大潜力。以旅行意外险为例，传统险企销售该类保险困难重重，因此严重依赖航空公司或携程等旅行网站。然而，一个公众号凭借独特运营策略，成功实现了旅行意外险的销售。该公众号定位于海外旅游攻略，是一个境外旅游大型社群，涵盖 500 多个国家及地区的小型旅游社群。运营人员为每个社群配备 3—5 名熟悉当地的群主，并设有专门人员负责对接。这些群主主要负责撰写和筛选攻略，经运营人员审核后，在公众号、贴吧、知乎、微博、头条等平台发布，供用户参考。每篇攻略均实时插入推荐产品，包括徒步鞋、防晒霜、皮肤衣等，以及与合作保险公司推出的三款旅行意外险。

需注意的是，无论是短期还是长期产品，场景中均存在大量机遇。生态核心在于人，只要人在生态中高频交互，潜在保险需求便可被有效挖掘。同时，保险公司应明确组织目的，至少包括盈利、数据收集和长期价值挖掘三个方面。通过合理规划定位、产品、定价和渠道策略，实现虚实结合，以满足不同场景需求。

以众安保险的退货运费险为例，凭借与阿里巴巴的紧密合作关系，该产品与淘宝、天猫等电商平台交易场景深度融合，有效解决了买家退货过程中因运费问题产生的纠纷。产品具有保费低廉、投保便捷、理赔迅速、理赔额度高等优势，加之淘宝和天猫品牌信誉背书，用户在几乎无须交互的情况下即可获得合理理赔。

类似场景保险产品众多，如生鲜产品质量保障险、外卖送货员人身安全意外险、外卖送货延迟险、租房相关保险以及打车平台乘客和司机安全相关保险等。这些产品紧密绑定生态系统中的具体场景，越贴近生态核心场景，市场需求越大。例如，滴滴 2017 年全年订单量达 74. 3 亿，美团外卖 2019 年 5 月日订单量超过 2500 万，摩拜单车日订单量可达 5000 万。此外，自如、京东、淘宝、拼多多等企业核心交互日均活跃用户均达至少百万级。任何一家保险公司若在核心交互场景中与这些企业达成合作，都将奠定庞大的用户基础。

（2）混业经营的定位。所谓混业，并非指金融工具的多元化，而是指保险公司由单纯的保险销售角色，转变为深度参与并提供全方位场景服务的经营者。举例来说，如果一个保险公司过去仅限于销售门诊险，现在它则能够涵盖从挂号、就诊、检查、治疗、支付到康复的整个服务流程。近年来，这种转型趋势日益明显，如平安保险聚焦的五大生态领域，泰康人寿在养老产业与大健康生态的布局，以及中国人寿的大金融、大健康、大养老等多元化战略，都是典型的由专业化走向综合化经营的转变。

事实上，这种战略调整更加符合保险公司及中介机构未来发展的趋势。著名管理学家彼得·德鲁克曾指出，企业的根本使命在于创造顾客，而这一过程本质上就是顾客服务的体现。顾客的需求往往源于特定的场景，因此，满足这些场景下的用户需求才是服务的核心所在。在这样的背景下，服务的边界变得模糊，而服务的质量与深度则成为竞争的关键。服务的最终目标是满足每一个具体、生动的人的需求。而企业面临的核心问题，即陈春花教授所提到的顾客不足，也凸显了当前时代最显著的特征——顾客需求的多样性与复杂性。

12.3 大数据带给传统保险的价值提升

12.3.1 保险业资金运用效率提升

大数据给保险业带来商业价值，为了更好地驾驭大数据对保险行业的改良及改革，保险公司从数据获取、应用和组织三大方面构建包括开拓数据来源、建立许可与信任、构建商业应用场景、数据分析与建模、数据存储与整合、组织建设、专注的数据人才、治理和文化在内的八项专业能力，可以获得更大的资金运用效率。

12.3.1.1 数据获取得到拓展

数据来源未来将会得到更广泛的开拓，这包括但不限于客户交易数据、社交媒体互动、物联网设备收集的信息等。通过广泛收集这些数据，保险公司可以更加全面地了解客户的需求、风险偏好和行为模式，为精准定价、个性化产品设计提供数据支持。

同时，建立许可与信任机制至关重要。在收集和使用客户数据的过程中，保险公司必须遵守相关法律法规，确保数据的合法性和安全性。此外，与客户建立信任关系也至关重要，这要求保险公司在数据处理和使用过程中保持透明和负责任的态度。

12.3.1.2 数据应用更为广泛

构建商业应用场景是大数据应用的关键。保险公司可将收集到的数据应用到产品设计、风险评估、定价、营销等多个环节。例如，通过分析客户数据，保险公司可以设计出更符合市场需求的产品；通过预测模型，可以更加准确地评估潜在风险，为定价提供科学依据。

此外，数据分析与建模能力也是保险公司不可或缺的专业能力。通过对海量数据的深度挖掘和分析，保险公司可以发现隐藏在数据背后的规律和趋势，为决策提供有力支持。同时，也可以建立高效的数据存储与整合系统，以确保数据的完整性和可用性。

12.3.1.3　数据组织能力得到提升

在组织层面，保险公司建立适应大数据发展的组织架构。这包括设立专门的数据管理部门，负责数据的收集、处理和分析工作，同时，加强与其他部门的沟通与协作，确保数据能够在公司内部得到充分利用。此外，专业的数据人才也是提升数据组织能力的关键。保险公司需要加大对数据人才的培养和引进力度，建立一支具备数据分析、建模、可视化等技能的专业团队。这些人才将成为公司驾驭大数据力量的核心力量。

12.3.1.4　大数据助力保险机构提高资产负债管理水平

大数据的精确量化能力为保险机构提供了强大的支持，从而推动了资产负债管理水平的提升。在传统的保险业务中，保险机构往往依赖经验和直觉来评估承保损失分布。然而，这种方法往往存在较大的误差，无法准确反映真实的风险情况。而大数据技术则可以通过对海量数据的收集、分析和挖掘，实现对承保损失分布的精确量化。这不仅有助于保险机构更准确地评估风险，制定更合理的保费定价策略，还能够提高保险机构的风险管理能力，降低潜在的损失。

大数据在资本市场中也发挥了重要的作用。保险机构作为资本市场的重要参与者，其投资策略的选择对于整个市场的稳定和发展具有重要意义。大数据技术的应用使保险机构能够更精准地分析市场动态，把握投资机会。通过对大量数据的实时分析，保险机构可以及时发现市场的变化趋势，从而调整自己的投资组合，实现更高的投资回报。

大数据还能够为保险机构提供更全面的风险管理工具。在传统的风险管理中，保险机构往往依赖于定性分析，难以对风险进行准确量化。而大数据技术的应用则可以通过建立复杂的风险模型，实现对风险的精确量化。这不仅有助于保险机构更准确地评估风险，还能够为其提供更有效的风险管理手段，从而降低潜在的风险损失。

所以，大数据技术在保险业中的应用为保险机构带来了诸多益处。通过精确量化承保损失分布，大数据不仅能够提高保险机构的资产负债管理水平，还能够帮助其在资本市场实施更精准的风险投资组合策略，提高投资回报水平。同时，大数据为保险机构提供了更全面的风险管理工具，有助于降低潜在的风险损失。随着大数据技术的不断发展和完善，相信其在保险业中的应用将会更加广泛和深入。

12.3.2 行业差异化竞争能力增强

企业利用大数据对客户消费行为模式进行深入分析，不仅可以提高客户转化率，还可以开发出更具针对性的产品，满足不同客户的市场需求，从而实现差异化竞争。

12.3.2.1 大数据与消费行为模式分析

大数据技术允许企业收集、整理和分析海量的客户数据，包括购买记录、浏览行为、搜索关键词等。通过对这些数据的深入挖掘，企业可以发现客户的消费习惯、偏好和需求，进而预测他们的未来行为。这种消费行为模式的分析，为企业提供了制定精准营销策略的依据。

12.3.2.2 提高客户转化率

通过对消费行为模式的分析，企业可以更加准确地识别出潜在客户和目标客户。例如，对于经常浏览某一类产品的客户，企业可以通过定向推送相关优惠信息或个性化推荐，引导他们完成购买。此外，企业还可以根据客户的购买历史和偏好，为他们提供个性化的服务，如定制化的产品、专属的客服等，从而提高客户满意度和忠诚度，进而提高客户转化率。

12.3.2.3 研发满足不同客户需求的产品

在消费行为模式分析的基础上，企业可以针对不同客户群体的需求，开发出更具针对性的产品。例如，对于追求性价比的客户，企业可以推出经济型产品；对于注重品质的客户，企业可以推出高端定制产品。通过满足不同客户群体的需求，企业可以在市场上占据更大的份额，实现差异化竞争。

大数据技术的运用为企业实现差异化竞争提供了有力支持。通过对客户消费行为模式的深入分析，企业可以更加准确地把握市场需求，提高客户转化率，并开发出更具针对性的产品。未来，随着大数据技术的不断发展和完善，相信会有越来越多的企业利用这一优势，实现差异化竞争，赢得市场先机。

12.3.3 行业风险管理能力改善

大数据技术在风险管理领域的应用，将为保险业带来革命性的变革，推动其更加精准地定价、提高承保风险识别能力、加强理赔反欺诈能力，进而提升整个行业的风险管理能力和水平。

大数据技术的应用将极大地提高保险定价的精准性。传统的保险定价方法主要依赖于人工经验、行业规定和有限的数据样本，因此难以充分考虑到个体的差异性和市场的实时变化。随着大数据技术的发展，保险公司可以收集到海量的用户数据，包括个人基本信息、消费习惯、健康状况、社交行为等，通过对这些数据的深度挖掘和分析，可以更加准确地评估被保险人的风险水平，进而制定个性化的保险方案和精准的保费定价。这不仅有助于保险公司提高盈利能力，还能为消费者提供更加公平、合理的保险服务。

以精算为例，大数据有利于扩大用于估算风险概率的数据样本，从而提升精算的准确度；有利于收集更加多维、全面的数据，从而形成更加科学的精算模型。大数据技术通过从海量数据中提取与风险相关的信息，为保险公司提供了更全面、准确的数据样本，从而提高了风险评估的准确性和保费制定的合理性。同时，大数据技术能够收集多维全面的数据，构建更加科学的精算模型，从多个角度和维度考虑风险因素，提高了模型的预测精度和稳定性。此外，大数据技术还能将整体数据样本细分为子样本，为保险公司提供更为精准的定价依据，满足不同客户群体的个性化需求，提高公司的盈利能力。

大数据技术将极大地提高承保风险识别能力。在传统的保险业务中，由于数据获取和分析能力的限制，保险公司往往难以全面、准确地评估承保风险。然而，借助大数据技术，保险公司可以实现对海量数据的实时采集、存储和分析，从而更加全面、深入地了解被保险人的风险状况。此外，通过运用机器学习、人工智能等先进技术，保险公司还可以建立智能风险识别模型，自动识别和预测潜在的风险因素，进一步提高承保风险识别的准确性和效率。

大数据技术将极大地提升理赔反欺诈能力。保险欺诈是保险业面临的一大难题，传统的理赔反欺诈手段往往依赖人工审核和有限的信息比对，难以有效识别和防范欺诈行为。然而，随着大数据技术的应用，保险公司可以建立起完善的理赔反欺诈系统，通过对海量数据的实时监控和分析，及时发现和识别欺诈行为。同时，结合人工智能技术，该系统还可以实现对欺诈行为的自动预警和拦截，大大提高理赔反欺诈的效率和准确性。

大数据技术在风险管理领域的应用将为保险业带来巨大的发展机遇和挑战。保险公司需要紧跟时代步伐，加强技术创新和数据管理能力建设，充分利用大数据技术提高风险识别、定价和理赔反欺诈能力，进一步提升自身的风险管理能力和水平。同时，需要加强行业合作和监管，共同推动保险业的健康发展。

12.3.4 行业发展空间拓宽

12.3.4.1 更好地满足客户需求

满足客户需求是金融企业生存和发展的前提，大数据和互联网的发展使保险业能够更好地满足客户需求。

在现代商业环境中，金融企业的生存和发展离不开满足客户需求这一核心原则。特别是在保险业这样一个高度依赖客户信任和满意度的行业中，这一点显得尤为重要。随着大数据和互联网技术的飞速进步，保险业正迎来前所未有的机遇，以更好地理解和满足客户的需求。

大数据技术的崛起为保险业提供了海量的客户数据资源。通过分析这些数据，保险企业可以深入了解客户的消费习惯、风险偏好和个性化需求。这使企业能够为客户量身打造更符合其需求的保险产品，提供更加精准的保险服务。例如，基于客户的健康数据，保险公司可以推出定制化的健康保险计划，从而更好地保障客户的健康需求。

互联网技术的发展为保险业提供了更加便捷的服务渠道。通过互联网平台，保险公司可以实现在线咨询、智能客服、在线投保、在线理赔等一系列服务，大大提高了客户的购买体验和满意度。此外，互联网技术还使保险公司能够与客户建立更加紧密的联系，及时了解客户的反馈和需求，从而不断优化产品和服务。

大数据和互联网技术的结合为保险业带来了创新性的业务模式。例如，基于大数据的风险评估模型可以为客户提供更加精准的保费定价，实现个性化定价，同时，互联网技术使保险公司能够与其他金融机构、电商平台等合作，共同打造综合性的金融服务平台，为客户提供更加全面、便捷的金融服务。

12.3.4.2 突破边界、扩大经营范围

大数据技术可能突破现有可保风险与不可保风险的界限，使原来不能承保的风险变为可保风险，扩大保险业务经营范围。

随着科技的飞速发展，大数据技术已经成为各行各业中不可或缺的一部分。而在保险领域，大数据技术更是可能突破现有可保风险与不可保风险的界限，将原本被视为不可承保的风险转化为可保风险，从而极大地扩展了保险业务的经营范围。

在传统的保险业务中，保险公司通常会对风险进行严格的评估和分类，将风险划分为可保风险和不可保风险。可保风险通常是指那些可以通过统计学方法和保险技术进行合理

评估和定价的风险，而不可保风险则通常由于其不确定性过高或难以量化评估而被排除在保险范围之外。

然而，随着大数据技术的广泛应用，保险公司可以获取更加全面、准确和实时的数据，从而更加精确地评估风险。例如，通过收集和分析大量的车辆行驶数据、驾驶员行为数据和道路状况数据等，保险公司可以更加准确地评估车辆保险的风险，甚至可以将一些原本被视为不可保的风险纳入保险范围。

此外，大数据技术还可以帮助保险公司更好地理解和预测风险。通过对历史数据的挖掘和分析，保险公司可以发现风险发生的规律和趋势，从而制定更加科学的风险管理策略。这种基于大数据的风险管理方法不仅可以提高保险公司的风险定价能力，还可以为客户提供更加个性化、精准的保险服务。

当然，大数据技术的应用也面临着一些挑战和风险。例如，数据安全和隐私保护问题需要得到充分的重视和保障。此外，数据质量的不稳定性和数据处理的复杂性也可能给大数据技术在保险领域的应用带来一定的困难和挑战。

综上所述，大数据技术为保险业务带来了无限的可能性和机遇。通过突破现有可保风险与不可保风险的界限，大数据技术不仅可以扩大保险业务的经营范围，还可以提高保险公司的风险定价能力和服务水平。然而，我们也需要清醒地认识到大数据技术在应用过程中所面临的挑战和风险，从而采取更加科学、合理的方法来应对和解决这些问题。

12.3.4.3　更有效地进行精准营销

大数据技术在营销领域的应用将能更有效地发现客户和客户的潜在需求，进行精准营销，特别是财产保险中标准化产品的营销。

随着科技的飞速发展，大数据技术已经深入各个领域，其中，营销领域尤为突出。大数据技术的应用，让营销者能够更精准地把握市场和消费者的脉搏，从而更好地满足消费者的需求。特别是在财产保险行业，大数据技术的应用更是让标准化产品的营销变得更加精准、高效。

大数据技术能够助力营销者更全面地了解客户。在传统的营销模式中，营销者往往只能通过有限的渠道获取客户的基本信息，很难深入了解客户的真实需求和偏好。然而，大数据技术却可以通过对海量数据的挖掘和分析，帮助营销者更全面地了解客户的行为习惯、兴趣爱好、购买历史等信息，从而更准确地把握客户的需求和偏好。

大数据技术能够助力营销者进行更精准的营销。通过对客户数据的深入分析，营销者可以更加准确地预测客户的需求和购买意向，从而制定出更加精准的营销策略。例如，在财产保险行业，营销者可以通过对客户数据的分析，预测哪些客户更有可能购买某种标准化产品，然后针对这些客户开展更加精准的营销活动，提高营销效果和转化率。

大数据技术还能够助力营销者更好地满足客户的潜在需求。在传统的营销模式中，营销者往往只能满足客户的显性需求，很难发现客户的潜在需求。然而，大数据技术却可以通过对客户数据的深入分析，发现客户的潜在需求，从而帮助营销者开发出更加符合客户需求的产品和服务。

综上所述，大数据技术在营销领域的应用将能够更有效地发现客户和客户的潜在需求，进行精准营销，特别是财产保险中标准化产品的营销。通过大数据技术，营销者可以更加全面地了解客户、制定更加精准的营销策略、满足客户的潜在需求，从而实现更加高效、精准的营销。随着大数据技术的不断发展和应用，相信未来营销领域将会迎来更加广阔的发展空间和更加美好的未来。

12.3.4.4 提升用户体验和行业形象

大数据和互联网的运用有利于改善保险消费者的用户体验，提高消费者满意度，改善行业形象。

大数据和互联网技术在保险行业的应用，不仅推动了行业的数字化转型，更对保险消费者的用户体验产生了深远的影响。这一变革不仅提高了消费者的满意度，还进一步改善了整个保险行业的形象。

大数据和互联网技术的运用使保险公司能够更加精准地了解消费者的需求。通过对海量数据的挖掘和分析，保险公司能够洞察消费者的消费习惯、风险偏好和个人偏好，从而为消费者提供更加个性化的保险产品和服务。例如，根据消费者的年龄、性别、健康状况等信息，保险公司可以为其推荐适合的保险产品，甚至提供定制化的保险方案。这种个性化的服务无疑极大地提升了消费者的用户体验。

大数据和互联网技术有助于保险公司优化服务流程，提高服务效率。传统的保险业务办理流程烦琐，耗时耗力。而借助互联网技术和大数据分析，保险公司可以简化流程，实现线上化、自动化处理，大大缩短业务处理时间。同时，通过实时数据监控和分析，保险公司能够及时发现和解决服务中的问题，进一步提高服务质量和效率。这种便捷、高效的服务方式，无疑也增加了消费者对保险公司的满意度。

大数据和互联网技术的运用有助于保险公司提升风险管理能力，减少风险损失。通过对大量数据的分析，保险公司可以更加准确地评估风险，制定合理的保费和赔偿标准。同时，借助互联网技术的实时性，保险公司能够及时获取风险信息，迅速作出反应，有效减少风险损失。这种风险管理的提升，不仅增强了保险公司的竞争力，也为消费者提供了更加可靠的风险保障。

综上所述，大数据和互联网技术在保险行业的应用，不仅提高了保险消费者的用户体验和满意度，还改善了整个保险行业的形象。这一变革不仅推动了保险行业的数字化转型，更为保险行业的可持续发展奠定了坚实的基础。未来，随着技术的不断进步和应用场景的拓展，大数据和互联网技术将在保险行业中发挥更加重要的作用，为消费者带来更加优质、便捷的保险服务。

12.3.5　协助行业突破创新

在保险行业，大数据的应用已经产生了深远的影响，不仅推动了行业的改良，还助力保险企业实现突破创新。波士顿咨询公司（BCG）的最新研究表明，大数据在风险评估与定价、交叉销售、防止客户流失、理赔欺诈检测以及理赔预防与缓解五大环节中发挥了至关重要的作用。

大数据在风险评估与定价中发挥了重要作用。传统上，保险公司依赖有限的信息和人工判断来设定保费和承保条件。然而，随着大数据技术的应用，保险公司能够收集并分析海量数据，更准确地评估风险并制定出更加精细的定价策略。这不仅提高了保险公司的盈利能力，还为客户提供了更加个性化的保险服务。

大数据在交叉销售方面发挥了重要作用。通过分析客户的购买行为和偏好，保险公司能够发现潜在的销售机会，并向客户推荐适合他们的其他保险产品。这种个性化的营销策略不仅提高了销售额，还增强了客户与保险公司之间的信任关系。

大数据在防止客户流失方面发挥了关键作用。通过实时监测客户的行为和反馈，保险公司能够及时发现潜在的问题并采取相应措施，从而避免客户流失。同时，大数据能够帮助保险公司更好地理解客户需求，提升客户满意度和忠诚度。

在理赔欺诈检测方面，大数据展现出了巨大的潜力。通过分析历史数据和建立预测模型，保险公司能够更准确地识别出欺诈行为，减少损失并提高理赔效率。这不仅有助于维护保险公司的利益，还能够保护诚实客户的权益。

大数据在理赔预防与缓解方面发挥了重要作用。通过分析事故原因和损失情况，保险公司能够制定出更加有效的预防措施，降低事故发生的概率。同时，在事故发生后，大数据能够帮助保险公司更快速地响应和处理理赔事宜，减轻客户的损失并提高客户满意度。

除了上述五大环节外，大数据在保险行业还扮演着催化剂的角色，推动车联网、可穿戴设备、智能家居和平台生态圈构建等方面的发展。随着物联网技术的普及和应用，保险公司可以通过与车联网、可穿戴设备、智能家居等领域的合作，收集更多的数据，为客户提供更加个性化、更全面的保险服务。例如，通过与车联网的合作，保险公司可以实时获取车辆的行驶数据、驾驶者的行为数据等，从而更准确地评估风险并为客户提供相应的保险产品和服务。

尽管大数据在保险行业的应用前景广阔，但目前绝大部分险企对于大数据在平台生态圈、智能家居保险与监测服务、穿戴式设备健康服务等领域的尝试尚未开始。这主要是因为险企在数据收集、处理和分析方面面临着技术、人才和成本等多方面的挑战。尽管如此，这些险企都认可大数据在保险行业的发展方向，并积极寻求与科技公司、数据服务商等合作，共同推动大数据在保险行业的应用和发展。

本章参考文献

[1] 秦立龙．大数据在我国互联网保险价值链中的应用研究［D］．山东农业大学，2019.

[2] 何德旭，董捷．中国的互联网保险：模式、影响、风险与监管［J］．上海金融，2015（11）：64－67.

[3] 刘博．互联网＋背景下大数据技术打造金融保险生态圈［J］．内蒙古科技与经济，2020（23）：59－60.

[4] 李弘熙．浅析大数据背景下保险业发展［J］．中国集体经济，2020（21）：98－99.

[5] 洪小帅．场景化保险发展问题及对策研究［D］．内蒙古财经大学，2019.

[6] 左新月．我国互联网场景化保险发展研究［D］．辽宁大学，2018.

第 13 章　大数据保险的未来发展

本章重点

1. 大数据对保险业务流程的改进。
2. 保险业务流程的整合与拓展。
3. 保险企业的 ESG 发展。

13.1 业务流程的改进

13.1.1 数据驱动的决策

在商业领域中，数据已经成为一种新的资源，它可以帮助企业更好地了解市场需求、优化产品设计、提高运营效率和制定更加科学的决策。

随着大数据时代的到来，数据的获取和分析已经变得更加便捷和高效。企业可以通过各种渠道获取数据，包括内部业务系统、外部市场调研、社交媒体等。这些数据可以帮助企业了解客户的需求和行为，从而更好地定位产品和服务。

同时，数据分析可以帮助企业更好地管理和运营。例如，通过分析销售数据，企业可以了解哪些产品最受欢迎，哪些销售渠道最有效，从而优化销售策略。通过分析客户反馈数据，企业可以了解客户对产品的满意度和需求，从而改进产品设计和服务。

在决策方面，数据可以帮助企业制定更加科学和准确的决策。例如，通过分析市场数据，企业可以预测未来的市场趋势和变化，从而制订更加合理的战略规划；通过分析运营数据，企业可以了解运营中的瓶颈和问题，从而优化运营流程和提高效率。

总之，数据驱动决策已经成为一种趋势，它可以帮助企业更好地了解市场和客户需求，优化产品和服务，提高运营效率并制定更加科学的决策。

13.1.2 成本降低

外部增量数据的支撑还可以显著降低人工成本。目前，很多健康险 TPA 公司为了提高用户的体验度，加快报销的速度，不得不依靠庞大的人工客服去处理客户的报销单。然而，如果有了合适的电子化数据，这部分人工成本将会大大压缩。通过数据的应用，无论是通过开源增加收入，还是通过节流减少开支，都可以对保险业务进行赋能，并可以确信会带来明确的效果。尽管在目前的数据基础上，可能做出的效果还不尽完美，尽管数据的覆盖度可能还不够完善，但至少这是个充满希望的开始。随着时间的推移，只要在正确的方向上不断积累经验，就一定能够实现量变到质变的跨越。

13.1.3 业务效率提升

通过数据产品和技术来提高原有的工作效率，降低成本。这种方法可以帮助企业更加高效地管理和运营，从而提高企业的整体效益。通过有效地利用数据产品和技术，企业可以同时扩大市场规模和提高效率，从而实现持续的商业成功。

在保险行业的运营方面，随着外部数据的不断成熟和运用，核保和理赔的过程可以实现部分自动化，甚至全部自动化。这将会大大提高效率，并降低运营成本。通过引入外部数据，反欺诈工作将变得更加精准和高效。这些数据可以尽可能地还原某人在某地、在某一时刻的特定场景，从而从还原的场景中发现欺诈者的蛛丝马迹。外部数据可以覆盖保险业务数据原来覆盖不到的时间和空间的事件，从而提供更全面的风险评估和反欺诈能力。

13.1.4 产品设计优化

在保险行业，数据不仅可以用于提高效率和降低成本，还可以用于优化产品设计。通过分析客户的年龄、性别、职业、健康状况等数据，保险公司可以更准确地了解客户的需求和风险，从而设计出更符合客户需求的保险产品。通过依靠现有的数据产品或技术，能够以前所未有的方式找到并识别出新的客群，从而带来全新的增量市场。这种方法不仅扩大了市场的规模，还为市场注入了新的活力，使企业能够更好地发掘和利用市场潜力。

例如，对于一些高风险职业或健康状况较差的客户，保险公司可以提供定制化的保险产品，以更好地满足他们的需求。同时，通过分析客户的保险购买行为和理赔历史，保险公司可以更好地了解客户的保险需求和偏好，从而优化保险产品的设计和定价。

总之，数据在保险行业的应用可以帮助企业更好地了解市场需求和客户需求，优化产品设计，提高运营效率，并制定更加科学的决策。随着大数据技术的不断发展，数据在保险行业的应用将会越来越广泛和深入，成为企业持续商业成功的关键因素之一。

13.2　保险大数据体系升级

从行业本身的特性来说，保险行业是当前最有潜力通过数据驱动变革的。保险行业属于数据密集型行业，既是数据的收集者，也是数据的使用者。该行业以大数据原理为驱动，利用精算来控制风险。然而，相对于电商、搜索、在线广告等互联网公司，保险公司面临的数据问题更加复杂。

首先，保险产品结构复杂。保险的产品是保单，保单结构本身就很复杂，例如，重疾险责任范围包含哪些重症、轻症，重疾理赔次数，承保年限等复杂信息。

其次，保险数据维度单一。目前，保险公司存储的大多是保单信息和理赔记录等静态数据，缺乏更细粒度、动态的行为数据等，如用户的实时体征。

最后，保险业务流程长。保险行业很多流程是在线下完成，相较于电商、搜索、在线广告等，保险流程较长，数据存在断点，另外，数据、算法模型和业务反馈有时无法形成一个闭环。

总体来说，保险行业数据基础和数据质量还不够高，有些数据尚无法直接使用，例如，大量非结构化的影像数据，需要在数字化的基础建设方面投入更多资源。

在当前情况下，以大数据为底层支持的保险科技将承担更大的作用。通过大数据技术，保险产业精耕细作成为可能，也将为保险全流程的诸多痛点提出解决方案，深入保险业态改造。

【专栏 13 -1】 案例：保险行业加持数据大脑实现精耕细作

伴随着可穿戴智能设备、物联网、5G 等技术的成熟，保险公司如果能够有效利用这一趋势，则能提高保险开发定价、保险营销、准备金评估、理赔等多个环节的效率和准确性。

然而，新技术将使现有数据量及维度发生质的变化，带来新的挑战。以 2017 年“双十一”为例，业内首家互联网保险公司众安当天的保单数量峰值达到 3.2 万张/秒，对企业的数据处理速度提出了极高的要求。

围绕保险公司数据化建设，众安基于数据量级、数据打通、数据文化、数据应用和数据人才五个维度来开展。

（1）数据量级：保险公司要尽可能多地收集不同维度的数据，除保单、理赔数据外，还需要注意留存场景行为数据。作为具有互联网基因的保险公司，众安注重各种场景数据的收集，例如，通过大量数据埋点了解用户的实时体征，提供更有针对性的投保建议，提升用户体验。

（2）数据打通：公司内各个版块的数据要打通，避免出现数据孤岛。数据打通的关键是用户，成功的互联网公司始终把用户放在第一位，业务都是围绕用户去展开，而传统保险公司更关心业务本身，如保费和赔付率。众安为用户标注唯一 ID，用户购买不同险种，办理不同业务，都能通过唯一 ID 识别分析。通过这一举措，众安有效降低了风控难度，促进了业务增长。

（3）数据文化：数据驱动的含义是要把数据服务的对象下沉，不仅面对管理层，还要下沉到一线业务人员，提供系统化的服务，让智能决策支持像人脑一样做到无时无刻、无处不在。众安构建了一套完整的数据平台——众安数据洞察平台，该平台能够快速支持从传统的报表生成、各个纬度的即席查询，到移动端可视化系统。

（4）数据应用：数据应用的成功，取决于能否形成数据应用的小型业务闭环。以广告推荐、搜索推荐为例，保险公司能够通过用户是否点击这一返回的数据，对模型是否有效进行判断。这样基于数据挖掘的模型，才会不断更新迭代。例如，众安健康险理赔风控，通过数据分析得到风控规则，在理赔系统中就设计了理赔人员标注风控规则有效性的反馈过程，可以直接对规则好坏进行评估，从而不断优化风控模型。

（5）数据人才：数据体系的关键因素首先是人才。除精算师、数据分析师外，大数据平台开发工程师和算法专家，甚至数据科学家都至关重要。由于技术门槛的原因，只有这些人才掌握处理大数据的能力和方法。众安除了为各个事业部门配备业务相关的数据分析师外，还在不断储备这方面的人才，仅数据智能中心就有 100 多位大数据开发、算法工程师和数据专家。

13.3 建立一体化数据分析销售系统

过去几年，以中国人民财产保险、中国人寿、中国平安、太平洋保险、中国太平为代表的综合型保险集团，纷纷完成了统一客户信息系统的建设，实现了客户数据在技术层面的集中与共享。为下一步分析型客户关系管理系统建设奠定了基础，为开展客户迁移和交叉销售创造了条件。其中包括环境分析、价值分析、流失分析和购买分析等方面。

13.3.1 环境分析

保险公司可以根据自身业务骨干的流动、竞争对手策略、市场波动、客户满意度四个指标数据进行动态管理，密切跟踪公司自身、客户和外部市场的变化情况，积极培育和挖掘客户需求，不断创新增值服务手段，防止不利情况的持续恶化，把客户流失风险控制在萌芽状态。

13.3.2 价值分析

通过大数据分析手段综合考虑客户信息、险种信息、既往出险情况、销售人员信息等，对客户进行细化分类，分析客户价值与期望，得出高质量用户群，做好重点的客户关系维护，减少流失的可能。

13.3.3 流失分析

筛选出影响客户退保或续期的关键因素，分析客户可能的流失原因，并通过这些因素建立预测模型，对客户的退保概率或续期概率进行估计，找出高风险流失客户，及时预警并制定挽留策略，提高保单续保率。具体而言，大数据技术可应用于环境分析、价值分析、流失分析和购买分析等方面，以有效支持客户挽留策略的制定。

13.3.4 购买分析

通过大数据挖掘算法识别客户的购买习惯，推荐契合度较高的一个或多个产品，引导客户购买多个产品，提高客户黏性；提供个性化服务，进而提高客户满意度，减少流失的可能。

利用大数据对保险业务创新、提高保险公司效率的前提是需要对保险业务员、客户、保单、产品等业务基础数据和外部数据进行融合、治理，打造统一的高质量数据中心。总体架构包括数据融合、数据治理和数据交互服务，以及对历史业务累积等的相关数据。从数据资产科学管理角度考虑，将数据作为资产纳入标准化、规范化管理，对数据进行全生命周期管理，从数据产生、数据采集、数据处理、数据质量、数据安全、综合管理应用方面入手来满足大数据融合创新应用的诉求。最终，达到利用大数据分析技术开放新的产品、市场和客户，提高客户的满意度和风险控制水平以及保险公司的效率。

目前，保险科技运用主要集中在销售环节，其实整个运营管理全流程都需要加大科技运用的力度。通过科技运用提高理赔效率，是提升保险服务品质十分重要的方面。新技术的运用不仅提高了理赔人员的工作效率，还改善了客户的理赔体验。

13.3.5 生态系统合作

加强与其他生态系统的合作，包括医疗健康领域、智能交通等，实现更全面的风险评估。

在当今高度互联的世界中，生态系统合作已成为推动各方共同发展的关键因素。通过强化与其他生态系统的合作，我们可以实现更全面的风险评估，进而提高整个系统的弹性和应对风险的能力。

跨行业合作可以为我们提供更广阔的视野和更丰富的资源。不同行业之间的交流和合作可以激发创新的思维，并产生意想不到的解决方案。例如，医疗健康领域与信息技术领域的合作，可以利用大数据和人工智能技术对医疗数据进行深度分析，以实现更准确的疾病诊断和治疗方案。

通过与其他生态系统共享信息，我们可以更好地了解各种风险因素，并对其进行准确的评估。同时，信息共享可以加强不同生态系统之间的信任关系，提高协同工作的效率。通过建立信息共享平台，可以有效地促进信息的流通和利用。

共同研发可以集合各方的优势和资源，推动技术的创新和发展。通过与其他生态系统共同进行研发，我们可以开发出更具有针对性和实用性的解决方案，以应对各种风险挑战。同时，共同研发可以降低研发成本，提高技术的普及率和应用的广泛性。

综上所述，生态系统合作是实现更全面的风险评估的重要途径。通过跨行业合作、信息共享和共同研发等措施，我们可以更好地应对各种风险挑战，推动各方的共同发展。期待未来生态系统合作能够为我们带来更多的机遇和成果。

13.4　环境、社会、治理（ESG）相关发展

随着社会对可持续发展和环境保护的日益关注，保险业也开始重视环境、社会和治理（ESG）标准在业务中的应用。ESG 标准不仅对保险公司的投资决策和风险管理产生积极影响，还有助于推动保险业实现可持续发展目标。

首先，从环境方面来看，保险公司需要关注与气候变化、环境污染等相关的风险。通过将环境因素纳入保险产品和投资决策中，可以更好地管理潜在的环境风险，并为投保人和股东创造长期价值。例如，一些保险公司已经开始推出与低碳经济相关的保险产品，为清洁能源项目提供保障，从而促进绿色能源的发展。

其次，在社会方面，保险公司需要关注社会问题，如贫困、教育、健康等，并将其纳入业务运营中。通过参与社会公益事业、提供保险保障来改善社会福利，可以帮助保险公司树立良好的企业形象，并提高品牌价值。例如，一些保险公司开展慈善捐赠、教育支持等活动，以帮助弱势群体提高生活水平。

最后，在治理方面，保险公司需要建立健全的内部治理机制，提高公司透明度和治理水平。通过加强内部控制、规范业务操作、防范风险等措施，可以保障投保人的权益，增强公司的竞争力和稳健性。例如，一些保险公司通过引入独立董事制度、建立风险管理部门等措施，提升公司的治理水平。

综上所述，结合 ESG 标准推动可持续发展理念在保险业的应用具有重要的现实意义和长远的发展价值。未来，保险公司需要更加重视 ESG 标准的实践和应用，通过不断的创新和完善来推动保险业的可持续发展。

13.5　保险行业大数据未来应用方向总结

13.5.1　整合数据，对客户精准画像

保险行业内部拥有大量具有价值的数据，因此保险行业的大数据战略应该从整合自身

数据开始，挖掘已有数据，对用户进行画像。保险公司内部的数据包含客户的个人属性和金融信息，这些数据可用来标签化，为用户画像提供支持。

保险公司拥有业务订单数据、用户属性数据、用户收入数据、客户查询数据、理财产品交易数据、用户行为等数据，这些数据可以通过用户账号打通，建立用户标签。客户的交易纪录和个人基本信息将用于客户分类，可以将用户分为理财客户、教育保险客户、寿险客户、意外险客户、保障险客户、车险客户、少儿保险客户、女性保险客户等。

保险公司集中在内部的数据，主要包含交易数据和订单数据，由于不含有客户外部行为数据，无法定义客户的特点，例如，客户的旅游爱好、教育需求、文化需求、位置轨迹、理财需求、游戏爱好、体育爱好等。这些信息都是描述用户的基本信息，也是客户画像的基本标签。

保险公司可以从外部购买这些数据，结合内部数据，保险公司可以掌握客户多纬度信息，形成 360 度用户画像。360 度画像有助于保险公司从不同角度来了解客户，也有助于对客户进行分类管理，依据客户的特点进行精准营销和设计产品。

保险公司需要建立大数据管理平台（DMP），集中保险公司内部的数据，依据商业分析对数据进行标签化，将保险用户账号作为唯一标示符打通整体数据。保险公司还需要引入外部移动互联网数据，借鉴客户外部行为标签数据，丰富保险客户信息，形成 360°用户画像。由于客户行为的不确定性，用户画像信息需要及时更新，因此，DMP 中的标签体系和数据，包括引入的外部数据都应该是动态的，需及时进行更新，这样才可以保证数据的时效性。

大数据管理平台（DMP）是保险行业大数据价值变现的基础平台，大数据价值变现很多场景都可以利用 DMP 的数据进行挖掘，包含客户用户画像、精准营销、新客获取、老客经营、用户体验提升、风险评估等。

13.5.2　打造大数据平台，标准化产品与个性化产品共存

未来的社会消费主体是“80 后”和“90 后”，保险产品的主要客户群也在转向年轻人。保险公司必须了解这些年轻人的特点，才能够设计出适合客户需要的产品，更好地为客户服务。

保险公司的其他挑战是保险产品不够丰富，无法覆盖客户所有场景的保险需要；保险产品设计过于复杂，客户购买时需要掌握的信息过多，影响客户购买体验。保险公司将产品展示平台转向移动互联网后，必须对保险产品进行标准化，保险产品介绍要简单明了，

突出重点和客户利益，并依据客户各种场景需求设计产品。由于年轻人的身体健康条件比较好，且收入比较低，简单标准的保险产品迎合了年轻人的需要，有利于快速销售、形成规模，也有利于保险公司延续此保险产品的生命周期，降低产品开发成本。

13.5.3　利用大数据定价，设计个性化产品

保险精算师在设计保险产品时，主要依据的是理赔标的发生的概率，这些概率大多来源于行业的历史数据和统计数据。然而，这些数据并非实时数据，且部分数据统计方法已显陈旧，导致小样本数据与真实数据间的方差逐渐增大。若依赖误差较大的数据进行产品设计，将无法准确反映真实概率，进而对保险产品的定价方式产生不良影响。因此，设计出的产品可能存在风险偏好不准确的问题，这可能导致保险产品收益过低，使客户缺乏购买意愿；或者保险产品无法有效覆盖风险，导致亏损。

传统的保险产品设计主要侧重于风险和收益，而较少从客户实际需求出发。保险公司往往在产品推出后，才通过市场推广和销售人员的努力来测试市场的接受度。这种方式不仅投入资金大，而且产品风险高。随着新一代消费者的需求日益多样化，单一的产品已难以满足大多数客户的需求。

在新的社会背景下，保险公司需要更加深入地了解客户的特点，并根据客户的需求来设计保险产品。这样不仅可以提高保险产品的销量，形成一定的市场规模，还能更有效地覆盖风险事件的发生概率。

当前，大数据分析技术、标签数据、客户行为数据和全局数据为保险公司提供了新的机遇。借助这些数据和技术，保险公司可以改变传统的保险产品定价方式，设计出更高收益、更低风险的产品。同时，通过客户行为数据和标签数据，保险公司可以更准确地把握客户的需求，从而设计出更符合客户需求的保险产品。

以数据分析和客户需求为导向的保险产品设计，将在产品收益、客户体验和风险管理等方面取得显著优势。事实上，一些国外的领先保险公司已经在这方面取得了显著的成果，其产品不仅获得了市场的广泛认可，而且盈利可观。

在移动互联网时代，大数据商业应用已成为不可逆转的趋势。保险行业应当充分认识到大数据技术和价值在本行业的重要性，积极购买外部数据，利用 DMP 进行用户画像分析。同时，通过标准化保险产品，利用移动 APP 进行客户获取、营销和数据采集，进一步借助大数据技术改变保险产品的定价方式，实现以客户为中心的产品设计。这样，保险公司才能在激烈的市场竞争中立于不败之地。

13.5.4 积极打造场景渗透销售模式

在当前移动互联网蓬勃发展的时代背景下，年轻消费群体对于快捷便利的消费方式展现出浓厚兴趣。随着移动互联网的普及，众多消费场景正逐步实现移动化，涵盖了人们的衣食住行和文化娱乐等多个方面。特别是年轻一代，他们的消费行为更倾向于移动化，这一趋势日益明显。

因此，保险公司必须敏锐洞察这一变化，及时调整客户连接策略。应逐步将传统的电话和线下连接方式转向移动互联网，以充分利用其便捷性和普及性。同时，客户渠道也应逐步向移动互联网倾斜，以降低电话销售获客的比例，并将主要资源聚焦于移动互联网。

移动互联网具备展示丰富产品信息的优势，既可提供简洁明了的产品介绍，也能呈现直观的数据和图表。此外，通过炫酷的视频和图片，能够向客户传达更多理念价值。这种信息展示方式不仅有助于客户在短时间内了解产品，还能提升客户体验，进而增加购买产品的可能性。利用移动互联网进行产品推荐，不仅可提高产品转化率，还能降低营销成本，进一步增强客户体验。

展望未来，保险产品应更加紧密地结合生活场景，以满足客户对各类保险产品的多样化需求。例如，在车险领域，可以增设爆胎险、异物撞击险、自然灾害险、高温险、低温险等创新产品。在保障险领域，也可以拓展更多场景险，如交通堵塞险、延误险、高空坠物险、天气突变险、暴雨险等。

随着互联网的深入发展，大数据分析为商业活动提供了全新的视角和工具。在互联网金融时代，商业思维应向数据思维转变。保险行业也应积极利用大数据技术分析特定场景下的客户需求，从而指导产品开发、营销策略和运营管理等方面的决策。

13.5.5 打造新型服务平台

在数字经济时代背景下，保险科技的核心要素在于大数据的运用，本质在于通过保险与科技的深度融合，构建一个数字化的生态环境。其中，打造新型保险产业服务平台是这一生态环境构建的关键环节之一。借助大数据技术，保险产业的价值链得以向更深层次拓展，进而引领多行业实现战略协同。例如，通过数字化医疗与保险科技的结合，我们可以构建一个健康医疗大数据平台，提供管理式医疗模式。这种模式并非以预测风险为主导，而是致力于构建一个集上游健康防护、中游经济补偿、下游医疗服务于一体的全方位健康管理服务平台。

此外，数字经济时代为保险业在营销方式和科技结合方面提供了新的机遇。这不仅能够助力保险业完善运营机制、优化前台配置，还能提升智能服务水平，从而有效解决营销模式单一、销售渠道狭窄、市场定位不准确和客服能力不足等行业问题。另外，通过大数据、云计算、人工智能、区块链等先进科技的应用，保险公司在产品供给和定价方面能够根据客户的个性化需求，提供差异化服务，实现一人一单、一单一价的精准匹配。这不仅有助于降低社会整体健康风险，还能实现资源的优化配置。

在数据安全性方面，大数据与区块链技术的结合为保险反欺诈工作提供了有力支持。在数字经济时代，保险公司可以利用区块链和大数据技术，结合公共大数据平台和保险大数据平台，实现对被保险人的远程监控和实时监管。这使我们能够精准掌握客户的保险记录、风险状况和行动轨迹等信息，为反保险欺诈工作提供有力证据。这不仅提高了反欺诈工作的效率和客观性，也确保了数据的公正性和安全性。

13.6　大数据保险发展的问题与对策

13.6.1　大数据保险发展存在的问题

13.6.1.1　跨行业合作难度高

打造保险大数据平台是实现保险数字生态的关键，该数据平台主要由第三方机构、保险公司和互联网科技公司构成。一方面，三方间既无资本隶属关系，也无利益上的直接关系，因此难以形成利益共享和风险共担的合作关系。另一方面，大型互联网科技公司与保险公司数据共享的利益驱动力不足；小型互联网科技公司在数据规模和科技水平上，难以达到保险公司要求。所以，保险公司与互联网科技公司难以实现数据共享。

13.6.1.2　存在潜在风险，受检验时间长

保险数字化转型是一场经营理念的创新过程，是保险与科技两个高风险行业深度融合的产物，不仅存在道德风险、市场风险、操作风险等固有风险，还可能由于新技术的应用而出现新的风险因素。双重创新必然增大保险数字化转型的创新风险。这些风险的形成，

受到科技自身发展规律作用、外部环境制约和创新发展目标的影响。总体来看，这部分创新风险异于其他风险，明显体现在创新持续力不足。实现保险数字生态目标，存在需克服行业多、前沿核心科技不成熟、资金需求大、人才要求高、行业前景难预测等难题，这些难题使其创新持续力面临严峻的考验。

13.6.1.3 大数据带来的客户隐私问题

数据具有竞争价值和客户权利双重属性，收集和利用客户信息是保险数字生态化的前提，客户隐私保护也成为保险业数字生态化的焦点。在数字经济时代，数据竞争与隐私安全的界限越发模糊，特别是保险业在实现数字化转型过程中，不断拓宽和加深对客户购保历史、生活习惯、兴趣爱好等隐私数据的覆盖广度及挖掘深度，容易引起客户对自身数据安全的猜忌，以致降低对保险公司的信任度。因此，如何在数据挖掘、利用、传输、储存和保护之间谋得最佳平衡点，是保险公司实现数字生态化过程中的焦点。

13.6.2 大数据保险发展的策略

13.6.2.1 行业龙头的带动作用

大型保险公司可以凭借技术雄厚、资源链接广、业内影响力强等优势，在机遇和挑战并存之下引领整个行业发展。第一，秉持高格局和大资源，建立保险数字生态。大型公司通过搭建沟通合作平台、深化各方共识来强化行业协同，并推动保险科技的落地应用，进而凝聚各方之力，共同开创适应数字经济时代保险发展趋势和业务需求的保险数字生态圈，促进保险业可持续、稳定发展。第二，应重视数字经济时代的经营管理理念创新，瞄准数字技术前沿，加强应用规划，凸显科技创新应用价值以实现行业领先并确保行业领先取得实效。

13.6.2.2 扩大行业内交流，推动创新

保险经营公司与科技公司是前台与后台的关系，双方利益共享，风险共担。保险科技公司应在理解保险运作规律、甄别行业痛点基础上进行创新融合，以提供更优的科技解决方案，并在自身技术上进行高质量创新。保险科技公司应依据自身优势为保险公司数据管理提供技术支持，在对外开放数据共享端口方面加强与第三方机构的合作，拓宽三者间数据共享的范畴，从而实现保险经营公司与第三方机构数据共享平台的搭建。

13.6.2.3　注重人才培养，与高校、研究机构保持密切合作

在创新人才培养方面，科技服务公司内部实行创新激励机制，保护知识产权，同时，主动与高校等科研机构合作，对一线人员进行技能培训，提高其专业基础和实践操作能力，为公司的科技创新提供强有力的人才支撑。

13.6.2.4　政府监管部门发挥积极作用

政府监管部门在实现保险业数字生态化中，发挥至关重要的作用，既要关注前沿科技的发展动向，鼓励保险公司创新，又要完善监管制度，借鉴国外先进的监管方式和方法，做好保险监管顶层设计工作，促进保险业健康良性发展。

本章参考文献

[1] 王运. 保险科技助力互联网保险发展 [J]. 科技资讯，2023，21 (2)：126 - 129.

[2] 张富强. 健康保险的发展探析 [J]. 财富时代，2020 (4)：232 - 233.

[3] 蒋韬. 大数据和人工智能在保险行业的应用及展望 [J]. 清华金融评论，2017 (12)：49 - 51.

[4] 左起. 大数据时代互联网保险营销模式创新研究 [J]. 南京财经大学学报，2016 (5)：105 - 108.

[5] 孟夏，王春萍. 互联网保险业务发展及其监管国际经验研究 [J]. 吉林金融研究，2016 (9)：29 - 35.

[6] 董淼. 大数据时代下互联网保险的发展研究 [J]. 当代经济，2016 (21)：46 - 47.

[7] 陈秀芬，唐宇石. 大数据时代我国互联网保险的现状与发展研究 [J]. 改革与战略，2016，32 (6)：33 - 37.

[8] 宋福兴. 互联网 + 健康保险发展模式创新 [J]. 中国保险，2015 (9)：11 - 14.

[9] 杨泽云. 基于大数据的保险产品创新 [J]. 青海金融，2014 (8)：30 - 32.

[10] 吕颖. 大数据时代互联网保险发展策略浅析 [J]. 河北金融，2014 (7)：52 - 54.

[11] 冯子超. 大数据对保险公司未来发展的影响探究 [J]. 商，2013 (24)：100.

第 14 章　综合案例与重点问题分析

本章重点

1. 大数据在农业保险、车险等案例中的应用。
2. 互联网保险中大数据的应用与发展。
3. 大数据在反欺诈体系中的应用。

14.1　农业保险中的信息改善

14.1.1　大数据在农业保险中的应用

农业保险行业在大数据技术的助力下，取得了显著的进步和变革。农业作为国民经济的基础产业，其稳定发展对于国家的繁荣和民生的改善具有重要意义。然而，农业生产面临着诸多风险，如自然灾害、疫病等，这些风险可能导致农作物减产甚至绝收，给农民带来巨大的经济损失。因此，农业保险作为一种风险分散和经济补偿机制，对于保障农民利益、稳定农业生产具有重要意义。

首先，气象数据分析是农业保险中一项至关重要的应用。通过对降雨量、温度、风速等气象数据的深入分析，保险公司能够更准确地预测自然灾害的发生概率和可能带来的损失。例如，利用历史气象数据和先进的统计模型，可以预测某地区未来一段时间内的降雨量和温度变化趋势，从而及时发出预警，帮助农户采取必要的防范措施，降低农作物受灾的风险。这种基于大数据的气象分析不仅提高了农业保险的风险评估精度，也为保险公司提供了制定更合理保费策略的依据。

其次，农业传感器数据的应用正在成为农业保险领域的新趋势。通过部署在农田中的传感器，可以实时监测土壤湿度、温度、光照等关键生长条件，并将这些数据通过物联网技术传输到云端进行分析。这种实时的农田监测不仅可以帮助农户及时调整农业生产方式，还可以为保险公司提供准确的农作物生长数据，从而更精确地评估农作物的损失风险。例如，当传感器检测到土壤湿度过低时，可以及时提醒农户进行灌溉，避免因干旱导致的农作物减产。同时，这些数据也可以作为保险公司理赔的依据，确保受灾农户能够及时得到经济补偿。

最后，遥感数据在农业保险中的应用也日益凸显。通过卫星遥感技术，可以获取农田的植被覆盖情况、生长状态等关键信息，从而实现对农作物生长状况的实时监测。这种遥感数据与大数据分析的结合，使保险公司能够更准确地评估农作物的损失风险，为保险定价提供更加科学的依据。同时，遥感数据可以帮助保险公司及时发现受灾地区，快速启动理赔流程，提高服务效率。

除了上述几种大数据应用方式外，行为数据分析也是农业保险领域的一个重要方向。通过分析农户的农业生产方式、种植作物选择、灾后恢复措施等行为数据，保险公司可以更深入地了解农户的风险特征和需求，从而提供个性化的保险方案。例如，对于经常遭受洪涝灾害的地区，保险公司可以推出针对水灾的特定保险产品，并提供相应的防灾减灾建议。这种基于行为数据的个性化保险方案不仅提高了保险产品的针对性和有效性，还增强了农户对保险服务的信任和满意度。

云计算平台在农业保险中的应用也发挥了重要作用。通过建立农业保险的云计算平台，可以集成各种数据源，并利用大数据分析和人工智能技术实现快速理赔、风险评估和精准定价。这种云计算平台的建立不仅提高了数据处理和分析的效率，还使保险公司能够更好地整合和优化资源，提高服务效率和质量。

综上所述，大数据技术在农业保险中的应用已经取得了显著的成效。通过数据的采集、分析和应用，保险公司能够更精确地评估风险、优化保险产品、提高服务效率和质量。未来随着大数据技术的不断发展和完善，相信其在农业保险领域的应用也将更加广泛和深入。以下为大数据在农业保险中的主要应用。

（1）大数据在农业保险中的应用体现在风险评估环节。以某地区为例，该地区农业保险公司在引入大数据技术后，实现了对农田信息的实时监控和精准分析。通过对农田土壤、气候、病虫害等多方面的数据收集和分析，保险公司能够更准确地评估农田的风险状况，从而制定更加合理的保险方案。这不仅提高了保险产品的针对性和有效性，还降低了保险公司的风险成本。

（2）除了风险评估外，大数据在农业保险中的应用还体现在理赔环节。传统的农业保险理赔过程烦琐、耗时，而大数据技术的应用则大大提高了理赔效率。保险公司可以利用大数据分析技术，快速准确地确定受灾范围和损失程度，从而迅速完成理赔工作。这不仅减少了农民的等待时间，还降低了保险公司的运营成本。

（3）大数据还有助于农业保险行业的创新发展。通过对大量数据的挖掘和分析，保险公司可以发现农业生产中的新风险点和潜在需求，从而推出更加符合市场需求的新型保险产品。这不仅丰富了农业保险市场的产品线，也为农民提供了更多样化的保障选择。

（4）在大数据技术的支持下，农业保险产品的设计也变得更加多样化。保险公司可以根据不同地区的农业生产特点、作物种植情况以及历史赔付数据，为农户量身定制保险方案。大数据技术还为农业保险市场带来了创新产品。例如，基于大数据的天气指数保险，可以根据实际天气情况调整保费，使农户在面对极端气候等不可抗力因素时能够得到及时的保障。这种创新产品为农户提供了更多元化的保险需求满足途径，提高农业生产的稳定性。

（5）大数据在农业保险领域的应用还有助于整合行业资源，促进市场竞争。保险公司可以借助大数据分析，了解市场上其他竞争对手的产品及服务特点，从而优化自身产品设计，提高市场竞争力。这对于农户而言，意味着更有利于他们的保险权益得到保障。大数据采集与分析在农业保险领域的应用，为农户带来了实实在在的好处。

【专栏 14-1】 案例：气象保险

The Climate Corporation（以下简称 Climate）是美国孟山都旗下一家意外天气保险公司。该公司致力于提供农业领域最有效、最全面的风险管理方案，帮助全球农民更安全、合理地进行耕作。

1. 自主定制型农业保险产品介绍

Climate 保险公司提供的产品属于自助定制型保险产品。

投保人可以自行在电脑端或移动端页面通过选择要投保的农田区域，模拟这片区域未来可能出现破坏农业生产的恶劣天气，再综合各方面数据因素计算，最后自动生成符合投保人需求的农业险产品。这种定制型农业保险既可以将未来发生气象灾害的损失降到最低，也可以满足投保人对天气保险多种多样的需求。

例如，客户可以登录公司的网站，先输入农田所在地的邮编、选择代理人，再选择农业耕作时需要投保的气温、降雨量范围、特殊天气等要素，接着自动生成订单。

Climate 一旦收到订单，会自动在 100 毫秒内综合分析天气预报数据、30 多年来的气象局数据，以及投保人所在地的地质调查数据，进而得到分析结果，给投保人开出保费。投保人假如由于意外天气而遭受损失，将会自动获得赔偿。

Climate 的平台汇总了 2500 万个地点的气象监测点数据，同时综合 1500 亿个土壤监测数据记录、10 万亿个气候数据指标，以及 50TB 的实时数据，并在精算模型的测算下生成了农业气象指数保险，由此给保险产品定价。

Climate 还在美国各地超过 30000 个的气象站覆盖了雷达设备，通过雷达监测来估计降水量，同时提高了对大气表层的观察力。Climate 在数据处理的过程中还需要识别和消除有缺陷的数据，从而提高对各种异常天气预测的精准性，让农民更有信心地实施农田管理决策。

2. 大数据应用平台分析

Climate 的智能农业平台包括 Climate Fieldview Prime、Climate Fieldview Plus。投保人只需在官网免费注册就可以使用公司开发的智能农业平台，无论在 PC 端还是在移动端均可以登录账号中使用公司提供的大数据服务。

Climate Fieldview Prime 软件平台为农民提供基层农业数据和气象数据，可以随时随地观测当下田间的具体情况和未来田间可能出现的情况，保证农民及时作出正确的耕种决策。平台可以根据监测到的降雨量和风速等数据来判断哪块地更适宜耕种，同时提供实时信息数据。例如，当前和未来该地的降雨量、田间农作物生长阶段、雷达监控的信息都在平台显示。当农田所在区域出现恶劣天气时或田间农作物遭受病虫害时，农民均会提前收到警报。该平台每天零时都会发送邮件给农民，告知未来 24 小时的天气情况。

Climate Fieldview Plus 软件平台的优势是提供无缝的农场数据连接和影像功能，让农民对田间作物有更深刻的了解，并帮助他们充满信心地作出重要农场经营决策。农民可以通过显示的实时数据识别田间问题，从而采取快速行动。例如，当农民掌握了当前农田内的作物密度，他就能以此而确定下一个季度的施肥量。其另一个优势是地质数据的可视化，操作简易的电子地图能帮助农民比较地质方面数据，从而了解该地导致农产品产量减少的因素。

14.1.2　农业保险中的信息不对称

农业保险中的信息不对称主要是指在对保险标的情况的了解方面，投保人比保险人掌握的信息更详细、清楚，相比之下，农户居于相对信息的优势地位。当前，农业保险中的信息不对称问题主要体现在两方面，即保险人的逆向选择和道德风险以及投保人的逆向选择和道德风险。

一方面，农户在挑选保险产品时，大多会选择费率较低的，而这些多是一些经营效益差的保险公司，这种逆选择会逐渐驱逐效益较好的公司。同时，由于保险种类单一，农户的需求难以得到有效满足，因此会逐步减少对农业保险的需求，这更加重了供需间的不平衡。而保险人的道德风险主要是指由于保险人重业务、轻理赔或者不严格履行条款等原因而导致的农户索赔难、赔款慢的问题。

另一方面，农户只有在农作物产量低于平均产量时才能得到经济赔偿，这就导致那些产量偏低的农户更倾向于购买保险，而产量高于平均的，则大多选择不购买。而投保人的道德风险主要表现为投保农户可能会为了自身利益而故意增加风险产生的可能或者加重损失的程度，而保险人对此却并不知情。

14.1.3 信息不对称的原因分析

农业生产具有其独特性，常常面临如干旱、洪涝、霜冻、风暴等天然风险，这些风险难以预测和控制。此外，自然灾害的地域性和季节性特点，进一步增加了保险公司处理理赔时的不确定性。在农业生产中，目标对象主要是具有生命力的动植物，其生长状况在很大程度上取决于农户的管理。然而，农户的行为过程往往难以进行有效监督，这可能导致道德风险的出现。

农业保险同样具有其特殊性。相较于农户，保险公司在获取保险标的相关信息时，需要付出较高的成本。因此，高风险农户更倾向于投保，而低风险农户则可能选择不投保，这种现象被称为劣币驱逐良币，长此以往可能形成恶性循环。

在农业保险中，投保农户与保险公司之间也存在特殊性。一方面，部分投保农户缺乏诚信意识和保险知识，这可能导致在保险事故发生时，他们为了获取更多经济补偿而忽略或延迟采取补救措施。另一方面，由于农业保险业务通常处于亏损状态，保险公司缺乏推广和经营此类业务的动力。这可能导致投保农户在签订合同时，对保险条款的理解不足，进一步加剧了投保人和保险公司之间的信息不对称问题。

14.1.4 大数据在农业保险领域的应用改善信息不对称

大数据技术的应用不仅丰富了农业保险产品的种类，提高了保险的精算准确性，还极大地改善了农业保险中的信息不对称问题，使保险覆盖面更广、费率更加合理，为广大农民带来了实实在在的利益。

传统的农业保险产品往往受限于数据收集和分析的能力，难以根据具体的农作物种类、地理环境、气候条件等因素进行精细化的设计。而现在，借助大数据技术的强大处理能力，保险公司可以更加准确地评估风险，为农户设计出更加符合实际需求的保险产品。例如，通过收集和分析历史气象数据、土壤数据、农作物生长数据等，保险公司可以针对不同地区的特定农作物推出更具针对性的保险产品，以满足农户的多样化需求。

在传统的农业保险模式中，保险公司往往难以获取到足够的关于农产品生产状况的信息，这导致了保险公司在定价和理赔等方面的困难。而大数据技术的应用使保险公司能够实时获取大量关于农产品生产状况的数据，包括农作物的生长情况、病虫害发生情况、市场需求变化等。这些数据不仅有助于保险公司更加准确地评估风险，制定更加合理的保险费率，还能够及时发现潜在的风险和问题，为农户提供更加及时的帮助和支持。

此外，通过对大量数据进行分析和挖掘，保险公司能够发现不同农作物在不同地域、不同季节的风险特点和规律，从而制定更加科学的保险方案。同时，在理赔方面，大数据的应用也能够帮助保险公司快速、准确地判断损失情况，减少理赔过程中的争议和纠纷，提高理赔的效率和客户的满意度。

除了保险公司，大数据的应用也能够为政府部门和农户带来更多的好处。政府部门可以通过对大数据的分析，了解农业生产的整体情况和趋势，为政策制定提供更加科学的依据。而农户则可以通过对大数据的利用，了解市场需求和价格变化，制定更加合理的种植和销售策略，提高农产品的竞争力和收益。

总之，大数据的应用在农业保险领域具有广阔的前景和重要的价值。通过大数据的分析和挖掘，能够更好地解决信息不对称问题，提高农业保险的风险管理和理赔效率，为农业生产的可持续发展提供更加坚实的保障。

最后，大数据的应用使农业保险的覆盖面更广、费率更低，为广大农民带来了实实在在的利益。通过大数据技术的应用，保险公司可以更加准确地评估风险，制定更加合理的保险费率，使更多的农民能够享受到农业保险的服务。同时，大数据技术的应用还能够提高农业保险的理赔效率，减少理赔纠纷，为农民提供更加高效、便捷的保险服务。

14.2 互联网保险

14.2.1 互联网保险简介

14.2.1.1 概念

互联网保险，指实现保险信息咨询、保险计划书设计、投保、交费、核保、承保、保单信息查询、保全变更、续期交费、理赔和给付等保险全过程的网络化，是新兴的一种以计算机互联网为媒介的保险营销模式，是指保险公司或新型第三方保险网以互联网和电子商务技术为工具来支持保险销售的经营管理活动的经济行为。

互联网保险是以互联网为基础，是保险与互联网的深度融合。主要体现在：一是保险公司业务流程的网络化、自动化，运用大数据（定价模型）对与投保人、被保险人相关的大数据进行分析计算，评估其保险风险情况及理赔数额，实现投保、核保、理赔全程电子化；二是保险产品不断创新，满足顾客多样化细分需求。

互联网保险是一系列保险行为的网络化，不是简简单单所谓的线上展示和购买，同时，互联网保险是随着互联网和电子商务技术工具的进步而进步的。互联网的核心基于大数据的定制化和自动化。随着技术的进步和互联网大数据的沉淀，每个人都会有一个专属的标签，这个标签涉及其工作、财务状况、风险偏好、个人性格（是否冲动）、身体健康程度、遗传基因等方方面面。例如，车险将来会根据被保险人的驾车习惯、活动区域、过往理赔等综合评估，实现差异化报价。

14.2.1.2 互联网保险与传统保险相比具有独特的优劣势

互联网保险的优势在于其便捷性、高效性和个性化。通过互联网，客户可以随时随地购买保险产品，无须受到时间和地域的限制。互联网保险的主要优势如下。

(1) 信息透明：客户可以在线比较多家产品，详细比较价格、保障权益等，以便作出明智的选择。这种透明度不仅可以让客户更好地了解市场情况，还可以帮助他们作出更明智的选择，确保自己的权益得到最大程度的保障。

（2）自主选择：客户可以根据自己的需求自由搭配保险产品，如同选择一道丰盛的自助餐，可以根据自己的口味和喜好来选择。这种自主性可以让客户更好地满足自己的需求，同时让他们更加自信地面对保险市场。互联网保险通常提供个性化的保险方案，客户可以根据自己的需求和预算选择适合自己的保险计划。

（3）服务便捷：随时随地在线咨询和理赔，无论是在家里还是在旅途中，都可以享受到及时的服务。这种便捷性不仅可以节省客户的时间和精力，还可以让他们更加方便地获得所需的保险服务。

（4）降低保费：互联网保险的价格通常较为透明，客户可以方便地比较不同产品的价格和保障范围。通过提升保险公司经济效益，去掉烦琐的中间环节的产品，据有关数据统计，通过互联网向客户出售保单或提供服务要比传统营销方式节省 58%—71% 的费用。这种经济性可以让客户以更低的价格获得更好的保险服务，同时可以让保险公司更加高效地运营。

互联网保险并不仅仅是一个简单的投保页面，它代表着融合与无界限的理念。随着相关行业壁垒的消除，以及大数据的进一步积累和应用，互联网保险的适应性、定制性将得到极大的提升，其专业性、客观性和智能化程度至少将超越目前市场上 80% 的保险营销人员。当然，互联网保险并不意味着传统保险经纪人的消亡。互联网本身只是一种工具和系统，需要专业、合适的人员来操作。在理想状态的互联网保险模式下，每个人的线下活动都将被全面打通并汇总，形成一个独特的标签，反馈到互联网系统中。总的来说，互联网保险与传统保险各有优劣势，客户可以根据自己的需求和情况选择适合自己的保险方式。同时，随着互联网技术的不断发展和应用，互联网保险也将不断创新和发展，为客户提供更加便捷、高效和个性化的保险服务。

14.2.1.3　互联网保险产品的发展

在大数据的助力下，线上线下的用户数据得以云端化、大数据化，打通了两者之间的通道。通过对这些大数据进行深度分析，企业能更精准地连接不同人群，实现智能化服务。互动过程中产生的大数据，以及个性化匹配产品精准营销所产生的营销数据，都为企业提供了宝贵的洞察。从数据的云端化、大数据化，到数据挖掘，再到精准营销，这一循环过程不仅实现了数据的持续流动，还为企业提供了交易服务的机会。在这一过程中，企业以个性化的方式教育和触达用户，最终完成营销目标。

大数据技术的应用在这个过程中起到了关键作用，它帮助企业沉淀用户信息，构建出精准的用户画像。基于这些画像，企业能够更精准地进行产品设计和营销，实现数据的循环利用。随着用户行为数据和交易数据的积累，结合企业内部数据的分析，企业能够不断优化产品设计和销售流程。

中国互联网保险的兴起始于2011年，并在2012—2015年经历了快速发展。从传统保险业务到互联网保险市场的切入，各家公司都找到了自己的定位。2017年被视为保险科技元年，大数据、区块链、人工智能等技术的广泛应用重塑了保险业务的生态价值链。根据韦莱韬悦的数据，2017年，全球保险科技公司的融资金额达到了23亿美元，同比增长35.3%。

在中国，2017年的互联网保险行业在防风险、严监管的主题下，市场规范度提升，对保险科技行业提出了更高要求。同时，我国首家保险科技公司众安在线成功上市，进一步推动了互联网保险的发展。在资本市场和互联网新经济的共同推动下，保险科技正式进入新时代。

前瞻产业研究院发布的报告指出，包括阿里、腾讯、百度、京东等在内的互联网巨头已通过设立、投资等方式加速进军保险业。截至目前，这些互联网巨头已拥有超过10个保险公司或中介牌照，互联网保险竞争日益激烈。

2018年2月，保监会批准了美团全资子公司重庆金诚互诺保险经纪有限公司等3家公司获得保险经纪业务牌照。同月，新浪也在微博钱包中推出了新浪保险服务，提供了包括碎屏险、旅游险等场景式保险产品。此外，微信在钱包中新增了微保服务，推出了医疗险和车险产品。腾讯与富邦财险联合设立的深圳微民保险代理公司也获得了保监会批准。百度在获得保险经纪牌照后，也开始在保险领域发力。京东也在加快布局保险业，计划在未来成为全球三大金融科技公司之一。

除了上述四大巨头，携程、苏宁、网易、新美大、小米等互联网企业也进入了保险领域。此外，一些与保险业务相关的互联网公司，如水滴公司，也根据自己的商业模式进军保险业。

14.2.1.4 互联网保险创新

在互联网保险行业产业链中，可以拆分成产品设计、产品定价、渠道入口、投保服务这4个环节。互联网保险对以上环节都作了不同程度的优化，突出体现在保险产品创新（包括定价）和场景化、渠道的丰富化，以及信息技术和大数据在保险中的运用。大数据在保险行业中的价值创造或价值重组正在迅猛地发展。传统保险的产业链可分为产品设计、产品定价、产品销售和最后的投保服务（核保、理赔等）。由于大数据的介入，保险的产品设计和定价环节产生了巨大的变化。

这些变化不仅使保险产品更加个性化和多样化，还大大提高了保险产品的定价效率和准确性。传统的保险产品设计和定价过程通常依赖经验和直觉，难以准确反映风险的真实情况。而大数据技术的应用，使保险公司能够收集和分析海量的数据，从而更准确地评估风险和定价保险产品。

在场景化方面，互联网保险通过大数据技术，能够更深入地了解消费者的需求和行为，从而为他们提供更加贴合实际需求的保险产品。例如，根据用户的出行习惯、健康状况等数据，可以为他们定制个性化的车险或健康险产品。这种场景化的保险产品设计，不仅提高了产品的吸引力和竞争力，也使消费者能够更加方便地购买到适合自己的保险产品。

在渠道丰富化方面，互联网保险的发展使保险销售渠道更加多样化和便捷化。除了传统的保险代理人和经纪人渠道外，消费者还可以通过互联网平台、移动应用等渠道购买保险产品。这种多渠道的销售模式不仅为消费者提供了更多的选择，也使保险公司能够更广泛地覆盖潜在客户，提高销售效率和市场份额。

在信息技术和大数据的运用方面，互联网保险行业正在不断创新和进步。通过引入先进的技术手段和数据分析方法，保险公司可以更好地管理风险、优化产品设计、提高理赔效率等。同时，这些技术的应用也使保险公司能够更加精准地定位目标客户群体，开展精准营销和风险控制工作。

总之，大数据在保险行业中的价值创造或价值重组正在迅猛发展。未来，随着技术的不断进步和应用场景的不断拓展，互联网保险行业将会迎来更加广阔的发展空间和更加激烈的市场竞争。

14.2.2　互联网保险发展的科技赋能

科技赋能指的是借助互联网渠道，结合云计算、大数据、AI、区块链、IoT 等前沿数字化技术，对保险行业的核心价值链进行全面改造和升级。具体而言，这一过程涵盖产品设计、营销与分销、核保与承保、理赔与服务、资产管理五大关键环节，旨在通过科技手段提升保险业务的效率、质量和用户体验，实现保险行业的可持续发展。

科技赋能不仅仅是一个口号，更是保险行业未来发展的必然趋势。随着数字化技术的不断发展和普及，保险行业必须紧跟时代步伐，积极拥抱科技变革，才能在激烈的市场竞争中立于不败之地（见图 14－1）。

在产品设计环节，科技赋能可以帮助保险公司更准确地把握市场需求和消费者偏好，从而推出更加符合市场需求的保险产品。通过大数据分析和 AI 技术，保险公司可以深入了解客户的风险偏好、购买行为、保险需求等信息，为产品设计和创新提供有力支持。

	产品设计	营销与销售	核保与承保	理赔与服务
从	基于静态变量的产品精算	有限的触达渠道	基于规则的核保、纸质保单	理赔环节割裂
	面向全量群体的产品	基于产品的营销策略	以保单为中心进行管理	人工为主的作业流程
到	大数据和动态变量加入	线上线下多渠道触达基于用户画像的精准营销	基于大数据的核保风控、电子保单	自动化理赔流程、机器人客服
	面向特定群体的产品优化	客户流失预测	统一账户进行保单管理	基于大数据的反欺诈

图 14-1　科技赋能在保险公司核心环节的应用

在营销与分销方面，科技赋能可以实现更加精准和个性化的营销策略，提高营销效果和转化率。利用云计算和 IoT 技术，保险公司可以实时掌握市场动态和客户需求变化，为客户提供更加贴心的服务和体验。

在核保与承保环节，科技赋能可以大幅提高核保效率和准确性，降低承保风险。通过 AI 技术和区块链技术的结合，保险公司可以实现自动化核保和智能风险评估，提高承保效率和准确性，为客户提供更加优质的保险服务。

在理赔与服务方面，科技赋能可以实现更加快速和便捷的理赔服务，提高客户满意度和忠诚度。利用大数据和 AI 技术，保险公司可以实现对理赔案件的智能分析和快速处理，提高理赔效率和服务质量，为客户提供更加贴心和高效的理赔服务。

在资产管理方面，科技赋能可以帮助保险公司实现更加精细和高效的资产管理，提高资产收益率和风险控制能力。通过云计算和大数据技术的结合，保险公司可以实现对资产组合的实时监控和智能分析，提高资产配置的合理性和风险控制能力，为公司的可持续发展提供有力保障。

保险科技与互联网保险这两个概念在过去曾有一定的重合，主要聚焦于利用互联网渠道推动保险销售的创新型公司。然而，随着技术的不断渗透和保险产业链的逐步变革，中国保险科技行业在 2019 年已经实现了由初始的互联网保险阶段向更为深入的科技赋能阶段的全面转变。这一转变标志着保险科技不再仅仅局限于利用互联网作为销售渠道，而是开始全面融入和依赖科技力量，以提升和重塑保险业务的各个环节。

在这个过程中，保险科技行业正在实现一系列显著的突破。首先，数据科学在保险领域的应用已经变得日益广泛。保险公司正在运用大数据和人工智能技术对风险进行更精确的评估，以提供更加个性化的保险产品。此外，区块链技术也在保险领域找到了广泛的应用场景，如智能合约的应用，使保险合同的执行更加透明和高效。

其次，科技在提升保险服务体验方面也发挥了重要作用。例如，借助自然语言处理和语音识别技术，保险公司可以为客户提供更加智能化的咨询和理赔服务。此外，云计算和大数据技术也为保险公司提供了更强大的数据处理和分析能力，使其能够更好地理解客户需求，提供更精准的保险产品。

最后，保险科技在推动保险行业可持续发展方面也发挥了重要作用。例如，通过运用科技手段，保险公司可以更好地管理风险，降低灾害损失，从而为社会的可持续发展作出贡献。同时，保险科技也在推动保险行业的绿色转型，通过发展绿色保险产品，推动社会对环境保护的重视。

【专栏 14-2】　案例：互联网场景应用服务供应商——集奥聚合

集奥聚合，作为专业的人工智能场景化应用解决方案提供商，致力于通过前沿技术为客户创造价值。在其产品体系中，智能语音技术占据重要地位，而保险则是其核心应用领域。

集奥聚合的智能语音系统具备三大核心技术：语音识别（ASR）、语义理解（NLP、NLU、NLG、NLD）和语音合成（TTS）（见图 14-2）。该系统不仅支持公有云与私有化部署，还采用全双工语音对话模式，模拟真实的人类对话方式，支持方言口音识别，并能够应对用户打断、咨询等行为。此外，该系统还结合关键词技术和深度学习技术，能够根据客户需求进行快速场景部署，并支持多轮次对话。

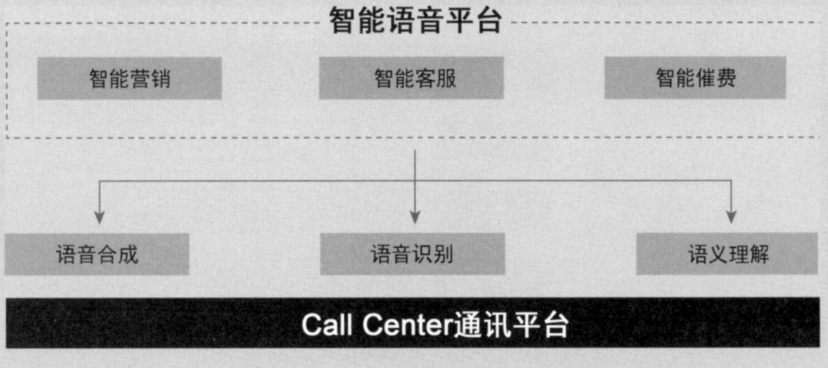

图 14-2　集奥聚合智能语音平台

集奥聚合的智能语音产品广泛适用于保险机构的新客户获取、老客户激活、交叉营销、客户回访、车险续保、信保催收和售后服务等多个场景环节。通过全方位助力保险机构进行 AI 变革，集奥聚合帮助客户实现智能化转型，从而在激烈的市场竞争中脱颖而出。

以保险公司电销业务为例，面对海量的客户资料，客服及电销人员的工作负担沉重且效率低下。外呼过程中，空号、接通率低、意向客户占比不均等问题突出，导致座席人员每天花费近80%的时间进行资料筛选和客户意向探测，这不仅影响了工作效率，还可能导致优质客户线索的流失。

以往，这些基础性工作主要依赖人工完成。然而，随着人工智能AI技术的应用，现在意向客户可以直接在线接通，人工座席能够迅速进行报价和促销操作，从而极大地缩短了资料筛选和过滤的时间。此外，由于沟通对象均为意向客户，这也有助于保持座席人员的情绪稳定，并在有效出单的情况下激发他们的工作积极性。

集奥聚合公司利用客户行为模型筛选出意向客户名单，并运用先进的机器学习、深度学习、复杂网络等人工智能算法挖掘客户的潜在特征和显著特性。通过这些技术，公司能够构建出精准的客户投保及续保预测模型，为保险公司提供有价值的预测信息，进而提升销售效率和营销转化率。

在筛选出潜在有效客户后，集奥聚合的智能语音系统能够进行精确的外呼操作。相较于传统人工客服每天200—300通的电话拨打量，AI技术的智能语音机器人每天能够完成800—1000通的电话拨打，实现了从数量到质量的飞跃。

集奥聚合的智能语音系统不仅有助于保险公司高效筛选意向客户，还能完成自动分析、自动拨打、智能沟通、自动记录、自动分类、电销跟进及转接人工等一系列任务。这一系统的应用，为险企打造了一条高效的营销路径，大幅降低了人力成本，使企业能够以更低的成本拓展客户（见图14－3）。

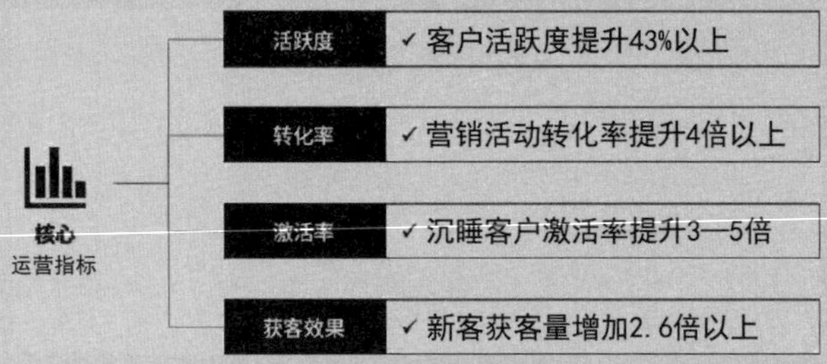

图14－3 智能语音平台应用价值分析

结果显示，集奥聚合智能语音解决方案为保险公司带来的提升显著：运营成本平均降低30%以上，最高可达到75%；运营ROI可提升3—5倍。最终，数字化将使保险行业基础设施提升，并改变主流参与者的组织架构、成本结构、产业链格局等方面。

14.3 车险创新

14.3.1 车险综合改革背景下大数据技术与车险发展的结合

2020 年 9 月 19 日，《关于实施车险综合改革的指导意见》正式实施。面向中国消费者，此轮车险综合改革无疑是进行一次利好。然而，对于传统保险公司来说，保费增长将放缓，承保利润将受到压缩。特别是放开自主定价，由于自主系数不同，报价策略不同，市场出现了一车一价、一人一价、一日一价的混乱局面。这不仅给消费者可以带来选择上的困扰，还使保险公司、中介公司、代理人大大增加了工作量，使整体市场发展呈现出一番混乱的景象。

目前，中国车险市场已经形成初步的市场格局。若按照参与主体划分，主要包含三类公司，分别是传统保险公司、互联网保险公司和技术服务类公司。三大主体公司在车险市场各有分工，其中传统保险公司拥有丰富的从业经验和产品设计能力，能够自主制定并发售保险产品；互联网保险公司依托互联网与移动互联网平台，实现了业务线上化拓展；技术服务公司凭借自己的技术实力赋能车险市场。在此时间节点下，三大主体公司将逐渐开展围绕以科技手段赋能车险业务的整体布局：在产品设计环节，根据场景灵活定制、富有差异化的产品体系正在加速形成，企业精准定价服务内容也成为一大特色；在营销环节，围绕大流量、低成本、高转化率和高续保率的营销服务已经发挥初步作用；在承保环节，智能识别与流程自动化的服务大大提升了承保环节的工作效率；在理赔环节，反欺诈的风控体系规避了部分骗保手段，企业核心利益得到了保护；在运营环节，企业利用系统化服务提升了管理效率和组织效率，降低了部分人力成本的支出。

随着汽车保险综合改革的不断深化，汽车保险市场迎来了一个短暂的阵痛是正常的。降价、增保、提质的核心理念无疑极大触动了上游制造商、经销商和汽车保险公司。在不断调整业务流程以适应新政的同时，各方面都在开拓新市场、部署新技术，以弥补保费整体下降对车险市场带来的冲击。大数据的应用此时不约而同地发展成为中国各家车险公司考虑的首要影响因素。

14.3.1.1 传统汽车保险产业存在的问题

（1）汽车保险精准化营销不完善，产品服务同质化严重。当前，我国汽车保险产品种类单一，主要由强制购买的车险与商业保险构成。但我国汽车商业保险的销售还停留在汽车销售业务员推荐的大众化产品，做不到因人而异定制车险，这就无法满足消费者个人需求，也无法帮助客户解决实质问题。

（2）汽车保险理赔流程亟待优化。我国传统汽车保险服务不够完善，仍然存在操作手续复杂、举证困难等问题，使客户体验很差，这并不利于汽车保险的业务的拓展和未来发展。

（3）车险骗保手段增多，车控风险增大。据统计，我国车险领域欺诈渗漏比例约达20%，对应每年的损失超过200亿元。现代欺诈案件的职业化、团伙化、复杂化，导致传统手段较难发现。保险欺诈的存在提高了保险公司的运营成本，侵害了保险消费者的利益，影响了保险消费者的服务体验。

14.3.1.2 大数据技术与车险的结合是必然的

大数据在车辆方面的应用主要体现在车联网技术与云计算技术方面。车联网是以车内网、车际网和车载移动互联网为基础，收集车主行为习惯、车辆位置、行驶速度和路线等信息，而云计算则是在车联网收集到的数据上予以计算，共同构成巨大交通网络信息系统。

5G网络的商用更使大数据技术如虎添翼。车辆可以通过车联网系统，将收集到的信息快速、可靠地传输汇聚到中央处理器，再运用云计算技术全面分析车辆自身的运行状态、路况和驾驶员的操作状态，从而计算出不同车辆的最佳路线、及时提示路况、调整信号灯周期等，最大限度降低交通拥堵、交通事故等带来的损失，提升通行效率。

（1）大数据是车险转型的技术支持。大数据技术的发展与完善为我国汽车保险产业发展的转型提供了重要的技术支撑。保险公司在汽车上安装一个小型车载远程通信设备，通过车载信息终端采集车主驾驶行为数据，依据实际驾驶时间、地点、具体驾驶方式以及驾驶环境、车辆状态等动静态数据或这些数据指标的综合考量进行风险建模。保险公司对风险评估得分不同的车主实行差异化车险定价，实现保费价格因人而定，向用户提供更好的汽车安全和金融服务，降低风险、降低事故率、减少保费，并充分发挥保险优势，为用户构建双安全体系。

（2）政策倒逼大数据与车险结合。车险综合改革的不断深化倒逼保险公司科学地发展，推出新产品、好服务，更加关注服务和用户体验，使市场从低水平的价格竞争转向以产品和服务为核心的良性竞争。加大服务投入和提升用户体验，努力培育品牌服务能力和提升服务效益，以服务促进客户认知度和忠诚度的提升。提升自身的市场竞争力是保险公司的首要目标。保险公司必须将大数据与车险业务深度融合，加快对车险业务的改造，重塑车险业的服务链和价值链，有效促进效率及客户体验的提升，降低成本及风险，驱动车险管理模式创新，为车险动态管理创造更好的条件，使线上与线下融合得更紧密，催生更多、更好和更新颖的产品及服务。

14.3.1.3　我国大数据与车险结合发展目前所处的阶段

中国车险的探索历程可分为技术选型、模式测试、中期实验和规模推广四个阶段。当前正处于规模推广阶段的前夜。

第一个与中国保险公司合作的 ADAS 技术商是以色列的 Mobileye 公司。但当时 Mobileye 设备的价格高昂，且既无法对驾驶员的体征状态进行确认，也无法对其进行身份验证，导致该公司产品在中国市场的推广屡屡碰壁。

国内专注车联网市场的公司主要有上海径卫视觉和杭州好好开车两家。这两家公司在 2016 年均推出了车联网 ADAS 系统和智能可视化监控平台。其中，智能可视化监控平台有以下四个特征：一是可向用户反馈风险，对驾驶员进行提前预警，优化用户驾驶行为习惯；二是可实现用户风险精准分类，并在后台形成一目了然的数据图表，实现对风险规律的细分和再认识，为智能安全驾驶和车险模型提供决策判断；三是为驾驶行为提供图文并茂的驾驶诊断书，实现按行程、时间为驾驶员进行打分的功能；四是为每位驾驶员制定个性化的车险产品和费率，作为车险定价和理赔的科学指导，减少潜在欺诈，提升理赔效率。

也正是因为有企业在车联网自动驾驶技术方面的探索，才使很多人希望通过 AI－ADAS 技术实现车险防损。但由于涉及成本、商业模式、产业成熟度、车规级质量要求（系统稳定性与报警精准度），以及技术突破后的客户配合度（客户理念与客户习惯）等诸多问题，目前 AI－ADAS 市场渗透率及规模还很不理想。

ADAS 设备无法广泛推广的最大因素在于成本。目前，购买一台典型的国产可联网 ADAS 设备仍需数千元。如采取前装模式，将 ADAS 设备和整车捆绑销售，消费者对此价格往往不会很敏感。但若采用后装模式，让消费者购置汽车后再另行购买 ADAS 设备，则消费者往往不愿花钱安装。当然，随着安全监管政策趋紧、硬件成本逐年降低以及消费者需求提高等因素的助推，大数据的渗透率也在不断提升。

14.3.1.4 国内大数据与车险结合的实践案例与分析

【专栏 14－3】 案例：评驾科技

作为国内领先的车辆驾驶行为大数据运营商，评驾科技针对经销商车险业务存在的续费率低、客户信息丢失、无法挖掘客户潜力等固有问题提出解决方案。例如，在新车投保阶段，平台与太保、人保、平安等六家保险公司系统对接，一个账户可以进行多家保险公司车险账单交易流程，点击保险公司要投保，输入相应的保险公司报价页面完成订单流程。在续保阶段，平台可以同时通过车辆识别代码或者车牌号从保险公司获得上年投保信息，直接进行报价。在客户管理模块中，自动建立了业主保险数据模型，为今后用户肖像和数字保险的完善奠定了基础。然后将保险数据模型与车辆联网相结合，降低了车辆返店损失率。导入数字化管理工具维系客户，做到基盘客户导入后，系统即能自动划分客户类别，自动跟踪提醒并记录沟通过程；出单后，系统分析可以实时了解出单进度，监控技术人员工作量，并以此搭建一个合理、有效的组织相关配套方案。

通过分析评驾科技苍穹之眼的案例不难看出，这些直击经销商车险业务痛点的模块，在现有业务的基础上，通过大数据的深度挖掘，利用人工智能保险交易工具，可以让车险在交易环节更加便捷，可以帮助经销商在保存量、求增量上探索车险蓝海市场。凭借其在大数据领域的优势，评估技术通过一系列技术手段帮助经销商实现性价比，通过优质高效的服务提高客户满意度，塑造核心竞争力。

【专栏 14－4】 案例：众安保险

无独有偶，如果说云计算是保险科技的重要基础设施，大数据则是科技赋能保险全价值链的重要生产资料，也是我们解决保险公司风险管理的核心手段。为了满足用户的专用需求，众安保险基于大数据等核心技术，为用户提供方便、个性化的汽车保险服务。众安保险收集海量数据，准确定位用户需求，为每位车主提供更加个性化定制的报价，实现车险定价千人千面。同时众安保险还邀请中国各大车厂、车后市场的代表加入大数据联盟，丰富了车险费率和定价风险因子，实现了实时的智能化报价。众安利用大数据技术，整合分析车主行驶区域、行驶历史、驾驶习惯、家庭、信用、社会活动等数据，实现一人一车一价的动态定价新机制。此外，众安为汽车消费和汽车使用等情景需求数据，开发一系列汽车周边产品和服务，使汽车保险服务更加全面、人性化。众安保险公司推出的大数据管理平台数据魔方，将结合互联网从人的行为和金融征信等因子，采集大量出行用户信息、车险投保及理赔相关数据、征信累积数据等，不断提高企业数据的丰富性和准确性。

得益于大数据在为风控、营销、理赔、出行提供服务管理等方面所展现出的作用与潜力，车险业务发展转型进行升级也按下了一个加速键。随着汽车工业越来越智能化和网络化，互联网越来越在人们的生活中普及，信息社会的发展为汽车保险业的创新奠定了坚实的数据基础。同时，随着商业票价改革的深入，保险公司自主定价能力的重要性日益突出。通过借助大数据进行提升企业创新发展能力，完善车险定价模型，也是社会保险公司走出过往价格战泥潭的现实需要。

从目前行业实践来看，大数据主要在三个方面推动车险优化升级。在承保方面，借助大数据，保险公司可以利用丰富的数据勾勒出不同客户的不同风险特征，摆脱以往的千人一面定价体系，更好地满足客户的个性化保障需求。在理赔端，以往车险理赔的环节多、耗时长、手续较复杂、赔付较慢，造成企业客户服务体验效果较差。通过大数据的应用，客户可以更自主、更方便地完成索赔流程，极大地提升了服务体验。在服务器端，车险永远是低频服务。购买车险后，往往只在保险公司出险时，客户才感觉到车险的存在。而通过应用大数据，在客户出行前和出行过程中，保险公司不仅能够及时推送风险提示，还能够提供配套的增值服务，让车险服务更具温度。

14.3.1.5　大数据应用在汽车与保险产业中需要关注的问题

随着大数据时代的到来，汽车和保险行业迎来了新一轮的动能和机遇。大数据的应用、深度挖掘和整合对这两个行业的快速发展起着至关重要的作用。为此，应当更加广泛关注以下 3 个方面的问题：一是加速企业价值深挖，持续发展推进中国汽车与保险大数据管理体系建设及应用，为实现文化产业生态变革打造新的助推器。二是深化技术支撑，推动大数据在新模式、新业态成果中的应用。三是优化资源体系，促进大数据资源共同建设、共享和价值转化，促进汽车、保险业大数据能力建设。

虽然大数据应用在车险业务创新发展上有着非常广阔的前景，但在目前行业的实践和探索中，车险大数据的应用还受到很多方面的制约。打破数据孤岛是保险业深入应用大数据需要解决的重要问题之一。但是目前我国由于大数据相关者之间的利益分布不均，加之各类金融机构、企业之间存在一些信息不对称，既缺乏相关国家法律和政策，也缺少权威的共享服务平台，从而可能导致各机构主体不愿公开、不敢公开、不能公开、不会公开，形成一个个数据孤岛。

同时，数据标准的不统一也增加了行业大数据应用的难度。不同行业、同一行业不同机构、同一机构不同部门之间数据标准不一致的现象普遍存在，导致数据利用效率低下。每个中国企业发展在其中的一个或多个环节都拥有相关信息数据，即使企业愿意共享，由于这些数据技术标准的不一致，也必须不断进行数据清洗，不仅会浪费很多时间，也会导致数据资源的重复建设。在大数据应用中，数据安全始终是一个值得关注的重要方面，也是数据开放共享的基础。保险业展望大数据车险前景的同时，也应当了解当前的数据存储架构能否经受住未来的考验，以及是否有必要相应地提升数据安全性。需要我们注意的是，大数据并非海量信息数据的简单堆积，需要进行跨行业的融合、比对、关联，才能不断深入挖掘出数据背后蕴藏的巨大经济价值。因此，一个企业或行业单独工作是不够的，只有加快大数据技术在汽车和保险行业的整合和应用，才能真正构建一个有价值、高效和有前途的商业生态系统，实现两个行业的高质量发展。

14.3.1.6 大数据在车险中的应用建议

大数据给传统车险业的销售、精算和理赔等多方面都带来了不少变革。保险公司需及时调整相应的管理和政策，以充分发挥技术优势。

当前，保险公司对大数据技术的态度较为谨慎。为实现快速发展，保险公司需大胆尝试商业模式创新，优化内部决策机制，制定总体战略，保持战略定力，建立健全组织架构、规章制度、后援服务等软硬件，以及专业化经营体系。加强理论和技术研究，树立专业化经营理念，建立专业化组织架构，培养专业化人才队伍，制定专业化管理制度，建设专业化信息系统和进行专业化产品设计。努力挖掘市场需求，改善客户体验，打造强大的运营平台，坚持专业化经营、集约化管理，走质量效益型发展道路。

保险科技项目能否形成相对合理的商业模式，已成为技术落地的关键。好的理念、好的团队和好的愿景是能在市场上获取收益、保证不亏损的经营模式。具备可落地解决方案供给能力的保险科技项目，才能引领良好的产业生态体系加速形成。

发展保险生态圈的关键在于开放与合作。整合行业顶尖技术，与多方企业保持良好互动，奠定长久的商业合作基础。保险公司应以互利共赢为出发点，安排部署，打通利益链，营造协同的健康生态链，实现全产业链闭环管理。整合资源，与合作企业优势互补，在差异化中互通信息、互用资源、互拓市场、互利发展。

创新是引领发展的第一动力。保险公司应持续推进技术创新、制度创新和管理创新，增强创新观念与意识，倡导创新精神，紧跟大数据时代潮流。建立健全创新组织体系，加强创新队伍建设，全员创新，打破传统思维束缚。加大创新资源投入，增加新产品、新技术的开发。建立高度互联互通的开放式创新体系，提高创新绩效，达成创新目标。

大数据技术为车险行业开辟了全新轨道，及时把握机遇者将成为时代受益者。未来，一车一价、一车一费、费价联动或成为新的定价管理方式。在费用率下降的背景下，过去粗放的费用战已不能适应时代要求，需通过大数据分析、用户画像、风控考核等方式实现一车一价。科技企业正融入汽车保险生态系统，涉及行业各个方面，利用大数据和人工智能等新兴技术为行业提供解决方案。保险企业与科技企业合作可实现资源共享，降低成本，提高效率。在数据时代，解码大量数据是开辟基于消费者习惯的产品开发之路的关键。未来车联网发展离不开大数据，打通产业链将拓展更广阔的活动空间。

14.3.2　UBI 车险的大数据应用案例

14.3.2.1　UBI 车险简介

UBI 车险最先兴起于国外，最早的以实际使用里程定保费的形式 2003 年前后就出现了，发展到现在已经演变成基于用户行为特征的多角度，综合各因素定保费的车险定价方式（大数据定保）（见图 14－4）。

图 14－4　UBI 车险定义

14.3.2.2　数据采集方式

如图 14－5 所示，驾驶数据的采集主要通过这三个渠道，其中国内最主流的是 OBD 设备采集数据。前装硬件数据精度最高，手机 APP 获取的数据最全面。

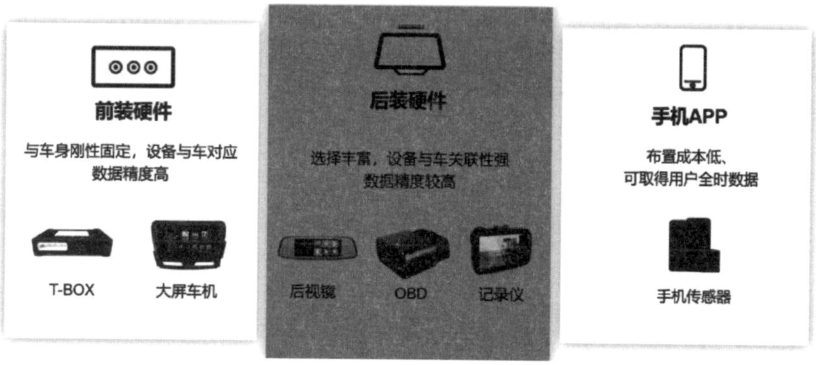

图 14－5　UBI 数据采集通道

14.3.2.3 国内 UBI 车险主要商业模式及存在的问题

基于上述对 UBI 的介绍，我们来看一下国内 UBI 车险的主要商业模式。传统 UBI 保险的商业模式见图 14－6。

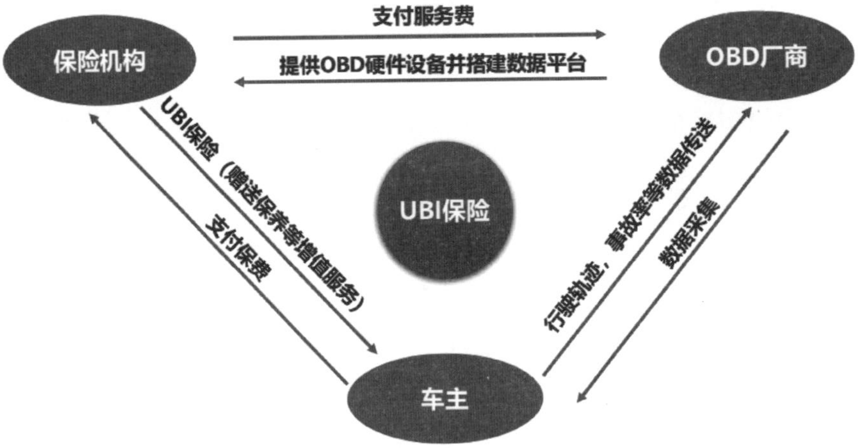

图 14－6 传统 UBI 保险的商业模式

OBD 厂商为用户提供服务，并收集安装了其 OBD 设备的车主驾驶信息。保险公司想要获得数据必须与 OBD 厂商合作，支付一定的服务费获得数据，数据分析有些保险机构自己做，有些交由硬件厂商做。保险公司向用户销售保险，并根据驾驶数据分析结果确定保费。

这样一个看似合理的商业模式其实存在着很大的问题。

（1）OBD 厂商获取的数据量少且维度单一。前文提到数据采集来源有前装、后装、APP 多种，只是通过 OBD 设备采集到的数据量是比较少而且维度单一的，对于保险公司来说，这样的数据并不能很科学地定价。

（2）OBD 厂商、保险公司数据分析能力有限。OBD 厂商、保险公司的主营业务都决定其数据分析能力是不足的，对于处理流程复杂的驾驶数据，很难确定合理的定价模型。

数据量少、数据分析能力有限最终导致车险定价不科学。这也是为什么 13 年以来，UBI 车险一直不温不火的主要原因之一。更深一层的问题就是行业数据分散在大量主机厂、硬件厂商手里，没有整合起来，而且只靠保险公司和硬件厂商的努力是很难解决这个问题的。

【专栏 14-5】　案例：评驾科技——海量 UBI 数据

评驾科技通过其独特的模式和市场定位，在一定程度上解决了行业数据少、定价模型不完善的痛点，并带来更多可能性。我们来看看它具体是怎么做的，以及在 UBI 车险领域中充当什么样的角色。

评驾科技是一家 UBI 车险领域提供用户驾驶行为分析的数据服务公司。评判一家数据分析公司显然要基于其所拥有的数据量。

评驾科技车险数据采集来源包括通过前装、后装硬件、手机传感器采集的数据。前装数据主要来自主机厂，包括 T-box、大屏车机等硬件采集到的数据；后装数据来自 OBD、智能后视镜、行车记录仪等硬件传感器采集的数据；手机传感器数据有两部分，一部分来自评驾科技面向 C 端车主推出的 APP，另一部分来自诸多合作伙伴搭载的 SDK。这几乎囊括了所有数据源渠道，而且评驾科技目前已经拥有了 4100 万辆汽车驾驶数据。

评驾科技如何获取如此庞大的数据？显然并非通过购买，由于数据分散在众多主机厂和硬件厂商手中，购买所需财力庞大，否则保险公司的驾驶数据也不会如此匮乏。评驾科技能获取到这些数据，得益于其创新定位。

1. 创新定位：成为保险公司与硬件厂商之间的数据桥梁

评驾科技成立于 2015 年，正值 UBI 车险发展期，创始人看到了行业数据分散的问题，所以采取了一种全新的玩法，尝试整合行业内的驾驶数据。

第一步，评驾科技用了两年时间深入数据分析领域，获得了数十项专利与软件著作权（见图 14-7），其车主驾驶行为建模能力处于国内第一梯队。

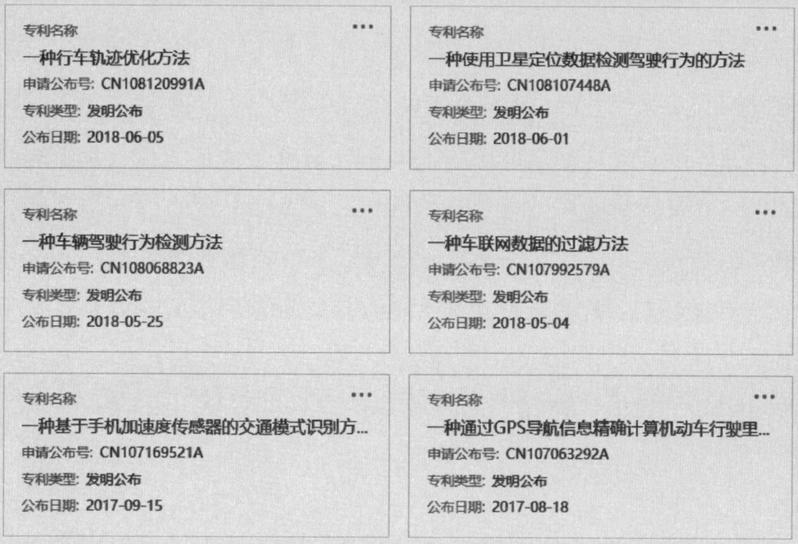

图 14-7　评驾科技获得的部分专利

第二步，在强大的数据分析能力基础上，评驾科技建立了如图 14－8 所示的商业模式。

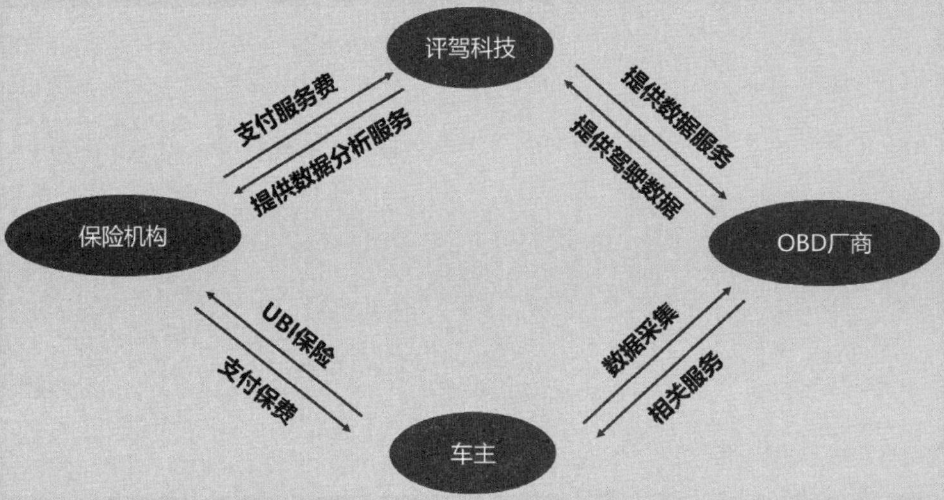

图 14－8　评驾科技商业模式 1

由图 14－8 可以看出，评驾科技在保险机构和 OBD 厂商之间搭起一座桥，成为数据的汇集地。这个模式最关键的地方在于硬件厂商为什么愿意把数据提供给评驾科技。这也是评驾科技创新之处——认识到硬件厂商作为数据拥有者，存在数据分析能力弱的现象。

因为硬件厂商同样需要去分析数据，如为车主提供一些行为统计分析服务等，但自己去分析数据成本高，所以会找大数据公司外包分析业务。现在评驾科技愿意免费提供驾驶数据分析服务，代价只是提供车主所采集的数据，减少了外包费用，何乐而不为呢？

同样，主机厂也有大数据精准营销汽车等数据服务需求，那么也来和评驾科技合作，提供前装硬件采集的数据，共享评驾科技的数据分析成果。随着评驾科技的合作伙伴越来越多，数据也越来越多，相应的数据成果和数据分析能力也会进一步丰富和加强。那么就会吸引更多的驾驶数据拥有者加入平台，共享数据，形成如图 14－9 所示的商业模式。

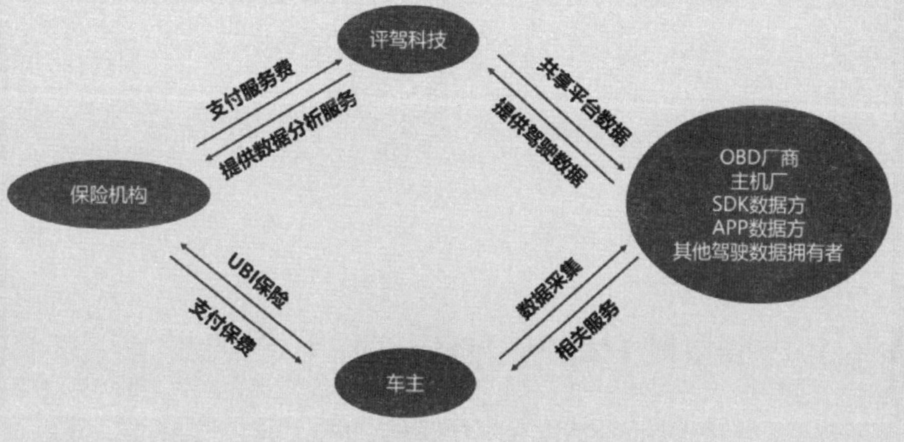

图 14－9　评驾科技新的商业模式 2

通过这些合作伙伴，评驾科技积累了 4100 万车主的驾驶数据和车主信息。结合其适应本土环境不断优化的定价模型，为多家保险企业实现科学定价，一定程度上解决了 UBI 保险领域的痛点。

2. 转型升级：拓展 B 端业务，做驾驶数据服务提供商

当然在拥有了大量数据后，评驾科技的服务对象就不限于 UBI 车险。大型用车、政府机关、4S 店等单位都需要车主驾驶行为数据。最终形成如图 14－10 的业务模式。

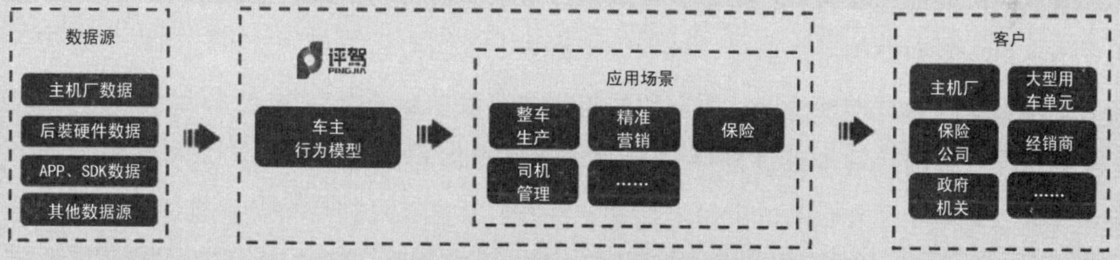

图 14－10　评驾科技业务模式

同时，评驾科技能够获得更多不局限于驾驶数据的其他车主数据，未来以车主为基础的数据业务也非常有发展空间。

评驾科技通过创新的定位和 UBI 车险领域全新的价值传递，逐步整合分散的用户驾驶数据，初步解决了 UBI 车险应用的行业痛点。评驾科技近期还开放了数据共享平台，其合作伙伴都能够共享 4100 万车主的数据。相信随着国内驾驶数据的逐步整合与公开，以及政策逐步放开，UBI 车险即将会迎来爆发期，客户未来也将会有更多选择。

14.4 大数据在医保反欺诈体系的应用

14.4.1 医保反欺诈体系设计目标

医疗监管工作在我国一直都备受重视，尤其在医疗保险基金运行监督体系的完善上，更是不断探索新的方法和路径。在新的时代背景下，我们需要进一步提高医疗监管工作水平，加强对医疗违规和欺诈行为的惩戒力度，形成反欺诈高压态势。此举不仅能够保障医保基金的安全，更是对人民群众健康权益的有力保障。

首先，我们需要提高监控的实时性。通过建立互联互通、实时联动、反应敏捷的医保欺诈实时监控系统，使违规行为一旦发生，系统能够立即发出警报，让欺诈行为无处可逃。这种高效的监管方式能够加大对不法分子的震慑力度，有效遏制欺诈行为的发生。

其次，提高监控的高效性也是至关重要的。我们需要运用先进的技术手段，在海量数据中提取出有针对性的异常信息，减少人工操作，提高监督效率。这不仅能够节省人力资源，还能够提高监管的精准度，更有效地识别和防范欺诈行为。

再次，提高监控的准确性同样重要。通过不断优化综合策略算法，利用多种技术手段，提高甄别定位违规行为的准确率。这样，我们就能够更加科学、有效地发现和识别违规行为，从而确保医保基金的安全运行。

最后，提高决策分析能力也是我们不能忽视的一环。通过总结发生的医保欺诈行为案例，及时完善监控策略和分析特征，提高决策分析的能力。这样，我们就能够提前预警可能出现的欺诈行为，从而更有针对性地进行监管，保障医保基金的安全。

我国在提高医疗监管工作水平、完善医疗保险基金运行监督体系、加强对医疗违规和欺诈行为的惩戒力度等方面，已经取得了显著的成效。但我们仍需不断探索和创新，以应对欺诈行为的变化和升级，最大限度地保障医保基金的安全，为人民群众提供更好的医疗服务。

14.4.2　医保反欺诈的技术层面对策

14.4.2.1　加快医疗数据标准化进程，提升数据质量

在开展基于医疗和医保大数据的分析过程中，所分析的源数据来自医保管理部门信息系统、医疗机构（医院、药店等）信息系统，在数据集成、整理、整合中暴露出较多共性问题，发现了大量数据质量问题，直接影响到多个维度分析的可行性，为大数据分析的开展和效果带来了很大障碍，具体表现在：有效指标欠缺或数据不完备、代码不一致、数据不规范或不合理、数据错误、数据冲突或不一致等。这些问题严重影响了分析方法的开展和分析结果的准确性，探究深层次原因，可总结为以下 3 点。

（1）制度割裂。城乡统筹在逐步推进，国家城乡统筹文件明确提出要做到信息的统一，但某些地区还没有明确整合方向，有些甚至还在走弯路、走退路；在部分确定整合归属人社部管理的地区，由于长时间的城乡分割，造成了各种各样的割裂（如人员配备割裂、系统割裂、城乡数据信息割裂），影响了医保数据的统一。

（2）区域割裂。医疗保险管理是以统筹区域为单位。由于历史原因，虽然统筹层次在逐步提高，但已经建立完成的信息系统很多都是在县级，大部分相对独立，区域割裂一定程度上影响了数据的对接。

（3）技术阻断。在不同的地方，一是由于网络技术、硬件技术，以及软件公司的标准不统一，二是数据传输方面的问题，加上一些行政管理和数据安全的考虑，造成了一些技术上的地域垄断。针对现状和建设医疗保险大数据的总体目标规划，建议卫生医院管理部门从以下数据标准化方面考虑规范性。

①医疗机构分类：目前各地分类较粗、差异大，建议参照 WS218—2002 卫生机构（组织）分类代码；

②科室分类：目前各地差异大，建议参照卫生部 1994 年《医疗机构诊疗科目名录》及 2007 年、2009 年修订文件编码；

③药品分类：目前各地基本只用到《国家基本医疗保险、工伤保险和生育保险药品目录》(2009 年版) 一级分类（西药、中成药、中药饮片等）；二级分类在一级分类基础上扩充，例如，西药下细分抗微生物药物、抗寄生虫病药、解热镇痛及非甾体抗炎类等；根据最小药理还可应用到三级分类（控制同类药品重复使用）。

用于识别疑似欺诈的某些关键指标欠缺，或者有些关键数据信息不完备，导致分析识别模型无法得出准确的结果。具体来说，各类定点医疗机构信息系统产生的数据应包含以

下有效的关键信息项：

一是医疗机构执业许可登记信息，包括执业许可证号、所有制、是否营利性机构、执业范围、是否分院、床位数等；

二是医师（药师）信息，包括公民身份证号、专业技术职务、执业范围、资格证、执业证、行政职务、所属科室等；

三是药品目录，包括药品二级分类，药品规格、包装规格、包装数量、包装剂量、常规用量、最大用量，生成单位、批准文号、本位码，适应症限制、用药禁忌限制、性别年龄用药限制，国家基本药物、处方药、管控药品（毒麻精放）、贵重药品等；

四是就诊信息，包括门诊号（医院挂号）、就诊科室、医师公民身份证号、疾病分类（DRGs）、疾病诊断（ICD－10）、住院病区等；

五是处方信息，包括处方类型、处方号、用药频次、单次用量、用量单位（用药天数）等。

医疗数据标准化和数据质量提升建设是实施医疗保险有效监控的前提，是一项必不可少的基础性建设工作，也是长期渐进的过程，国家、省地市医疗机构管理部门应加快推进这一目标的实施进程。近几年，人社部越来越重视标准的制定，制定了很多标准的规范。医疗保险研究会承担了不少医疗保险方面的标准制定工作，并取得了成效（医疗保险研究会制定的药品分类代码，已经在医保系统逐步推广使用）。医保研究部门要与医疗、医药兄弟单位深度合作，对数据标准化进行更多的探索和改进。

14.4.2.2 推进医疗大数据建设，提高反欺诈技术水平

医保数据面临许多现实问题，还有很多方面需要做研究、改善，但在各方共同努力下，医保数据正逐步显现出数据量大、传输高速、广泛全面、可创造价值等大数据的特性。医保大数据对国家来说是生产力，对行业来说是竞争力，对医保基金来说是成本效益。

从理论和可行性上来看，医疗保险大数据的发展有其独特的优势。一方面，医保作为社保的重要组成部分，掌握着参保人的许多基本信息；另一方面，医疗机构要求医院、药店将病人数据进行上传，同时，医疗保险本身运作过程中也会产生大量的数据。实际上，依靠医疗保险大数据可以做很多工作和研究。然而，在医疗保险大数据形成过程中，在数据收集、数据集成、数据筛选、数据研究各环节上，都有不同的问题。将相对分散的医疗保险数据整合成真正的大数据，还有很多工作要做，建议如下。

（1）整合医疗保险资源。城乡统筹归人社部管理，看似是政策层面的工作，但对医保大数据的完善有非常重要的影响（数据交换少了许多政策上的阻碍）。统筹层次的提高，

特别是部分地区实现省级统筹（如宁夏、吉林等），使医保收集更加高效，医保标准推广更加简洁，对医保大数据的发展起到了促进作用。

（2）深化金保工程建设。全国医疗保险已统一使用金保工程信息系统，而金保工程也已经建设到了第二期。全国差不多有 20 万定点药店，13 万左右的定点医疗机构都可以直接与金保工程信息系统对接，信息直接上传到统筹地区的社保中心，332 个地市级统筹地区的社保中心只要有相应的专网，也都可以与国家的信息中心相联系。在这些年的发展过程中，金保工程始终保持先进性、科学性，也推动了医保大数据的实现。

（3）鼓励各地开展医保大数据研究应用探索。许多统筹地区医保部门正在进行系统更新和数据方向上的探索，促进了医保大数据的发展。杭州、宁波等地已经做了移动互联端的系统与金保系统的对接。地方的探索，促使医保数据从机构与机构之间，逐步地深入医疗机构与个人，甚至是医保部门与参保人之间的直接数据交换，提高了数据收集的效率及多样性、可及性。

（4）探索、推广基于大数据的新型反欺诈技术手段。借助大数据和人工智能技术实现对医疗保险欺诈的自动识别、评估，辅助反欺诈侦测、稽核工作，是加强医疗保险反欺诈管理的有效手段。共享电子诊疗信息平台，建立标准化、可推广、自我完善的医疗知识库，包含基础医学常识、医理药理知识，以及药品、诊疗项目、材料的适应症限制、性别年龄用药、诊疗用药依赖与排斥限制、病种常规诊疗及用药剂量疗程限制、临床路径特征等，为医疗服务监控人员及其他系统提供基本医疗知识。建立医疗机构违规数据筛选系统，支持各地个性化监控规则的分析、提取，包括其中的监控对象、监控指标、分析指标等基本要素，整合归集形成多个不同的规则算法，成为规则模型。通过对模型中参数的选取及其取值范围的变化，满足对监控规则从粗放到精细所有层级的监控需求。

信息化技术水平对医疗保险反欺诈的效果影响明显。医保基金监管机构应加大技术手段的利用，提高对医疗保险欺诈的识别率。同时，通过大数据下对欺诈案例的总结分析，提高医疗保险基金管理水平。

14.4.2.3　完善监控体系，使医疗保险审核机制成为常态

医保管理部门应基于金保工程建设平台建立不断循环优化的反欺诈管理体系，并配合强大的信息化反欺诈技术手段，在医疗大数据建设基础上，建立常态化、有效的医疗保险监控机制。通过医保大数据和技术监控体系，加强对医疗机构医疗行为的规范管理，是做好医保反欺诈的重点。利用互联网支付模式和新的技术手段，积极探索新的医疗费用支付方式。通过社保机构与定点医疗机构实施联网和数据监控，加强事前监督、事中审核，提高审核支付监控能力。在监控过程中，要划分好医疗费用结算、医疗过程监控、医疗数据

分析三块工作的边界，各负其责，相互协同，从各个角度对参保对象、医疗服务对象共同参与的整个医疗过程进行有效的监督监控，医疗费用结算、医疗过程监控、医疗数据分析的职责和边界如表 14－1 所示。

表 14－1　　医疗费用结算、医疗过程监控、医疗数据分析的职责和边界

	定义	优缺点	建议边界
结算	在医保结算系统中应用监控规则，对违反规则的医疗费用直接进行提醒，甚至控制其费用结算	优点：避免医保基金损失 缺点：控制尺度难把握，对于部分场景难以处理，甚至存在部分医疗机构和医师转嫁“矛盾”的可能性	有明确的政策医理药理依据限定、没有特殊情况的稳定规则
监控	应用监控规则，通过阈值区分正当医疗行为和疑似违规行为，生成疑点记录	优点：准确定位稽核对象和疑点行为，人工稽核查处，回避医疗责任风险 缺点：监控规则和阈值设置需要长期经验积累，事后疑点审核及稽核查处成本高，医保基金损失可能无法挽回	有一定医理药理依据或稽核经验依据，存在特殊情况的不稳定规则
分析	无法通过量化阈值区分正当医疗行为和疑似违规行为，提供统计分析数据供监控人员分析判断	优点：可能找到隐蔽性强的违规行为，统计数据和分析结果还可为决策分析所用 缺点：对监控人员要求高，准确定位稽核对象和疑点行为难	暂时无法确定量化阈值的规则及未定型规则

建立多层次、常规化的医疗行为审核机制，从事前预防、事中控制、事后识别三个层面实施监控（见表 14－2）。

表 14－2　　监控对象或含义

术语	所指对象或含义
事前预防	预定义的约束规则策略，在可能的违规医疗行为发生前进行提醒
事中控制	预定义的稳定规则策略，在结算医疗费用过程瞬间进行监督审核，不合规的予以停止
事后监控	预定义的检查规则策略，对已经发生的结算数据进行过滤。对于医疗违规行为，进行事后追缴和对违规医疗机构进行信用管理

从监控对象的角度来说，多层次、常规化的医疗行为审核机制可从以下潜在的医保欺诈主体开展：

（1）参保个体。通过对参保个体的规则监管，从其非常规的医疗行为、违反规定次数等，建立起指标和警示阈值信息。能够对其具体医疗行为明细信息、就诊处方等进一步完成监控管理。

（2）医疗服务人员。通过对医疗服务人员的规则监管，从其非常规的治疗行为、违反规定次数等，建立起指标和警示阈值信息。能够对其对于不同参保个体的关联数据，查阅其具体明细信息、就诊处方开具信息等进一步完成监控管理。

（3）医疗服务机构。通过对医疗服务机构的规则监管，从其管理的各类人员的常规治疗行为、违反规定次数等，建立起指标和警示阈值信息。能够对其对于不同场景下多种角度的数据统计和分析，关联不同参保个体和医疗服务人员，查阅具体明细信息等进一步完成监控管理。

（4）重点对象审核。通过以上规则发现的群体，纳入重点监控名单。监控其日常的各类行为、费用发生情况，进行统计分析。

整体来说，医疗保险反欺诈问题是一个系统性的工程，必须从法律、法规、政策、管理、技术、信用体系等多个层面共同建设，社保、卫生、公安、药监、居委会等有关方面协同配合，针对可能存在的欺诈主体建立完善的信用体系，使有效的监管机制成为常态，才能逐渐使医疗保险欺诈失去生存的土壤。

本章参考文献

[1] 叶鹏程．互联网健康险经营模式研究［D］．南京邮电大学，2022.

[2] 杨景瑞．大数据技术在互联网保险业务中的应用研究［D］．对外经济贸易大学，2022.

[3] 蒋和平，蒋辉，詹琳．我国农业保险发展思路与策略选择：基于粮食安全保障视角［J］．改革，2022（11）：84－94.

[4] 胡芳，彭琛，陈昕．智慧农业保险服务乡村振兴战略：作用机理与实现路径［J］．湖南科技大学学报（社会科学版），2022，25（3）：142－151.

[5] 陈康，叶明华，王同江．数字金融服务如何影响农业保险的发展？——来自24个主要农业省份的经验证据［J］．兰州学刊，2022（4）：64－78.

[6] 职莎莎．高端医疗保险理赔风险管理案例研究［D］．上海财经大学，2021.

[7] 唐玲．大数据在健康保险欺诈识别中的应用研究［D］．西南财经大学，2020.

[8] 孙宏涛，刘秉昊．我国UBI车险制度构建研究［J］．法律适用，2020（3）：25－32.

[9] 白云峰．大数据时代下UBI车险面临的挑战以及趋势展望［J］．中国商论，2019（3）：41－42.

[10] 陈文书．大数据视角下共享汽车保险定价机制研究——与UBI车险对比论证

[J]. 中国商论，2018（19）：8-9.

[11] 高光远，孟生旺．基于车联网大数据的车险费率因子分析[J]. 保险研究，2018（1）：90-100.

[12] 江磊．互联网车险 UBI 产品设计[D]. 浙江大学，2017.

[13] 李新光．中国农业保险经营模式研究[D]. 吉林大学，2016.

[14] 尹成杰．关于推进农业保险创新发展的理性思考[J]. 农业经济问题，2015，36（6）：4-8.

[15] 朱爽．车联网环境下基于 UBI 的车险费率厘定模式与方法研究[D]. 北京交通大学，2015.

[16] 卢文龙．大数据与车险反欺诈模型构建[J]. 上海保险，2015（1）：27-30.